Economia e Política no Contexto da Crise Atual no Brasil e no Mundo

Luiz Fernando de Paula
Fabiano Santos
Fernanda Feil
Rafael Moura

Prefácio de
Renato Perissinotto,
vencedor do Prêmio
Victor Nunes Leal

Economia e Política no Contexto da Crise Atual no Brasil e no Mundo

ALTA BOOKS
GRUPO EDITORIAL
Rio de Janeiro, 2025

Economia e Política no Contexto da Crise Atual

Alta Cult é uma empresa do Grupo Editorial Alta Books (Starlin Alta Editora e Consultoria LTDA.).

ISBN: 978-85-508-2517-5

Impresso no Brasil — 1ª Edição, 2025 — Edição revisada conforme o Acordo Ortográfico da Língua Portuguesa de 2009.

Dados Internacionais de Catalogação na Publicação (CIP)
(BENITEZ Catalogação Ass. Editorial, MS, Brasil)

E22
1.ed. Economia e política no contexto da crise atual no Brasil e no mundo / Luiz Fernando de Paula... [et al]. - 1.ed. - Alta Books, 2025.
256 p.; 15,7 x 23 cm.

Outros autores: Fabiano Santos, Fernanda Feil, Rafael Moura.
Bibliografia.
ISBN 978-85-508-2517-5

1. Anticorrupção. 2. Capitalismo. 3. Ciência política. 4. Comunismo. 5. Economia mundial. 6. Globalização - Aspectos econômicos. 7. Globalização - Aspectos políticos. 8. Liberalismo. 9. Política e governo. I. Paula, Luiz Fernando de. II. Santos Fabiano. III. Feil, Fernanda. IV. Moura, Rafael.

12-2024/100 CDD 300

Índice para catálogo sistemático:
1. Globalização : Economia : Ciências políticas 300
Aline Graziele Benitez - Bibliotecária - CRB-1/3129

Grupo Editorial Alta Books

Produção Editorial: Grupo Editorial Alta Books
Diretor Editorial: Anderson Vieira
Editor da Obra: J. A. Ruggeri
Vendas Governamentais: Cristiane Mutüs
Gerência Comercial: Claudio Lima

Produtora Editorial: Ana Clara Tambasco
Revisão: Paulo Aragão e Maria Rodrigues
Diagramação: Rita Motta
Capa: Beatriz Froher

ALTA BOOKS
GRUPO EDITORIAL

Rua Viúva Cláudio, 291 — Bairro Industrial do Jacaré
CEP: 20.970-031 — Rio de Janeiro (RJ)
Tels.: (21) 3278-8069 / 3278-8419
www.altabooks.com.br — altabooks@altabooks.com.br
Ouvidoria: ouvidoria@altabooks.com.br

Editora **afiliada à:**
ASSOCIADO

O **Grupo de Estudos de Economia e Política (GEEP)** do IESP-UERJ objetiva estimular o diálogo e interação entre Economia e Política tanto na formulação teórica quanto na análise da realidade do Brasil e de outros países. Do ponto de vista teórico, o GEEP tem suas raízes fundadas a partir de três tradições relacionadas: social-democracia, keynesianismo e o estruturalismo latino-americano. Essas perspectivas compartilham entre si uma preocupação normativa de fundo com a igualdade socioeconômica, sendo, por isso, como alvos precípuos de análise, tanto políticas públicas e reformas redistributivas quanto o tema da compatibilidade entre crescimento econômico e promoção da equidade social nos marcos de um sistema capitalista conjugado à democracia representativa. Já o aspecto estruturalista, especificamente, está relacionado à necessidade de se articular um projeto nacional e industrialista de desenvolvimento que encadeie mudança estrutural e transformação social.

Neste contexto, interessa um amplo conjunto temático, que inclui, dentre outros: interface entre pensamento político e econômico; interação entre a atuação dos atores societais e fatores econômicos; pensamento e experiência desenvolvimentista; fundamentos da social-democracia e experiências associadas; políticas públicas e sociais; globalização e redução do *policy space* dos Estados nacionais; financeirização etc.

Organizadores/Autores

Fabiano Santos Professor do Departamento de Estudos Políticos do Instituto de Estudos Sociais e Políticos da Universidade do Estado do Rio de Janeiro (IESP-UERJ), onde coordena o Núcleo de Estudos sobre o Congresso (NECON) e o Grupo de Estudos em Economia e Política (GEEP-IESP). É, ainda, pesquisador do CNPq e cientista do Nosso Estado da FAPERJ.

Fernanda Feil Professora credenciada do Departamento de Pós-graduação em Economia da UFF e pesquisadora associada do FINDE-UFF. É uma das coordenadoras do GEEP-IESP.

Luiz Fernando de Paula Professor do Instituto de Economia da Universidade Federal do Rio de Janeiro (IE-UFRJ) e do Instituto de Estudos Sociais e Políticos da Universidade do Estado do Rio de Janeiro (IESP-UERJ), onde é um dos coordenadores do GEEP-IESP. É também pesquisador do CNPq e cientista do Nosso Estado da FAPERJ.

Rafael Moura Professor adjunto da Faculdade de Ciências Econômicas da Universidade do Estado do Rio de Janeiro (FCE-UERJ) e secretário assistente na Associação Latino-Americana de Ciência Política (ALACIP), sendo um dos coordenadores do Grupo de Estudos em Economia e Política (GEEP-IESP).

Demais autores

Alfredo Saad-Filho Professor de Economia Política e Desenvolvimento Internacional no Departamento de Desenvolvimento Internacional do King's College London. Anteriormente, foi professor de Economia Política do SOAS, Universidade de Londres, e economista sênior na United Nations Conference on Trade and Development — UNCTAD (2011–2012).

Camila Vaz Doutoranda em Ciência Política pelo Instituto de Estudos Sociais e Políticos da Universidade do Estado do Rio de Janeiro (IESP-UERJ), pesquisadora do Grupo de Estudos em Economia e Política (GEEP-IESP) do mesmo instituto e também do Grupo de Economia do Setor Público do Instituto de Economia da Universidade Federal do Rio de Janeiro (IE-UFRJ).

Carmem Feijó Professora titular da Faculdade de Economia da UFF, pesquisadora do CNPq e coordenadora do Finde-UFF. Foi secretária executiva da Associação Nacional de Pós-graduação em Economia — ANPEC — em 2008–2009 e coordenadora da área de Economia da CAPES (2012–2014).

Helio Cannone Doutor em Ciência Política pelo IESP-UERJ, pós-doutorando no Programa de Ciências Sociais da UFBA, com bolsa de pós-doutorado júnior concedida pelo CNPq, é também pesquisador do GEEP/IESP e professor substituto no Departamento de Ciência Política da UFBA.

Izabelle Camacho Mestranda em Ciência Política do IESP-UERJ e pesquisadora do GEEP-IESP.

Jorge Chaloub Professor da Universidade Federal do Rio de Janeiro (UFRJ) e do Programa de Pós-graduação em Ciências Sociais (PPGCSO) da Universidade Federal de Juiz de Fora (UFJF), é doutor em Ciência Política pelo IESP-UERJ. Atualmente é Bolsista de Produtividade do CNPq e Jovem Cientista do Nosso Estado da FAPERJ.

Linnit Pessoa Doutoranda em Economia da UFF e pesquisadora associada do FINDE-UFF.

Pedro de Araújo Fernandes Pós-doutor na Faculdade Nacional de Direito — FND-UFRJ — e doutor em Ciência Política no IESP-UERJ, é pesquisador do Núcleo de Pesquisas em Direito e Ciências Sociais (DECISO-IESP) e do Grupo de Estudos de Economia e Política (GEEP-IESP).

Pedro Lange Netto Machado Doutor em Ciência Política no IESP-UERJ e pesquisador do Grupo de Estudos em Economia e Política (GEEP-IESP).

Pedro M. R. Barbosa Pós-doutor no Centro de Estudos da Metrópole-USP, doutor em Ciência Política IESP-UERJ e pesquisador do GEEP-IESP.

Yago Paiva Doutor em Ciência Política no IESP-UERJ, é pesquisador de pós-doutorado do INCT — Instituto da Democracia e da Democratização da Comunicação — e do GEEP-IESP.

Prefácio

O livro que o(a) leitor(a) tem em mãos é o resultado de um empreendimento científico de fôlego, promovido no âmbito do Grupo de Estudos de Economia e Política do Instituto de Estudos Sociais e Políticos da Universidade do Estado do Rio de Janeiro (GEEP/IESP-UERJ). Nos seus nove capítulos, encontram-se importantes contribuições a debates hoje incontornáveis em função dos inúmeros problemas (econômicos, políticos, sociais, climáticos) que assolam o planeta e o nosso país. Porém, ao lado dessas múltiplas e importantes contribuições a temas específicos e candentes, gostaríamos de enfatizar três aspectos mais gerais que perpassam toda a obra e que nos parecem fundamentais do ponto de vista científico e político.

O primeiro deles tem a ver com o fato de a presente obra, como já dito, ser fruto de um esforço coletivo de vários(as) cientistas sociais sediados(as) principalmente, mas não apenas, no GEEP. Cada vez mais fica claro para nós, cientistas sociais brasileiros, que trabalhos científicos de fôlego, que lidam com problemas tão abrangentes e complexos quanto os abordados neste livro, são impossíveis sem que haja cooperação entre múltiplos pesquisadores(as). O GEEP é, nesse sentido, um exemplo a ser seguido na medida em que é mais do que um grupo protocolar; ao contrário, é efetivamente um coletivo de pesquisa com grande e importante produção acadêmica (teses, artigos, livros etc.). Uma vida acadêmica coletiva tende, é claro, a produzir obras coletivas e é exatamente o caso deste livro. Não poderia ser de outra maneira, dada a longa lista de assuntos aqui discutidos e sua enorme complexidade, indo do bolsonarismo à crise climática, passando por temas clássicos da história brasileira e por problemas que nos parecem atávicos, mas que nos assombraram ainda mais nos últimos anos, como a corrupção, o autoritarismo e as diversas formas de desigualdade. Em meio à complexidade de temas, emergem achados muito interessantes. Assim, ao longo do livro, descobrimos que não há contradição entre o liberalismo destrutivo de Paulo Guedes e o discurso nacionalista de Bolsonaro, já que este se orienta muito mais por uma verborragia antissistema e identitária, que, em si mesma, não é incompatível com uma agenda entreguista no campo da economia; que no Brasil, país tão singular em vários aspectos, não há contradição necessária entre liberalismo e desenvolvimentismo, e que essas duas correntes, não raro, se aproximaram ao longo da história da república (aliás, vale lembrar que nos anos 1950, muitos técnicos que se autodenominavam "monetaristas" eram também arautos do planejamento econômico e da industrialização); que certamente existe uma relação entre crise econômica e crise política (como a produzida pela Operação Lava Jato), mas que tal relação está longe de ser direta e mecânica, passando antes pela construção local de fidelidades e alianças políticas previamente construídas; que a luta anticorrupção é um grande cemitério de boas intenções, mobilizada quase sempre, ao longo de nossa história, contra partidos de orientação progressista e popular e que, diversas vezes, termina em soluções autoritárias que acabam por perseguir os supostos paladinos da honestidade pública; que esses oráculos contemporâneos, as agências de *rating*, estão longe de serem vestais de opiniões técnicas e que, ao contrário, atuam como atores políticos que buscam impor suas agendas a governos progressistas mundo afora; que crises políticas de governos progressistas afetam diretamente a construção de Estados de bem-estar social, com consequências negativas para os(as) de sempre, isto é, os(as) mais pobres e as mulheres; que a propalada responsabilidade fiscal, consubstanciada no famigerado teto de gastos, não resistiu ao duro teste da realidade, o que quase sempre ocorre com ideias que são, antes de tudo, crenças; que, desgraçadamente, há uma relação umbilical entre capitalismo neoliberal, sua lógica predatória e a devastação ambiental, uma armadilha ao mesmo tempo fatal e de difícil desarme, dada a quantidade de interesses e constrangimentos envolvidos. Este último ponto, aliás, fonte segura de ansiedade dado seu potencial catastrófico, é tratado com algum otimismo, na medida em que os(as) autores(as) se esforçam por vislumbrar caminhos que poderiam nos proteger de um provável e sombrio destino. Como se vê, são contribuições relevantes sobre temas muito atuais, que mobilizam a atenção de intelectuais, cientistas, governos, cidadãos e cidadãs.

Um segundo ponto que nos parece importante, e que não deve escapar ao(à) leitor(a) atento(a), é a honestidade intelectual dos organizadores e da organizadora ao explicitarem, já na introdução do livro, que a ciência que todos eles fazem não é desprovida de claros compromissos normativos. Em vez de assumirem a posição insustentável de alguns, que tomam a sua ciência como a única possível, supostamente universal e a-histórica, os organizadores reconhecem que não se pode analisar cientificamente a economia e a política sem, ao mesmo tempo, explícita ou implicitamente, falar da sociedade que se deseja construir. Nesse sentido, o leitor saberá desde o início que os organizadores e a organizadora do livro têm o comprometimento com um país desenvolvido, sustentável e igualitário, e que esse comprometimento é derivado de orientações teóricas e políticas claramente enunciadas, como a social-democracia, o keynesianismo e o estruturalismo. Dessa forma, o desejo político por um capitalismo democrático, social e ambientalmente responsável não é incompatível com a análise científica rigorosa, amplamente baseada em dados, como a que encontramos em todos os capítulos deste livro. Não é pouca coisa, sobretudo quando se entra na seara da economia, terreno em que economistas ortodoxos(as), secundados(as) por analistas de jornais diários, insistem em dizer que o mundo só pode funcionar segundo os axiomas pretensamente universais, técnicos e neutros de sua ciência, o que, no fundo, como dizia o velho Marx, quase sempre serve apenas como prova consoladora para os filisteus.

Por fim (e, em minha opinião, ainda mais importante entre tantas coisas importantes), o livro retoma com força um tema fundamental das ciências sociais, que é o da relação entre economia e política. Dizem os organizadores e a organizadora, com toda razão, que não se pode analisar a economia sem pensar ao mesmo tempo a política, proposição cuja validade se mantém para o enunciado inverso. Pensar a política sem pensar a economia seria trocar o economicismo pelo politicismo. O(A) leitor(a) há de me perdoar o retorno aos primórdios das ciências sociais, mas é preciso reiterar sempre que essa orientação que articula política e economia tem presença garantida nas obras de nossos cânones. Marx observava, em resposta aos críticos do seu suposto determinismo econômico, que brandiam o predomínio da política na Antiguidade e da religião na Idade Média como forma de refutá-lo, que nem Roma nem os senhores feudais "viviam" de política ou de religião; e Weber sempre reiterou que há inúmeros fatos políticos e religiosos que são economicamente relevantes e fatos econômicos decisivos para a vida religiosa e política. O título de sua obra magna, *Economia e Sociedade,* não é à toa. No entanto, parte da ciência política contemporânea (às vezes por boas razões, mas nem sempre) resolveu colocar de lado a economia em nome da valorização teórica da autonomia das instituições políticas (como se esta fosse incompatível com a inegável centralidade daquela nas sociedades capitalistas). Desse modo, foi abandonando, pouco a pouco, o tema da articulação entre economia e política como algo importante para entender não apenas os limites materiais impostos à capacidade decisória das instituições políticas, mas também o conteúdo substantivo de várias das decisões tomadas no seu interior. Quanto a esse ponto, aliás, podemos retornar também ao passado da própria ciência política brasileira. Ali encontraremos a presença ostensiva dessa articulação, tanto em trabalhos pioneiros como em pesquisas realizadas já na fase inicial de profissionalização de nosso campo científico no Brasil. *Economia e Política no Contexto da Crise Atual no Brasil e no Mundo* faz jus a essas duas tradições. Saber como a economia afeta a política e como a política afeta a economia é um objetivo que perpassa todo o livro. Por si só, este seria um motivo para lê-lo com o máximo interesse.

Renato Perissinotto
Professor titular de Ciência Política da UFPR

Sumário

Introdução 1
Luiz Fernando de Paula
Fabiano Santos

1 Populismo, neoliberalismo e nacionalismo: um balanço dos dois primeiros anos de governo Bolsonaro 7
Luiz Fernando de Paula
Pedro Lange Netto Machado
Helio Cannone

2 De Eugênio Gudin a Paulo Guedes: a tensa relação histórica entre liberalismo e desenvolvimentismo no Brasil 28
Helio Cannone
Jorge Chaloub

3 Operação Lava Jato como choque econômico: investigando potenciais desdobramentos políticos da desestruturação da cadeia produtiva Petrobras-empreiteiras 58
Fabiano Santos
Rafael Moura
Camila Vaz

4 O "regime internacional anticorrupção" e suas implicações para a instrumentalização política da anticorrupção no Brasil 90
Pedro de Araújo Fernandes

5 De Dilma a Temer e de Kirchner a Macri: reflexões sobre o papel das agências de *rating* no ocaso da "maré rosa" 117
Pedro Lange Netto Machado

6 Estado de bem-estar no Brasil: uma análise sobre a proteção social das mulheres, 2010–2019 141
Pedro M. R. Barbosa

7 Teto de gastos: crises, debates e dilemas da política fiscal brasileira 157
Yago Paiva
Izabelle Camacho

8 Neoliberalismo e crise climática: desafios e obstáculos para a transição verde sustentável 193
Alfredo Saad-Filho
Fernanda Feil

9 Planejamento estatal e convenções de desenvolvimento para a transição verde sustentável 211
Fernanda Feil
Linnit Pessoa
Carmem Feijó

Posfácio 234
Rafael Moura
Fernanda Feil

Índice 237

Introdução

Luiz Fernando de Paula
Fabiano Santos

A sociedade brasileira e o mundo contemporâneo estão enfrentando vários desafios que tem dificultado a implementação de uma agenda progressista no contexto de um projeto de desenvolvimento inclusivo socialmente, ambientalmente sustentável e amplamente democrático: restrições a políticas autônomas impostas pela globalização financeira, implementação de políticas neoliberais que reduzem o escopo das políticas públicas e reduzem o do Estado de bem-estar social, onda de governos ditos nacionalistas de extrema direita, desafios colocados pela mudança climática, como a questão do enfrentamento do aquecimento global etc.

Trata-se de uma tendência mundial, mas que ganhou contornos específicos no Brasil, como o fenômeno do "bolsonarismo" e sua peculiar combinação de populismo, neoliberalismo e nacionalismo; Operação Lava Jato e sua instrumentalização política do combate à corrupção; implementação de uma agenda de destruição ambiental no período recente; neoliberalismo "tupiniquim" do Paulo Guedes e sua agenda de políticas de corte liberal; instituição de um teto para o crescimento dos gastos públicos, levando a um congelamento (ou mesmo redução) de gastos em setores essenciais do país (como educação, ciência e tecnologia), entre outros fenômenos. Esses assuntos são tratados no âmbito deste livro.

Em tal amplo contexto, esta obra convida o leitor a ler um conjunto de ensaios que procura tratar dos temas contemporâneos acima referidos, fazendo uma ponte entre economia e política, no campo da atividade de pesquisa recente desenvolvida pelo Grupo de Estudos de Economia e Política do Instituto de Estudos Sociais e Políticos da Universidade do Estado do Rio de Janeiro (GEEP/IESP-UERJ). O GEEP objetiva estimular o diálogo e a interação entre Economia e Política tanto na formulação teórica quanto na análise da realidade do Brasil e de outros países. Do ponto de vista teórico, o GEEP tem suas raízes fundadas a partir de três tradições relacionadas: social-democracia, keynesianismo e o estruturalismo latino-americano. Essas perspectivas compartilham entre si uma preocupação normativa de fundo com a igualdade socioeconômica, sendo, por isso, como alvos precípuos de análise, tanto políticas públicas e reformas redistributivas quanto o tema da compatibilidade entre crescimento econômico e promoção da equidade social nos marcos de um sistema capitalista conjugado à democracia representativa. Já o aspecto estruturalista, especificamente, está relacionado à necessidade de se articular um projeto nacional e industrialista de desenvolvimento que encadeie mudança estrutural e transformação social e ambiental.

Os capítulos deste livro são escritos por pesquisadores do GEEP e alguns ilustres convidados como coautores dos artigos: Alfredo Saad-Filho, Carmem Feijó, Jorge Chaloub e Linnit Pessoa, sendo que Carmem e Linnit são pesquisadoras do Grupo de Pesquisa em Financeirização e Desenvolvimento (FINDE), um grupo que tem tido intensa interlocução com o GEEP. De modo geral, os autores deste livro são cientistas políticos interessados em assuntos econômicos, em particular na interrelação entre economia e política, ou economistas que se alinham a uma visão de Economia Política, seja no sentido de adotarem uma abordagem teórica mais heterodoxa, seja no sentido de entenderem que a economia não pode ser compreendida na sua complexidade sem levar em conta fatores políticos. Entendemos que esta obra é uma iniciativa pioneira no âmbito do debate acadêmico brasileiro.

O livro é composto por nove capítulos. No primeiro, Luiz Fernando de Paula, Pedro Lange Netto Machado e Helio Cannone examinam a aparente contradição entre a agenda econômica neoliberal e o caráter nacionalista do governo Bolsonaro ao longo da primeira metade do mandato do presidente. A hipótese de trabalho é que não há contradição entre ambos se compreendido o fundamento do nacionalismo bolsonarista. Nesse sentido, argumentam que o governo Bolsonaro ostenta um nacionalismo conservador, potencializado por um *modus operandi* populista. A isso se associa uma agenda econômica neoliberal, que em nada representa o que tradicionalmente se entende por nacionalismo econômico. A análise mostra que não houve qualquer contradição entre a agenda de política econômica implementada pelo governo Bolsonaro e o nacionalismo conservador ostentado por ele em seus dois primeiros anos de mandato. Do ponto de vista econômico, o governo Bolsonaro adotou políticas que foram de encontro aos objetivos de busca de uma soberania nacional plena e de defesa do interesse nacional, implementando uma agenda neoliberal e de subserviência aos interesses dos Estados Unidos. Isso se combinou a um nacionalismo do tipo conservador, impulsionado por um comportamento populista, incluindo um discurso antissistema, a busca de uma conexão direta com o povo, declarando-se como legítimo representante deste, e uma exaltação a símbolos nacionais.

No capítulo 2, Cannone e Jorge Chaloub argumentam que as relações entre desenvolvimentismo e liberalismo no Brasil não se esgotam em necessário antagonismo. Se há um liberalismo crítico ante a maior parte das expressões do Estado, bem representado por Eugênio Gudin, não é possível restringir a tradição liberal a essa vertente, que é, aliás, minoritária entre os anos 1930 e 1970. Para propor uma nova interpretação sobre as relações entre desenvolvimentismo e liberalismo, analisam, a partir das sugestões metodológicas de Reinhart Koselleck, as articulações entre os conceitos de Estado e planejamento em três dos mais relevantes intelectuais públicos da República de 1946: Afonso Arinos, Roberto Campos e Hélio Jaguaribe. A escolha dos autores decorre do fato de eles representarem três distintas perspectivas sobre os conceitos de desenvolvimento, planejamento e liberalismo. Em particular, o capítulo sustenta que as posições públicas e ações políticas desses atores no período são mais bem compreendidas se os inserirmos em uma tradição liberal desenvolvimentista.

O terceiro capítulo, de autoria de Fabiano Santos, Rafael Moura e Camila Vaz, promove análise exploratória dos potenciais efeitos políticos da Operação Lava Jato no Brasil. O estudo verifica se tal operação, ao desestruturar a cadeia produtiva da Petrobras, gerou choques econômicos nas regiões afetadas que conduziram a uma possível alteração local no comportamento do voto. Os municípios selecionados para a análise representam importantes polos industriais designados pelo Programa Nacional de Mobilização da Indústria de Petróleo e Gás Natural (Prominp), em 2003, para serem objeto de arranjos produtivos locais (APL), aumentando a interlocução entre a Petrobras e fornecedores regionais nas cadeias produtivas. Portanto, são unidades analíticas que permitem avaliar, com maior precisão, se as consequências econômicas da Lava Jato afetaram, e com que intensidade, padrões eleitorais previamente vigentes. Para facilitar a interpretação dos dados empíricos, o foco não se deu apenas nesses municípios, mas também em alguns municípios vizinhos e adjacentes, com nível relativamente próximo de desenvolvimento ou pertencentes às mesmas microrregiões geográficas, definidas pelo IBGE em 2017 e compreendendo uma mesma localização metropolitana com economias e mercados laborais relativamente integrados. A hipótese desenvolvida no capítulo é a de que, quanto mais graves os impactos da Operação sobre a renda e o emprego, em particular no que tange à indústria, maior o recrudescimento conservador e a perda de votos do Partido dos Trabalhadores (PT).

No capítulo seguinte, Pedro de Araújo Fernandes trata do uso político da anticorrupção no Brasil e de possíveis conexões com a dimensão internacional do combate à corrupção. Inicia-se apontando o aumento do interesse da academia pelo tema nos últimos anos, um fruto do escândalo do mensalão e, principalmente, da Lava Jato. Salienta que, apesar desse aumento recente, existe um padrão histórico de instrumentalização da anticorrupção desde, pelo menos, o governo Vargas. O escândalo da Lava Jato diferencia-se dos demais, entre outras razões, pelo alcance continental dos seus efeitos políticos e econômicos, apontando para possíveis articulações com um "regime internacional anticorrupção" que se desenvolveu a partir dos anos 1990. Argumenta que estratégias comerciais e geopolíticas estão associadas à estruturação desse regime e que, considerando os dilemas do desenvolvimento de um grande país periférico e o padrão histórico do uso político da anticorrupção no Brasil, isso torna o tema mais suscetível à exploração política, em especial contra governos de inclinação popular.

Netto Machado retorna no capítulo 5 com o exame do comportamento das agências de *rating* durante o declínio da maré rosa na segunda década do século XXI. No contexto de globalização financeira, S&P Global, Moody's e Fitch Ratings funcionam como *gatekeepers* do acesso de Estados nacionais aos recursos financeiros disponíveis nos mercados de capitais. Isso porque o *rating* soberano que lhes atribuem, que informa a investidores sobre a capacidade e vontade de seus governos para honrar seus compromissos de dívida, orienta as condições de financiamento estatal e o fluxo de capitais no país. A literatura vem observando uma série de problemas em seu *modus operandi*, que é dotado de um viés político que se manifesta de diversas maneiras, mas sempre em desfavor de governos que rejeitam a agenda neoliberal. A hipótese do trabalho é que as ações de S&P Global, Moody's e Fitch Ratings contribuíram para o desmonte dos regimes de esquerda na América Latina, em benefício de seus competidores de direita. Isso é respaldado por teorias críticas à atuação das agências na ordem da globalização financeira, que as entendem como vetores de interesses de investidores que operam no circuito financeiro global. A metodologia do capítulo consiste no estudo dos casos de Brasil e Argentina, onde os governos de Dilma Rousseff e Cristina Fernández de Kirchner foram substituídos pelos de Michel Temer e Mauricio Macri, respectivamente. A pesquisa é realizada com base nos *ratings*, relatórios e *press releases* das agências, que são examinados à luz de teorias críticas a seu *modus operandi* e confrontados com o processo político que se desenrolou nos dois países.

Os efeitos da forte inflexão neoliberal no Brasil são discutidos nos capítulos 6 e 7. Pedro Barbosa, no sexto capítulo, mostra como diversos estudos atestaram uma fase de expansão do Estado de bem-estar brasileiro, iniciada nos anos 1990 e intensificada durante a primeira década dos anos 2000. Mais do que isso, a partir dos anos 2000, verifica-se em quase todos os países da América Latina o avanço do gasto social e da cobertura dos sistemas de proteção social. Concomitantemente a esse processo, testemunhou-se, ainda, um movimento de redução da pobreza e da desigualdade nessa região. Mais recentemente, contudo, certas análises têm apontado que, a partir de meados dos anos 2010, as políticas sociais no Brasil passaram por um processo de retração. Barbosa discute essa hipótese no capítulo, tendo por enfoque a proteção social sobre as mulheres. A análise descritiva realizada corrobora a hipótese de retração, mas aponta que esse processo atingiu de forma desigual os setores da sociedade brasileira. Acima de tudo, as mulheres dos primeiros quintis de renda foram tanto o setor social mais afetado em meio ao choque econômico de 2015 quanto aquele sobre o qual a proteção social pública mais recuou.

No capítulo 7, Yago Paiva e Izabelle Camacho analisam a criação do chamado teto de gastos brasileiro, em 2016, e posterior implementação durante o governo de Michel Temer. O objetivo era o de reverter o que foi identificado como desequilíbrio fiscal crônico, provocado pelo crescimento persistente do gasto primário. Assim, o capítulo analisa o teto de gastos instituído pela Emenda Constitucional 95, dos argumentos iniciais em torno da PEC 55/2016 até os sinais de esgotamento da regra em 2022. A hipótese do trabalho foi a de que o teto de gastos se tornou insustentável, não por conta da pandemia de covid-19, ou porque a agenda de reformas pouco avançou, mas por causa de problemas no desenho da regra já identificados antes de sua aprovação, como o excesso de rigidez, a falta de clareza quanto ao potencial das reformas para promover ajuste fiscal e à adequação do crescimento das despesas aos limites impostos, e a velocidade dos efeitos das reformas frente ao crescimento das despesas obrigatórias. O governo Bolsonaro, embora tenha dado continuidade à agenda de reformas liberais do governo Temer, não foi capaz de sustentar o teto de gastos sem adotar uma série de manobras para abrir espaço fiscal. Ao fim da gestão, apesar de resistir formalmente, o teto praticamente ruiu.

Feita a análise crítica sobre a eclosão da crise política do modelo desenvolvimentista no Brasil em fins do segundo governo Dilma e na nova tentativa de impor ao país uma agenda neoliberal extremada, o livro parte para discutir agendas do futuro. No capítulo 8, Alfredo Saad-Filho e Fernanda Feil analisam a crise climática, identificando-a como o maior desafio da humanidade neste século. Seu enfrentamento, como é mostrado, requer investimentos de longo prazo em novos setores sustentáveis e verdes, ruptura e inovação tecnológica, reordenação da estrutura produtiva e financeira, criação de novas indústrias e implementação de novos paradigmas políticos e econômicos. Trata-se de um processo disruptivo que necessita de novos instrumentos políticos, econômicos, financeiros e sociais para apoiá-lo — ou seja, uma reordenação em grande escala da atual estrutura socioeconômica e do modelo produtivo dominante sob o neoliberalismo.

Tentativas de enfrentar esses desafios de forma fragmentada estão fadadas ao fracasso. A fim de construir motores alternativos de crescimento e melhorar a distribuição de renda, riqueza e poder, defende-se ser essencial combinar políticas industriais verdes com políticas macroeconômicas, sociais-democráticas e sustentáveis. O capítulo argumenta, portanto, que é impossível enfrentar a crise climática em um cenário macroeconômico neoliberal e financeirizado, e questiona o neoliberalismo, entendido como a forma, fase ou modo de existência contemporâneo do capitalismo. O capítulo aborda, enfim, o processo disruptivo da transição verde sustentável, descrevendo os desafios enfrentados na redução dos gases de efeito estufa.

Na sequência, fechando os capítulos do volume, Feil, Linnit Pessoa e Carmem Feijó voltam ao tema da crise climática, tratando-a como uma crise humanitária que afeta todos os aspectos da sociedade e suas consequências sendo cada vez mais evidentes — desde aumento da insegurança alimentar, limites ao acesso à água, condições de habitação e aumento de migrações. As autoras mostram como eventos climáticos extremos abalam o mundo e as políticas de adaptação e mitigação climáticas fazem parte do planejamento de Estados nacionais. O capítulo, então tem como objetivo trazer o debate do planejamento econômico como essencial para realizar a transição sustentável das economias de mercado. A crise climática se mostra como o grande desafio deste século, trazendo a necessidade de adotar novos padrões de produção e consumo. Trata-se do planejamento econômico como fundamental devido à necessidade de realizar profundas transformações na estrutura econômica em um espaço curto de tempo e de forma coordenada para realizar a transição. Para tanto, apresenta-se a necessidade de uma nova convenção, uma convenção para o desenvolvimento sustentável, para criar um novo conjunto de crenças a serem compartilhadas pelos agentes econômicos e, assim, criar um ambiente de expectativas favoráveis. Resgata-se as contribuições de Keynes sobre a socialização do investimento, da separação entre orçamentos de capital e corrente, tal qual a utilização de bancos públicos (especialmente os de desenvolvimento) como possíveis mecanismos para realizar o planejamento econômico para a transição sustentável.

O volume é encerrado com um posfácio de autoria de Fernanda Feil e Rafael Moura.

Boa leitura!

CAPÍTULO 1

Populismo, neoliberalismo e nacionalismo: um balanço dos dois primeiros anos de governo Bolsonaro

Luiz Fernando de Paula
Pedro Lange Netto Machado
Helio Cannone

1.1 Introdução

Ao longo dos dois primeiros anos de governo Bolsonaro (2019 e 2020), a potencial contradição entre a agenda econômica neoliberal implementada pela gestão do ministro da Economia, Paulo Guedes, e o propalado caráter nacionalista do governo suscitou debates acadêmicos. Como observou Bresser-Pereira (2019), temos, no Brasil, "um estranho casamento, entre um nacionalista de extrema direita e o neoliberalismo, enquanto no mundo rico o nacionalismo de direita se opõe ao neoliberalismo". Para Boito Jr. (2020), o nacionalismo de Bolsonaro seria compreendido à luz da natureza fascista do movimento político que representou, sustentando-se sobretudo no campo discursivo, mesmo diante do aprofundamento de uma política econômica tida como "entreguista" e já levada a cabo desde o governo Temer. Em linha semelhante, Freixo e Pinheiro-Machado (2019, p. 19) incorporaram a retórica nacionalista e "patriótica" à sua definição de bolsonarismo, que se caracterizaria também por uma visão de mundo ultraconservadora e "crítica a tudo aquilo que esteja minimamente identificado com a esquerda e o progressismo".

Tendo como referência esse debate, este artigo tem como objetivo compreender a relação entre a política econômica do governo Bolsonaro e sua retórica nacionalista nos dois primeiros anos de seu mandato. Argumenta-se que não há contradição entre ambos se compreendido o fundamento do nacionalismo bolsonarista. De fato, quando analisada puramente a esfera econômica, constata-se que a agenda neoliberal implementada pelo ministro da Economia, Paulo Guedes, em nada se coaduna com o que se entende por nacionalismo econômico. Por outro lado, o governo Bolsonaro se orienta, no plano ideológico, por um nacionalismo conservador, que se beneficia do comportamento populista do presidente. Nesse sentido, a hipótese se desdobra em duas etapas: em um primeiro momento, analisa-se a estratégia e as opções de política econômica dos dois primeiros anos do governo Bolsonaro à luz de considerações teóricas acerca do nacionalismo econômico e de experiências recentes de governos de extrema direita; em seguida, o *modus operandi* bolsonarista é confrontado com o que a literatura acadêmica vem entendendo como populismo.

A metodologia adotada consiste na revisão da literatura especializada nos referidos temas, além de artigos em jornais e blogs especializados, que respalda a análise tanto das medidas econômicas implementadas pelo governo Bolsonaro quanto do discurso do presidente — num recorte temporal que abrange desde o período eleitoral, de 2018, até 2020. Nesse sentido, o artigo se organiza em quatro seções, além desta introdução. A segunda seção revisa a literatura recente sobre nacionalismo conservador e econômico e populismo, conferindo à hipótese apresentada seu fundamento teórico. A terceira seção visa analisar a política econômica do governo Bolsonaro, de modo a se ressaltar seu caráter neoliberal e, como consequência, antinacionalista. Na seção seguinte, busca-se operacionalizar a hipótese apresentada a partir da identificação do conteúdo populista das manifestações do governo, de onde se extrai explicações para o nacionalismo em questão. A última seção conclui o artigo.

1.2 Nacionalismo e populismo

Nesta seção, discutiremos dois conceitos básicos relevantes para nosso trabalho: nacionalismo (seção 2.1) e populismo (seção 2.2). Na sequência, avaliamos a experiência recente do governo Bolsonaro.

1.2.1 Nacionalismo e nacionalismo econômico

Para desenvolver nosso argumento, começamos situando o nacionalismo econômico como apenas uma dimensão do nacionalismo, que pode ser compreendido de forma mais ampla. Com este propósito, Vincent (2013) define o que é nacionalismo por: 1) entendimento dos homens a partir de seu pertencimento a grupos, os quais têm sua própria história e tradição e/ou cultura, expressa através da nação; 2) da identidade nacional como liga que dá sentido existencial aos indivíduos; 3) pelo enquadramento de valores e conceitos, tais como liberdade, igualdade, direitos e autonomia, como só passíveis de serem entendidos ou mesmo operacionalizados quando inseridos em um contexto nacional.

Segundo o mesmo autor, o nacionalismo no século XX é diferente daquele que caracterizou a formação dos Estados nacionais europeus no século anterior. Se antes ele tivera certa unidade de conteúdo porque servia de argamassa ideológica para dar sentido aos Estados nacionais, uma vez consolidados, a ideologia ganhou uma diversidade de tipos inexistente até então.

Visto que se trata de ideologia cujo conteúdo é amplo, o nacionalismo dependeria de outras ideologias para poder apresentar soluções políticas em contextos diferentes (VINCENT, 2013, p. 551). Desse modo, o nacionalismo pode ser elemento presente desde movimentos de esquerda pós-coloniais até vertentes à direita no espectro político. Quando ancorado no conservadorismo, tende a pressupor hierarquias e formação de elites como naturais. Visto que seria próprio do conservadorismo a valorização da ordem e da autoridade (FREEDEN, 2006), há nesta vertente do nacionalismo um descrédito na capacidade de autogoverno dos indivíduos, o que tende a produzir desconfiança no próprio modelo democrático. Também seria próprio ao conceito de nação desta modalidade ideológica sua identificação com um passado idealizado ao qual se deveria preservar.

Para além de uma ideologia política, o nacionalismo também pode se referir à determinada postura sobre o funcionamento da economia. Uma definição bastante aceita sobre o conceito de nacionalismo econômico é o de Helleiner (2002) e outros autores, segundo o qual ele se assenta no imperativo de servir interesses nacionais e de proteger a identidade nacional, permitindo a promoção de unidade, identidade e autonomia da nação, a ser alcançada por meio de uma variedade de políticas economicamente "nacionalistas" (BLUHM; VARGA, 2019). Há, entretanto, variações de nacionalismo econômico que são formatadas pela situação socioeconômica do país, suas instituições e sistema político, assim como por sua inserção internacional.

Do ponto de vista da Economia, o nacionalismo tem suas raízes nos trabalhos de Hamilton (1791) e do economista alemão Friedrich List (1846), que, sob certas circunstâncias, defendiam o protecionismo como um instrumento para fomentar a industrialização de países menos desenvolvidos, no que ficou conhecido como argumento da indústria infante. Neste sentido, o nacionalismo é visto em oposição ao liberalismo econômico.

Segundo Bresser-Pereira (2019), o nacionalismo econômico "é uma ideologia que nasce com a formação dos Estados-nação e só ganha corpo no século XIX" (p. 853), pressupondo "a existência de uma nação capaz de formar coalização de classes nacionalista e desenvolvimentista e definir um projeto nacional de desenvolvimento" (p. 856). Segundo este autor, o nacionalismo supõe uma sociedade em que seus cidadãos compartilham a convicção de que Estado e governo devem defender os interesses do trabalho e capital nacional, ou seja, deve buscar o desenvolvimento econômico nacional por seus próprios meios. Sendo a nação o grande agente do desenvolvimento econômico, e sendo o nacionalismo a ideologia do Estado-nação, desenvolvimentismo e nacionalismo são vistos como expressões quase sinônimas — podendo o primeiro ser definido como uma "ideologia do desenvolvimento voltada para a industrialização, tendo como pressupostos uma intervenção moderada do Estado na economia e a defesa do interesse nacional em um mundo no qual a competição entre as nações é mais forte que a cooperação" (Idem, p. 853).

1.2.2 Populismo

Ainda que atrelado a experiências que remontam ao século XIX[1], o conceito de populismo não é consensual nas ciências sociais. Ao longo do século XX, essa categorização contemplou regimes de distintos matizes ideológicos e situados em contextos variados, o que contribuiu para o dissenso em torno de sua definição. Entretanto, com a recente ascensão de governos e movimentos rotulados como populistas, o debate acadêmico sobre o tema ganhou novo impulso. Em meio a esse cenário, o amadurecimento do conceito vem viabilizando a compreensão de eventos políticos, sociais e econômicos a ele relacionados.

Segundo Laclau (2005), o populismo pode ser compreendido como um modo de organização popular decorrente da justaposição de uma série de demandas sociais não atendidas pelos canais institucionais de representação democrática. Embora heterogêneas em sua origem, essas insatisfações originariam um sentimento uníssono de hostilidade ao *establishment*. Tendo em vista o cenário de estagnação econômica, precarização do trabalho e encolhimento das classes médias que se abateu sobre economias ocidentais desde as últimas décadas do século XX, esse fenômeno vem sendo associado pela literatura aos desdobramentos da globalização (MILANOVIC, 2016; RODRIK, 2018). Nesse contexto, movimentos políticos

[1] Como observa Urbinati (2018), o termo populismo emerge na segunda metade do século XIX para se referir a movimentos políticos existentes na Rússia e nos Estados Unidos.

instrumentalizam a desilusão popular com a política em seu benefício eleitoral.

É nesse contexto que o *modus operandi* populista para alcançar o poder por vias institucionais vem sendo debatido na literatura. Mudde e Kaltwasser (2017) propõem entendê-lo nos termos de uma ideologia mobilizada em favor da vitória eleitoral. Com esta finalidade, três características basilares comporiam seu núcleo: o de um "povo", propositalmente tratado como homogêneo, que teria sua "vontade geral" impedida de se realizar devido à ação de uma "elite corrupta", que agiria apenas em seu próprio interesse. Tal alienação do *establishment* do restante do povo permitiria, como consequência, descredenciar os canais institucionais de representação democrática, justificando o estabelecimento de canais diretos de comunicação entre o líder populista e seus eleitores. Além disso, tendo em vista o núcleo reduzido da ideologia populista, sua conciliação com demais ideologias é não apenas viável, mas inevitável — o que possibilita a compreensão, por exemplo, de experiências históricas tanto neoliberais quanto desenvolvimentistas que acabaram por ser rotuladas como populistas. Do mesmo modo, a partir daí entendemos como o governo Bolsonaro é uma experiência populista que se mobiliza por meio de um discurso nacionalista conservador.

Urbinati (2018), por sua vez, busca desenvolver uma teoria política do populismo, de modo a compreender o *modus operandi* de lideranças populistas que já ocupam o poder. Assim como sugerido por Mudde e Kaltwasser (2017), a autora observa como o processo de exclusão do *establishment* político do "povo" faz com que todos os que não compõem a base eleitoral populista sejam dele excluídos. Uma consequência extremada dessa realidade é a possibilidade de que o "povo", na retórica populista, possa vir a ser constituído por uma parcela minoritária da população de um determinado país.

Isso se viabiliza pelo estabelecimento de um clima de permanente campanha eleitoral, que tem como objetivo a constante mobilização de sua base de apoio e, paralelamente, a desmoralização das instituições tradicionais de representação democrática — a exemplo dos partidos políticos, da mídia e do parlamento. Daí perpassa a recorrente tentativa de comunicação direta das lideranças populistas com sua base, favorecida atualmente pelo uso de redes sociais, mas que historicamente já ocorria por meio de mecanismos institucionais, como referendos e plebiscitos. Esses canais de interlocução com eleitores também lhes permitem culpar invariavelmente o *establishment* pela falta de resultados concretos de suas políticas em favor da população. De fato, a relação dos populistas com sua base eleitoral se orienta pela fé que esta possui em seu líder, e não por resultados entregues por seu governo. Em última instância, isso pode provocar uma ressignificação do próprio jogo democrático, onde apenas a base eleitoral populista passaria a gozar de legitimidade enquanto povo — sendo todos os demais, em contraposição, entraves à realização da vontade popular.

Como consequência, guinadas autoritárias decorrentes desse comportamento, que se utilizam de vias institucionais para implodir os pilares da democracia liberal, vêm sendo amplamente debatidas pela literatura (LEVITSKY; ZIBLATT, 2018). Urbinati (2018), no entanto, diferencia o autoritarismo ditatorial e explícito do populismo a partir do caráter ficcional de democracia que este almeja alcançar. Isso porque lideranças populistas não teriam como objetivo colocar um fim aos procedimentos formais da democracia, mas sim desfigurar seus princípios liberais norteadores. Tal processo, como apontado, ocorreria a partir de um desnivelamento qualitativo entre sua base eleitoral — o verdadeiro "povo" — e todo o restante que não a compõe. Tendo em vista a proeminência do "povo" em relação aos demais, porém, o risco de mudanças legislativas e constitucionais rumo ao autoritarismo se torna patente.

1.3 A política econômica do governo Bolsonaro

Nesta seção, analisamos os dois primeiros anos de governo Bolsonaro a partir de sua agenda econômica e de alguns elementos de sua política externa. De modo geral, tanto as medidas neoliberais implementadas quanto a política de alinhamento aos Estados Unidos de Trump, no plano externo, configuraram, em nossa análise, um posicionamento que não encontra paralelo em outras experiências recentes de governos de ultradireita no mundo.

1.3.1 Nacionalismo econômico do governo Bolsonaro: algumas considerações gerais

Houve uma continuidade na implementação de uma agenda neoliberal — com adoção de políticas macroeconômicas ortodoxas, reformas liberalizantes, mudança na gestão das empresas estatais — adotada pelo governo Temer e aquela adotada pelo governo Bolsonaro. Não é por outra razão que o ex-presidente Temer declarou que (BBC News Brasil, 2020):

> Eu me recordo, quando presidente da República, eu dizia: "olha, será bem-sucedido o presidente que der sequência àquilo que estou fazendo". Do jeito que as coisas vão indo, o governo vai bem, porque está dando sequência ao nosso governo.

Segundo Boito Jr. (2020), a diferença em relação ao governo Temer é que este era entreguista, tal qual o de Bolsonaro, mas praticava esse entreguismo de modo discreto, enquanto o governo Bolsonaro o pratica alardeando o nacionalismo. Como será analisado na seção 4, isso decorre do nacionalismo conservador que orienta o governo Bolsonaro e de seu comportamento populista, que não se verificavam sob o governo Temer. De fato, para Boito Jr. (2020), o nacionalismo de Bolsonaro seria do tipo fascista e conservador, com uma "ideologia pró-capitalista, racista e patriarcal, que seriam, para os bolsonaristas, os atributos da nacionalidade brasileira", além de se expressar no discurso contra o globalismo, contra as instituições multilaterais e no mero fetiche de símbolos nacionais.

Contudo, se parece não haver dúvidas da existência de um nacionalismo conservador por parte de Bolsonaro, o mesmo não ocorre em relação ao nacionalismo econômico. Neste plano, as evidências apontam para um profundo antinacionalismo, que se estende também à política externa, dados o alinhamento subalterno do governo aos interesses norte-americanos (ao menos até a gestão de Trump) e a adoção de políticas econômicas neoliberais, com viés fortemente desnacionalizante. Exemplos paradigmáticos nesse sentido foram a mudança do regime de exploração do petróleo do pré-sal a pedido das petroleiras estrangeiras e a decisão de Bolsonaro, logo no início de seu governo, de não exercer seu poder de veto (cláusula de *golden share*) em relação à incorporação da Embraer pela empresa norte-americana Boeing — nunca é demais lembrar que a Embraer é uma das poucas empresas brasileiras competitivas em setores tecnologicamente sofisticados.

De fato, cabe ressaltar que o nacionalismo conservador brasileiro não apresenta um padrão histórico de autonomia econômica e política com os EUA. Um dos ideólogos da ditadura militar, Couto e Silva (1981) defendia, no contexto da Guerra Fria, que o Brasil deveria se alinhar aos interesses norte-americanos. A justificativa seria haver então um inimigo externo poderoso representado pelo comunismo, que ameaçava a tradição cristã e Ocidental da qual o Brasil faria parte (COUTO e SILVA, 1981, p. 238). Nessa conjuntura, o alinhamento com a potência americana era crucial por garantir, ao mesmo tempo, um aliado poderoso e manter o Brasil na esfera de influência de um país cristão e Ocidental.

Leitura semelhante pode ser percebida em texto de 2017 do futuro ministro das Relações Exteriores do governo de Jair Bolsonaro. Em "Trump e o Ocidente", Ernesto Araújo (2017) defende que o então presidente dos EUA seria representante de um ideal perdido da tradição Ocidental e cristã que "[...] morreu na Europa para todos os efeitos, mas viceja nos EUA". Tanto o ministro como seu presidente não deixam de reverenciar os escritos de Olavo de Carvalho[2], cuja leitura decadentista sobre o Ocidente se

[2] Esta interpretação está presente em várias obras do autor, sendo as principais *O Jardim das Aflições*, *A Nova Era e a Revolução Cultura*l e *O Imbecil Coletivo*.

soma a uma responsabilização do mesmo comunismo que outrora justificou a adesão dos militares ao bloco norte-americano da Guerra Fria.

Ao pensar neste enquadramento ideológico, deve-se observar que o governo Bolsonaro compõe uma onda de experiências nacionalistas conservadoras no mundo, mas contrasta com elas por sua agenda antinacionalista na política econômica. Com efeito, segundo Bluhm e Varga (2019), no caso dos países do Leste Europeu e da Rússia, em que pese serem governos conservadores e autoritários, pode-se observar a vigência de um Estado desenvolvimentista conservador, de viés alternativo à abordagem neoliberal, com fomento a setores específicos e controle de setores-chave da economia. O Brasil de Bolsonaro destoa, assim, desses governos de extrema direita. Mesmo no caso da Turquia de Erdogan, que adotou inicialmente políticas neoliberais, há diferenças, uma vez que este país vem expandindo seu Estado do bem-estar social, ao mesmo tempo em que, a partir da crise de 2018–2019, tem feito uma transição para um "desenvolvimentismo relutante", com maior envolvimento do Estado na economia (AKCAY, 2020).

Há também uma suposta contradição entre a postura antiglobalista do governo Bolsonaro, no plano da política externa, e a adoção de uma política favorável ao capital estrangeiro em detrimento das empresas nacionais. Isto leva à questão de que um dos fatores que contribuiu para uma certa "criminalização" de políticas desenvolvimentistas no Brasil parece ter sido a Operação Lava Jato[3], que favoreceu a narrativa de que tais políticas, ao levarem ao inchaço do Estado, foram responsáveis pelo aumento da corrupção no Brasil. Seguindo esta lógica, a diminuição do tamanho do Estado seria a melhor forma de combater a corrupção. Paulo Guedes vendeu essa narrativa a Bolsonaro, convencendo-o de que a expansão dos gastos públicos levou o país à estagnação e desvirtuou a política, acusando ainda os bancos públicos de financiar grupos empresariais poderosos apenas por causa de suas conexões políticas. Nesse sentido, em seu discurso de posse como ministro da Economia, Guedes afirmou: "Piratas privados, burocratas corruptos e criaturas do pântano político se associaram contra o povo brasileiro". No mesmo discurso, ele afirmava que entendia o movimento do qual fazia parte como uma aliança de centro-direita, composta por liberais econômicos (ele) de um lado e conservadora em costumes (Bolsonaro) de outro. Esta coalizão seria fundamental para retirar a centro-esquerda do poder, que, em sua visão era responsável por um misto de corrupção com excesso de gastos. Para Guedes, o encolhimento do Estado tornará a economia brasileira mais eficiente e eliminará incentivos à "roubalheira".

[3] Paula *et al.* (2020) mostram evidencias de que a Operação Lava Jato contribuiu para gerar/aprofundar a crise econômica em 2015–2016, afetando negativamente os setores de construção civil e de petróleo/gás, ocasionando forte queda nas receitas das empresas e no emprego desses setores.

"Quanto maior o grau de intervenção na economia, menor a taxa de crescimento, maior o grau de corrupção" (BALTHASAR, 2019).

A bibliografia especializada (FREEDEN, 2006; MANNHEIM, 1981) aponta que a ideologia conservadora difere do liberalismo e do socialismo por não ter um discurso econômico que lhe seja inerente. Portanto, a depender da conjuntura política, os instintos preservacionistas do conservador podem levá-lo tanto à defesa de um Estado interventor na economia quanto pode fazê-lo aderir ao neoliberalismo. Do mesmo modo, destaca-se que o neoliberalismo (FREEDEN, 2006; ROSANVALLON, 2002; LYNCH, 2021) submete o político ao econômico e pode aceitar distintos vernizes políticos desde que eles mantenham seus pilares de não interferência no mercado e desregulação da iniciativa privada. No caso brasileiro, a junção foi entre o nacionalismo conservador e populista do presidente Bolsonaro com o neoliberalismo de Paulo Guedes.

1.3.2 Política econômica neoliberal de Bolsonaro e Paulo Guedes

O governo Bolsonaro deu então continuidade à agenda econômica neoliberal implementada desde o governo Temer — um conjunto de políticas que Oreiro e Paula (2019) denominaram de "tatcherismo tupiniquim", com manejo convencional das políticas macroeconômicas. Ou seja, uma política monetária voltada para metas de inflação, visão de austeridade da política fiscal com implementação do teto de gastos e política de câmbio flutuante — e implementação de reformas liberalizantes, incluindo: 1) reforma trabalhista aprovada ao final de 2016, com uma série de flexibilizações no mercado de trabalho; 2) teto dos gastos, que implementa um congelamento real dos gastos do governo por vinte anos, ao estabelecer que o gasto público será reajustado pela inflação do ano anterior; 3) reforma previdenciária aprovada em 12 de novembro de 2019.

Além das reformas liberais, Paulo Guedes prometeu, no início de sua gestão, um ambicioso programa de privatizações de empresas estatais capaz de levantar cerca de R$ 1,2 trilhão, valor que seria suficiente para quitar a dívida pública de então (WIZIACK, 2020). Contudo, por questões de dificuldades políticas e mesmo inoperância do governo, as privatizações pouco andaram. A exceção ficou por conta da venda de 30% das ações da BR Distribuidora, passando o governo a ficar com a fatia minoritária de 41% das ações. Ao final de 2020, o presidente da Petrobras anunciou a retomada da venda de refinarias, agora favorecido pela decisão do STF de que as privatizações destas não precisam mais de autorização do Congresso (MARTINS; PERON, 2020). Cabe destacar que, desde o governo Temer, a Petrobras passou por uma reorientação estratégica com venda maciça de refinarias, gasodutos, participação na BR Distribuidora e outros ativos e uma mudança na política de conteúdo local, concentrando-se na exploração de petróleo e exportações de óleo cru, diminuindo seus efeitos de encadeamento na economia e desverticalizando o setor de petróleo e gás (PINTO, 2020).

Há dois pressupostos teóricos subjacentes à estratégia do "tatcherismo tupiniquim" de Temer/Bolsonaro. O primeiro é o foco no que, na Economia, é denominado como *supply side economics*, que sustenta que o crescimento econômico pode ser estimulado com políticas voltadas para a oferta, por meio de redução de impostos, diminuição de regulamentação sobre mercados, construção de instituições pró-mercado (direitos de propriedade, boa governança das empresas etc.) e criação de condições para melhoria do ambiente de negócios, entendida como fundamental para atrair capital estrangeiro. O segundo é a hipótese de contração fiscal expansionista, defendida por Alesina e Ardagna (2010), segundo a qual uma contração fiscal seria capaz de aumentar a confiança do setor privado e estimular novas decisões de consumo e investimento, de modo a gerar um efeito de *crowding in* sobre decisões privadas de gasto, o que resultaria em maior crescimento econômico.

Há dois problemas com esses pressupostos. O primeiro é que a crise da economia brasileira, mesmo antes da pandemia de covid-19, é de falta de demanda e não um problema de oferta. Após uma forte recessão em 2015/2016 (queda no PIB de -3,4% a.a., em média), a economia brasileira ficou semiestagnada em 2017–2019 (crescimento médio de apenas 1,41% a.a.), ao mesmo tempo que a taxa de desocupação estava em 11,6% em fevereiro de 2020 (contra 6,5% em dezembro de 2014[4]), acompanhada de um forte aumento de trabalho precarizado (informal, intermitente, parcial etc.). Em realidade, desde 2015, o governo brasileiro vem contraindo seus gastos, o que, combinado com as reformas liberais, deveria resultar — segundo o credo liberal — em maior crescimento, o que não aconteceu: os resultados colhidos pela estratégia neoliberal têm sido bastante desapontadores.

O segundo problema é que o respaldo empírico para hipótese da contração fiscal expansionista é bastante frágil, pois essa literatura nunca foi além de identificar padrões de correlação ao invés de causalidade, salvo incorrerem em omissão de variável relevante (PAULA; PIRES, 2017). No caso do Brasil, a Emenda Constitucional 95, que impõe o "teto dos gastos", tem a implicação relevante de impedir o manejo da política fiscal, um instrumento fundamental para suavizar o ciclo econômico: se a economia crescer mais rápido do que o esperado, o governo arrecadará mais do que previsto, mas não poderá gastar o excedente, uma vez que sua despesa está limitada pela regra estabelecida; por outro lado, como a regra do teto

[4] Dados do IPEADATA (2020).

obriga o gasto total a ter crescimento real igual a zero, um aumento real dos gastos obrigatórios exige a redução dos gastos discricionários no mesmo montante para que o gasto primário total permaneça constante e não ultrapasse a meta (BARBOSA, 2019). O resultado dessa regra é que, dada a dificuldade de atingir a meta do teto de gasto, o governo se vê obrigado a cortar mais e mais gastos discricionários, razão pelo qual Guedes defendia a desvinculação de despesas obrigatórias.

Por fim, ainda que tenha havido uma provisória flexibilização nas regras fiscais em 2020, para enfrentamento dos efeitos econômicos e sociais da pandemia de covid-19, permitindo a adoção de um conjunto amplo de políticas emergenciais, Bolsonaro e seu ministro da Economia reafirmaram seu compromisso com a manutenção do teto de gastos em 2021, sinalizando um retorno a um "velho normal", ou seja, às políticas liberais e de austeridade que caracterizaram o período pré-pandemia (VALOR INVESTE, 2020).

O principal desafio que se colocou para o governo foi como compatibilizar a manutenção do teto de gastos com a adoção de um programa de renda básica permanente, já que a renda emergencial foi um programa fundamental para atenuar os efeitos da queda da renda sobre os segmentos da renda mais baixa da população ante a crise da pandemia (ROUBICEK, 2020). Ainda que o programa de renda emergencial tenha sido aprovado em função da iniciativa do Congresso Nacional, acabou ficando conhecido popularmente como o "dinheiro do Bolsonaro", sendo responsável por uma melhoria acentuada de sua popularidade no ano de 2020 (SAKAMOTO, 16 set. 2020).

Já no plano internacional, o governo Bolsonaro promoveu rupturas com o multilateralismo e progressismo que historicamente orientaram a política externa brasileira. Na guerra cultural deflagrada pelo nacionalismo conservador do bolsonarismo, esta é uma dimensão proeminente para a afirmação da identidade nacional do Brasil como país conservador e cristão — condição esta que, segundo os ideólogos do governo, estaria sendo ameaçada por valores e instituições supranacionais. Como observa Casarões (2020), daí decorre sua postura marcadamente antiglobalista, em sintonia com demais lideranças ultraconservadoras da extrema direita global, que visam descredenciar acordos e organizações internacionais sob o pretexto de resguardar a soberania dos Estados nacionais, assim como seus valores, interesses e particularidades. Como consequência, combater o globalismo seria uma necessidade patente.

Nesta concertação, o alinhamento automático do governo brasileiro aos Estados Unidos de Trump em 2019-2020 se traduziu em um papel subserviente do Brasil frente aos interesses norte-americanos. Exemplos notórios nesse sentido, ocorridos ainda em 2019, foram o país ter aberto mão do status de nação em desenvolvimento na OMC em troca do apoio norte-americano a seu pleito de ingresso na OCDE — o que sequer ocorreu —, assim como a concessão de acesso estadunidense à base militar de Alcântara (CASARÕES, 2020). Do mesmo modo, a hipótese de mudanças regulatórias e legislativas favoráveis a empresas americanas no mercado brasileiro de armas e munições é gestada desde o período eleitoral (FOLHA, 2020a).

Paralelamente, as diretrizes bolsonaristas para a política externa brasileira colocou o país em rota de colisão com alguns de seus principais parceiros estratégicos. Nesse contexto, especial relevância recaiu sobre as relações com a China, que desponta como maior rival econômico e geopolítico dos Estados Unidos no século XXI, ao mesmo tempo em que é, desde 2009, o maior parceiro comercial do Brasil. Tal realidade, por sua vez, confere às relações Brasil-China um caráter oscilante entre ideologia e pragmatismo, decorrente de disputas de poder internas ao governo Bolsonaro, que vêm suscitando crises diplomáticas recorrentes nas relações sino-brasileiras.

1.4 O populismo bolsonarista

Tendo em vista esse panorama, podemos então analisar como o nacionalismo conservador de Bolsonaro se associou a um comportamento populista desde o período eleitoral de 2018 até pelo menos os primeiros meses de 2020. Isso posto, deve-se observar que as raízes populistas da vitória eleitoral de Bolsonaro remetem aos anos que antecederam o pleito presidencial, quando a insatisfação popular com o *establishment* político já era patente e ensejava a união de movimentos heterogêneos de contestação ao governo, tal como teorizado por Laclau (2005). Esse cenário se configurou desde as manifestações de junho de 2013, perpassando os desdobramentos da Operação Lava Jato e as fortes crises política e econômica que se abateram sobre o país (PAULA; SANTOS; MOURA, 2020), culminando no impeachment de Dilma Rousseff, em 2016, e na consequente ascensão de Michel Temer à presidência — posto no qual se tornaria o líder mais impopular do mundo (DW, 2017).

Na esteira desses eventos, no ano eleitoral de 2018, apenas 9% da população brasileira se declarava satisfeita com a democracia e 90% dos entrevistados pelo Latinobarómetro (2018) acreditavam que se governava "para uns poucos". O mal-estar generalizado se retratava também na percepção de progresso no país, registrada por somente 6% dos brasileiros. Em meio a uma das piores recessões econômicas da história nacional — a taxa de crescimento média do PIB real foi de -3,0% em 2015-2016 e a recuperação econômica de apenas 1,3% em 2017-2018 — e diante de escândalos de corrupção envolvendo a elite política tradicional, o terreno estava fértil para que aventuras populistas florescessem, conforme diagnosticado pelo próprio Latinobarómetro (2018).

Nesse sentido, já em julho de 2018, a estratégia populista de Bolsonaro para disputar as eleições se mostrou evidente. Na ocasião do lançamento de sua candidatura, como analisam Bernardes e Barros (2019), seu discurso contemplou uma série de elementos apontados pela literatura acadêmica como inatos ao populismo. O então recém-candidato Bolsonaro se apresentou como um *outsider*, inconformado com as práticas corruptas da política tradicional, e elegeu a corrupção e a ideologia como alvos prioritários de sua campanha. Esses dois elementos passariam a servir à homogeneização de seus adversários políticos: por um lado, o sistema — simbolizado sobretudo pelo Congresso Nacional — era eminentemente corrupto e abarcava todo o espectro político-partidário brasileiro; por outro lado, a esquerda — em especial o PT — despontava como portadora da ideologia que havia aparelhado o Estado, desembocando nos escândalos de corrupção revelados pela Operação Lava Jato — então apresentados como responsáveis pela crise econômica nacional.

Daí se forjou a negação da política que seguiu permeando o discurso de lançamento da candidatura bolsonarista. Em contrapartida, a oportunidade de regeneração do país parecia residir no culto a valores do nacionalismo conservador que o presidente absorveu em sua formação militar — hierarquia, obediência, honestidade e patriotismo —, que seriam a via para a superação popular do sistema político corrompido. Nas palavras do depois presidente, "o Brasil precisa eleger no corrente ano um homem ou uma mulher que seja honesto, que tem Deus no coração e que seja patriota" (BERNARDES; BARROS, 2019, p. 22). No entanto, se durante a ditadura militar brasileira este discurso aparecia com verniz demofóbico, no século XXI ele ressurgiu no Brasil associado ao populismo de direita vivenciado internacionalmente. Dessa maneira, Bolsonaro fomentou o conflito entre o "povo" — homogeneizado pela crise de representatividade que os dados do Latinobarómetro (2018) demonstram — e o *establishment* político, que impedia a realização da vontade popular, uma vez que atuaria apenas em seu próprio benefício.

De fato, tais seriam os contornos tanto de sua campanha eleitoral quanto de seus primeiros dois anos de governo. Durante o período de campanha, o uso político de emblemas nacionais, como as cores da bandeira e as forças armadas, deu tônica à propaganda bolsonarista. Nesse sentido, a simbologia de se ter um general como candidato a vice-presidente e das manifestações públicas de apoio à sua candidatura por militares da ativa e da reserva promoveria a inevitável vinculação das forças armadas ao movimento político que ambicionava o governo. Mais do que isso, chegou-se ao extremo, em abril do ano eleitoral, de o ex-comandante do exército, general Villas Bôas, ameaçar explícita e publicamente intervir no STF caso fosse concedido *habeas corpus* ao então ex-presidente Lula, principal concorrente de Bolsonaro no pleito presidencial (CONJUR, 2018). A uma semana do segundo turno das eleições, Bolsonaro prometia "varrer do mapa os bandidos vermelhos do Brasil" e descrevia a si e aos seus seguidores como "o Brasil de verdade" (EL PAÍS, 2018) — oferecendo, assim, comprovação empírica do teorizado como populismo pela literatura acadêmica.

Paralelamente, a depreciação do sistema partidário tradicional se fazia notar em um dos principais slogans do candidato: "Meu partido é o Brasil". Cabe observar que, em novembro de 2019, em seu primeiro ano de mandato, o presidente anunciaria sua saída do PSL, partido pelo qual disputara as eleições, permanecendo sem qualquer filiação partidária até novembro de 2021. Dias antes daquela ocasião, voltou a evocar seu lema eleitoral (ESTADÃO, 2019), desvelando a intenção de se distanciar do *establishment* e de se colocar pessoalmente como legítimo porta-voz do povo — limitando-se este, tal como preconizado pelos aportes teóricos da seção 2.2, à sua base eleitoral.

Com efeito, após a vitória nas eleições, seu *modus operandi* seguiu conciliando o nacionalismo conservador e uma retórica populista — a despeito do avanço da agenda econômica neoliberal analisado na seção anterior. Em seu discurso de posse, no Congresso Nacional, novas referências à deficiência moral dos governos que o precederam foram registradas, assim como apelos à defesa da "pátria" (FOLHA, 2019a):

> Aproveito este momento solene e convoco cada um dos congressistas para me ajudarem na missão de restaurar e de reerguer nossa pátria, libertando-a, definitivamente, do jugo da corrupção, da criminalidade, da irresponsabilidade econômica e da submissão ideológica. [...] A construção de uma nação mais justa e desenvolvida requer a ruptura com práticas que se mostram nefastas para todos nós, maculando a classe política e atrasando o progresso. A irresponsabilidade nos conduziu à maior crise ética, moral e econômica de nossa história.

Já no segundo semestre de seu primeiro ano de mandato, em meio à crise ambiental causada pelos incêndios na floresta amazônica, que causou reação internacional pela preservação do meio ambiente no país, o presidente proferiu discurso agressivo na Assembleia Geral da ONU, supostamente em nome da soberania nacional (FOLHA, 2019b):

> É uma falácia dizer que a Amazônia é patrimônio da humanidade e um equívoco, como atestam os cientistas, afirmar que a floresta é o pulmão do mundo. Valendo-se dessas falácias, um ou outro país, em vez de ajudar, embarcou nas mentiras da mídia e se portou de forma desrespeitosa, com espírito colonialista. Questionaram aquilo que nos é mais sagrado, a nossa soberania.

Menos de um mês depois, durante a cerimônia de entrega de um novo submarino brasileiro, o presidente voltou a ostentar discurso nacionalista sob o pretexto de defender a Amazônia de supostos interesses estrangeiros: "Lá fora, estão cada vez mais tentando nos colocar em uma situação de colonizados. Não permitiremos isso." Na mesma ocasião, afirmou que o Brasil tem inimigos internos e externos: "Os de dentro são os mais terríveis. Os de fora nós venceremos com tecnologia e disposição e meios de dissuasão" (EBC, 2019).

De fato, sob o governo Bolsonaro, os "inimigos internos" adquiriram proeminência, dado o caráter subalterno assumido pela política externa brasileira. Dentro do Brasil, o leque de desafetos do presidente passou a abranger todos os que a ele se opunham, tornando-se, em linha com a cartilha populista, inimigos do povo e do país. Nesse sentido, no primeiro semestre de 2020, a recorrente presença do presidente em atos antidemocráticos de seus apoiadores, em defesa do fechamento do Congresso Nacional e do STF, tornou-se representativa tanto do fomento à mobilização permanente de sua base eleitoral quanto de seu embate com os demais poderes da república. Nessas ocasiões, no contexto da crise sanitária causada pela pandemia de covid-19, Bolsonaro deixou claro sua perspectiva iliberal da ordem democrática, declarando-se único legítimo representante popular. Exemplo ilustrativo se observa em seu discurso para apoiadores em manifestação que advogava uma intervenção militar no país, diante do quartel-general do exército, no dia 19 de abril (G1, 2020a):

> Nós não queremos negociar nada. Nós queremos é ação pelo Brasil. O que tinha de velho ficou para trás. Nós temos um novo Brasil pela frente. Todos, sem exceção, têm que ser patriotas e acreditar e fazer a sua parte para que nós possamos colocar o Brasil no lugar de destaque que ele merece. Acabou a época da patifaria. É agora o povo no poder.

Esse "povo", tal como novamente explicita a retórica bolsonarista, consiste em sua base eleitoral mais radicalizada, que rejeita a legitimidade dos demais canais de representação democrática e conta com gestos de apoio do presidente em suas manifestações públicas. Do mesmo modo, ao rejeitar a possibilidade de negociação, o presidente também atua no sentido de descredenciar os poderes Legislativo e Judiciário em suas atribuições. No dia seguinte, em meio às repercussões de sua participação no ato, Bolsonaro declarou: "Eu sou, realmente, a Constituição" (FOLHA, 2020b) — revelando mais uma vez seu entendimento acerca do papel que cabe ao presidente da república.

Deve-se ainda observar que, na manifestação supracitada, o fato de ter ocorrido diante do quartel-general do exército é simbólico também por dois outros motivos: por um lado, pelo passado de recorrente exaltação de Bolsonaro à ditadura militar (VEJA, 2019); por outro lado, pela participação ativa das forças armadas em seu governo, que se refletiu na distribuição de milhares de cargos civis a militares da ativa e da reserva — incluindo ministérios variados. Em julho de 2020, o número de militares em postos civis chegou a mais de 6 mil — mais do que o dobro do que se verificava em 2018, sob a gestão de Temer (G1, 2020b).

Paralelamente, o presidente também se notabilizou, desde sua campanha eleitoral, pela comunicação direta com sua base popular, por meio de redes sociais. Em especial, o então Twitter se tornou uma importante ferramenta de Bolsonaro para atacar seus inimigos políticos e manter mobilizados seus eleitores. Ao mesmo tempo, um objetivo constante no uso da rede tem sido a desqualificação dos canais tradicionais de mídia, apresentados pelo presidente como propagadores de notícias falsas a respeito do seu governo. Segundo levantamento da Época (2019), ainda em abril de 2019, levou-se em conta 3 mil tuítes de Bolsonaro:

> A "imprensa" e a "mídia" foram mencionadas mais de 120 vezes, quase sempre de modo depreciativo. [...] Os outros assuntos que rivalizam com imprensa no ranking dos tuítes de Bolsonaro são seus opositores. Nessa lista estão termos como "esquerda", "petistas", o ex-presidente Lula (32 menções) e outros adversários acusados de "corruptos", de propagar "ideologia" e de lutar para transformar o Brasil numa "Venezuela".

Em outras palavras, a comunicação via redes sociais atende ao propósito populista de desgastar as demais instituições democráticas e de perseguir os opositores do governo. Estes, por sua vez, são alienados da concepção de povo presente na retórica de Bolsonaro, convertendo-se, em última instância, em seus inimigos. Uma implicação disso, tal como apontado por Urbinati (2018), é a não responsabilização do líder populista pelos resultados concretos entregues por seu governo, dada a constante suposta sabotagem promovida pelo *establishment*. De fato, em pesquisa do Datafolha realizada em junho de 2020, a popularidade do presidente chegou a seus melhores patamares desde o início do mantado, com 37% dos brasileiros considerando o governo como ótimo ou bom, mesmo no contexto de crise sanitária e econômica durante a pandemia de covid-19 (FOLHA, 2020c).

O populismo praticado por Bolsonaro acabou sendo instrumental, portanto, para o tipo de nacionalismo ostentado por seu governo. De uma forma, a retórica de apelo a valores e símbolos patrióticos, tais como as cores da bandeira nacional, a defesa da soberania nacional e as forças armadas, atuam nesse sentido pelo campo discursivo. De outra, sua reivindicação de único e legítimo representante do "povo", que se constrói mediante o fomento do conflito entre a população e o *establishment*, visa dissociar o presidente dos demais políticos, conferindo-lhe a prerrogativa de falar em nome da nação — o que é reforçado pela comunicação direta com seus eleitores, por meio, sobretudo, de redes sociais. O objetivo subjacente a essa prática, como analisado, é fazer do presidente, pessoalmente, o vetor de realização dos interesses nacionais, em linha com o nacionalismo conservador que os define.

1.5 Conclusão

Nossa análise mostra, portanto, que não houve qualquer contradição entre a agenda de política econômica implementada pelo governo Bolsonaro e o nacionalismo conservador ostentado por ele em seus dois primeiros anos de mandato. Do ponto de vista econômico, o governo Bolsonaro adotou políticas que foram de encontro aos objetivos de busca de uma soberania nacional plena e de defesa do interesse nacional, implementando uma agenda neoliberal e de subserviência aos interesses dos Estados Unidos. Isso se combinou a um nacionalismo do tipo conservador, que foi impulsionado por um comportamento populista, incluindo um discurso antissistema, a busca de uma conexão direta com o povo, declarando-se como legítimo representante deste, e uma exaltação a símbolos nacionais.

Essa combinação entre política neoliberal e uma retórica nacionalista parece não ter paralelo em outras experiências recentes de governos de extrema direita. Isto porque há uma aparente contradição entre o discurso antiglobalização do governo Bolsonaro, em linha com a maioria dos governos de extrema direita, e a adoção de políticas neoliberais, que têm um caráter privatista e desnacionalizante.

Esta é, contudo, uma análise dos dois primeiros anos de mandato do presidente, que desconsidera os efeitos da pandemia de covid-19 sobre sua política econômica neoliberal e da disputa por sua reeleição sobre seu comportamento perante o Congresso Nacional. De fato, na segunda metade do mandato, o ímpeto neoliberal arrefeceu diante da dinâmica política que se instaurou na esteira da aliança do governo com o "centrão", bem como em consequência do conflito entre sua agenda econômica e seus objetivos eleitoreiros. A análise de tal período, no entanto, deve ser objeto de pesquisas futuras.

REFERÊNCIAS BIBLIOGRÁFICAS

AKCAY, U. Rising authoritarian (Post-)neoliberalism in Turkey. *The Conservative Backlash: Brazil in Comparative Perspective Symposium*, Berlin, Freie Universitat Berlin, 2020.

ALESINA, A.; ARDAGNA, S. "Large changes in fiscal policy: taxes versus spending". In: Brown, J.R. (ed.). *Tax Policy and the Economy*, vol. 24. Chicago: The University of Chicago Press, 2010.

ARAÚJO, E. Trump e o Ocidente. *Segundas Filosofias.* Disponível em: https://segundasfilosoficas.org/trump-e-o-ocidente/. Acesso em: 7 jan. 2020.

BBC News Brasil. O governo Bolsonaro vai bem porque está dando sequência ao meu, diz Temer. Disponível em: https://www.bbc.com/portuguese/brasil-49053623. Acesso em: 30 set. 2020.

BALTHASAR, R. Guedes adota tese simplista ao culpar o Estado pela corrupção. *Folha de S.Paulo*, 1º set. 2019.

BARBOSA, N. O problema das três regras fiscais. Observatório da Economia Contemporânea, *Le Monde Diplomatique Brasil*, 30 mai. 2019.

BARROS, C. C.; BERNARDES, C.B. Populismo no Brasil contemporâneo: uma análise de discursos de Lula e Bolsonaro. *VIII Congresso da Associação Brasileira de Pesquisadores em Comunicação e Política* (VIII COMPOLÍTICA), 2019.

BLUHM, K.; VARGA, M. Conservative developmental statism in East Central Europe and Russia. *New Political Economic* 25(4): 642–659, 2019.

BOITO JR., A. O nacionalismo de Bolsonaro. *A Terra é Redonda*, 11 set. 2020. Disponível em: https://aterraeredonda.com.br/o-nacionalismo-de-bolsonaro/. Acesso em: 24 set. 2020.

BRESSER-PEREIRA, L.C. Nacionalismo econômico e desenvolvimentismo. *Economia e Sociedade* 27(3); 853–87, 2019.

BRESSER-PEREIRA, L.C. Um estranho casamento: neoliberalismo e nacionalismo de direita. *A Terra é Redonda*, 4 dez. 2019. Disponível em: https://aterraeredonda.com.br/um-estranho-casamento-neoliberalismo-e-nacionalismo-de-direita/. Acesso em: 20 mai. 2020.

CASARÕES, G. "The first year of Bolsonaro's foreign policy". In: Mori, A. (org.). *Latin America and New Global Order: Danger and opportunities in a multipolar world.* Ledizioni Ledi Publishing, 2020.

COUTO e SILVA, G. *Conjuntura Política Nacional: O Poder Executivo & Geopolítica do Brasil.* Rio de Janeiro: José Olympio, 1981.

DW. Ranking põe Temer como líder mais impopular do mundo. 2017. Disponível em: https://www.dw.com/pt-br/ranking-p%C3%B5e-temer-como-l%C3%ADder-mais-impopular-do-mundo/a-41126322. Acesso em: 24 set. 2020.

EL PAÍS. Bolsonaro a milhares em euforia: "Vamos varrer do mapa os bandidos vermelhos". 2018. Disponível em: https://brasil.elpais.com/brasil/2018/10/22/actualidad/1540162319_752998.html. Acesso em: 24 set. 2020.

EBC. Em apresentação de novo submarino, Bolsonaro discursa sobre soberania. 2019. Disponível em: https://agenciabrasil.ebc.com.br/politica/noticia/2019-10/em-apresentacao-de-novo-submarino-bolsonaro-discursa-sobre-soberania. Acesso em: 24 set. 2020.

ÉPOCA. Bolsonaro faz do Twitter seu palanque virtual. 2019. Disponível em: https://epoca.globo.com/bolsonaro-faz-do-twitter-seu-palanque-virtual-23572419. Acesso em: 24 set. 2020.

ESTADÃO. 'Meu partido é o Brasil', diz Bolsonaro sobre possível saída do PSL. 2019. Disponível em: https://politica.estadao.com.br/noticias/geral,meu-partido-e-o-brasil-diz-bolsonaro-sobre-possivel-saida-do-psl,70003044934. Acesso em: 24 set. 2020.

FERREIRA, J. (org.) *O Populismo e sua História: debate e crítica*. Rio de Janeiro: Civilização Brasileira.

FOLHA de S.Paulo. Leia a íntegra do discurso de Bolsonaro na cerimônia de posse no Congresso. 2019a. Disponível em: https://www1.folha.uol.com.br/poder/2019/01/leia-a-integra-do-discurso-de-bolsonaro-na-cerimonia-de-posse-no-congresso.shtml. Acesso em: 24 set. 2020.

_____.Em discurso agressivo na ONU, Bolsonaro ataca países e diz que há falácias sobre Amazônia. 2019b. Disponível em: https://www1.folha.uol.com.br/mundo/2019/09/em-discurso-agressivo-na-onu-bolsonaro-ataca-paises-e-diz-que-ha-falacias-sobre-amazonia.shtml. Acesso em: 24 set.2020.

_____.Exército negocia parceria com empresa de armas apoiada por Eduardo Bolsonaro. 2020a. Disponível em: https://www1.folha.uol.com.br/poder/2020/06/exercito-negocia-parceria-com-empresa-de-armas-apoiada-por-eduardo-bolsonaro.shtml. Acesso em: 20 set. 2020.

_____.Eu sou a Constituição, diz Bolsonaro ao defender democracia e liberdade um dia após ato pró-golpe militar. 2020b. Disponível em: https://www1.folha.uol.com.br/poder/2020/04/democracia-e-liberdade-acima-de-tudo-diz-bolsonaro-apos-participar-de-ato-pro-golpe.shtml. Acesso em: 24 set. 2020.

_____.Aprovação a Bolsonaro sobe e é a melhor desde o início do mandato, diz Datafolha. 2020c. Disponível em https://www1.folha.uol.com.br/poder/2020/08/aprovacao-a-bolsonaro-sobe-e-e-a-melhor-desde-o-inicio-do-mandato-diz-datafolha.shtml. Acesso em: 24 set. 2020.

FREEDEN, M. *Ideologies and Political Theory*. A conceptual approach. Oxford: Clarendon Press, 2006.

FREIXO, A; PINHEIRO-MACHADO, R. "Dias de um futuro (quase) esquecido: um país em transe, a democracia em colapso". In: Pinheiro-Machado, R.; Freixo, A, (orgs.). *Brasil em Transe: Bolsonarismo, Nova Direita e Desdemocratização*. Oficina Raquel, 2019.

G1. Bolsonaro discursa em Brasília para manifestantes que pediam intervenção militar. 2020. Disponível em: https://g1.globo.com/politica/noticia/2020/04/19/bolsonaro-discursa-em-manifestacao-em-brasilia-que-defendeu-intervencao-militar.ghtml. Acesso em: 24 set. 2020.

_____. Governo Bolsonaro mais que dobra número de militares em cargos civis, aponta TCU. 2020. Disponível: em https://g1.globo.com/politica/noticia/2020/07/17/governo-bolsonaro-tem-6157-militares-em-cargos-civis-diz-tcu.ghtml. Acesso em: 24 set. 2020.

HAMILTON, A. "Report on manufactures ([1791) 1966)". In: Syrett, H.C. (org.). *The Papers of Alexander Hamilton.* Vol. X. New York: Columbia University Press.

HARLEN, C. A reappraisal of classical economic nationalism and economic liberalism. *International Studies Quarterly* 43: 733–744, 1999.

HELLEINER, E. Economic nationalism as a challenge to economic liberalism? Lessons from the 19th century. *International Studies Quarterly* 46(1): 307–329, 2002.

IPEADATA. Disponível em: http://www.ipeadata.gov.br/Default.aspx. Acesso em: nov. 2020.

LACLAU, E. *La Razón Populista*. Fondo de Cultura Económica, 2005.

LATINOBARÓMETRO. Informe 2018. Disponível em: https://www.latinobarometro.org/latdocs/INFORME_2018_LATINOBAROMETRO.pdf. Acesso em: 13 jun. 2020.

LEVITSKY, S.; ZIBLATT, D. *How Democracies Die.* New York: Broadway Books, 2018.

LIST, F. ([1841)] 1904). *The National System of Political Economy.* New York: Longmans, Green.

LYNCH, C.E.C. "Nada de NOVO sob o Sol: teoria e prática do neoliberalismo brasileiro. *Insight inteligência*, Rio de Janeiro, n. 91, 2021.

MARTINS, L.; PERON, I. STF libera a privatização de refinarias. *Valor*, 2 out. 2020. Disponível em: https://valor.globo.com/impresso/noticia/2020/10/02/stf-libera-a-privatizacao-de-refinarias.ghtml.

MILANOVIC, B. *Global Inequality: a New Approach for the Age of Globalization*. The Belknap Press of Harvard University Press, 2016.

MUDDE, C.; KALTWASSER, C. R. *Populism: a Very Short Introduction.* Oxford University Press, 2017.

PAULA, L.F.; PIRES, M.C. The effects of fiscal policy after the global recession: Assessing the evidences. *Revista de Economia Política*, 33 (2): 315–321, 2013.

PAULA, L.F.; OREIRO, J.L. A economia brasileira no governo Temer e Bolsonaro: uma avaliação. Set. 2019. DOI: 10.13140/RG.2.2.28213.01766. Disponível em: https://www.researchgate.net/publication/336147850_A_economia_brasileira_no_governo_Temer_e_Bolsonaro_uma_avaliacao_preliminar.

PAULA, L.F.; SANTOS, F.; MOURA, R. The developmentalist project of the PT governments: An economic and political assessment. *Latin American Perspectives*, 47(2): 8–24, 2020.

PINTO. E.C. Nacionalismo energético, Petrobras e desenvolvimento brasileiro: a retomada interditada. *Oikos*, 19(1): 142–163, 2020.

REDAÇÃO CONJUR. General Villas Bôas diz que calculou "intervir" caso STF desse HC a Lula. *CONJUR*, 11 nov. 2018. Disponível em: https://www.conjur.com.br/2018-nov-11/villas-boas-calculou-intervir-stf-hc-lula. Acesso em: 24 set. 2020.

RODRIK, D. Populism and the Economics of Globalization. *Journal of International Business Policy*, 1: 12–33, 2018.

ROSANVALLON, P. *O Liberalismo Econômico*: *história da ideia de mercado.* Florianópolis: EDUSC, 2002.

SAKAMOTO. L. Sem auxílio emergencial, nem Renda Brasil, popularidade de Bolsonaro murcha. UOL, 16 set. 2020. Disponível em: https://noticias.uol.com.br/colunas/leonardo-sakamoto/2020/09/16/para-nao-murchar-bolsonaro-precisa-de-substituto-para-auxilio-emergencial.htm?cmpid=copiaecola.

URBINATI, N. Political Theory of Populism. *Annual Review of Political Science*, 2018.

VALOR INVESTE. Bolsonaro reafirma compromisso com responsabilidade fiscal. 14 ago. 2020. Disponível em: https://valorinveste.globo.com/mercados/brasil-e-politica/noticia/2020/08/14/bolsonaro-reafirma-compromisso-com-responsabilidade-fiscal.ghtml.

VEJA. Doze vezes em que Bolsonaro e seus filhos exaltaram e acenaram à ditadura. 2019. Disponível em: https://veja.abril.com.br/politica/doze-vezes-em-que-bolsonaro-e-seus-filhos-exaltaram-e-acenaram-a-ditadura/. Acesso em: 24 set. 2020.

VINCENT, A. "Nationalism". In: FREEDEN, M.; TOWER SARGENT, L.; STEARS, M. *The Oxford Randbook of Political Ideologies*. Oxford: Oxford University Press, 2013.

WIZIACK, J. Plano de privatização de Guedes não passa ainda nem da fase de estudos. *Folha de S.Paulo*, 28 jul. 2020. Disponível em: https://www1.folha.uol.com.br/mercado/2020/07/plano-de-privatizacao-de-guedes-nao-passa-ainda-nem-da-fase-de-estudos.shtml.

CAPÍTULO

2

De Eugênio Gudin a Paulo Guedes: a tensa relação histórica entre liberalismo e desenvolvimentismo no Brasil[1]

Helio Cannone

Jorge Chaloub

2.1 Introdução

Em 2 de janeiro de 2019, ocorreu a cerimônia de transmissão de cargo no qual Paulo Guedes foi empossado como ministro da Economia do governo Jair Bolsonaro. Como de praxe na ocasião, o chefe da pasta — recém-criada pela fusão dos ministérios do planejamento, comércio exterior e serviços, fazenda, desenvolvimento e gestão, trabalho e indústria — discursou no evento. Em sua fala, pode-se extrair não só os seus intuitos para a gestão da economia brasileira, mas a sua própria visão sobre o país, o mundo e a história.

Em uma interpretação um tanto quanto singular de *A sociedade aberta e seus inimigos,* do filósofo Karl Popper (1998), Paulo Guedes afirma que a

[1] Parte deste capítulo foi publicado como: CHALOUB, J.; CANNONE, H. "Para além do antagonismo: desenvolvimentismo e liberalismo no Brasil da República de 1946". *Revista Brasileira de Ciência Política*, n. 38, p. 1–30, 2022.

democracia poderia ser dividida entre duas tendências: a liberal-democrata e a social-democrata. Sem esconder em momento algum sua predileção pela primeira, o ministro a define pela preocupação com os mecanismos de funcionamento da economia de mercado. Esta corrente teria sido responsável pelo desenvolvimento econômico do Ocidente desde o século XIX, passando também pela reconstrução da Alemanha após a Segunda Guerra Mundial e o desenvolvimento de países latino-americanos, como o Chile.

Os liberais-democratas também teriam o trunfo de conciliar o funcionamento do mercado com o desenvolvimento humano. Para o ministro, isso seria feito, de um lado, pela compreensão de que a economia funciona melhor sem regulações e indexações e, de outro, pelo investimento em capital humano, considerado vital para a produtividade. Neste ensejo, Paulo Guedes afirma que:

> [...] nós vamos na direção da liberal democracia, nós vamos abrir a democracia, nós vamos simplificar impostos. [palmas]
> Nós vamos privatizar, nós vamos descentralizar os recursos para estados e municípios, e nós vamos apoiar a área social porque os *chicago oldies* [referência aos chicago boys, economistas liberais formados na Universidade de Chicago] nunca tiveram só essa face da estabilização, do regime fiscal, monetário, câmbio flexível, Banco Central independente (GUEDES, 2019, p. 7).

Apenas os liberais e não os sociais-democratas poderiam conciliar as duas coisas. Isto porque, em sua visão, a economia de mercado — funcionando da maneira mais desregulada possível — seria a única forma de produzir crescimento econômico. Portanto, este seria também o único modo de gerar desenvolvimento econômico, social e político. A postura institucional que não atentasse para estas questões estaria no sentido oposto dos interesses da sociedade, mantendo a classe política como grupo com "muitos privilégios e poucas atribuições" (GUEDES, 2019, p. 5).

Sua crítica à social-democracia e seus representantes na política institucional já havia sido desenvolvida em outro texto seu de 2003, cujo título é *A síndrome de Judas Iscariotes*. Nesse escrito, no qual Guedes não precisava se preocupar com o apaziguamento da linguagem esperado de um ministro, ele aponta de maneira incisiva ser contrário a qualquer empecilho público para a atuação da livre iniciativa, fosse ela representada por empresas ou pelo capital financeiro. Em sua visão, intervenção no câmbio, ausência de combate à inflação com políticas de austeridade e altos impostos seriam os motivos do fracasso brasileiro. Afinal, o capitalismo seria uma síntese histórica de um processo de evolução que remeteria seu início à Grécia Antiga, quando no conflito entre Esparta e Atenas[2], a cidade-estado representante do mercado e da democracia venceu aquela comprometida com o militarismo politicamente fechado (GUEDES, 2003, p. 3). Desde então, o Ocidente teria se formado pelo progressivo avanço civilizacional e institucional, em direção à economia livre. Para ele, seria falacioso acusar tal movimento de excludente, pelo contrário: "A história do capitalismo, na verdade, é de inclusões. É contraditório, mas o capitalismo foi sempre o menos pior" (Idem, p. 4). Quem representaria a desigualdade seria a esquerda, quando inventou a exploração do homem por si mesmo em regimes como o stalinismo. Segundo Guedes: "O capitalismo detesta o patriarcado, o patrimonialismo, a aristocracia e o cartório. Por essa razão, constantemente fustiga privilégios e está sempre promovendo novas oportunidades, agora mesmo para centenas de milhões de chineses" (Ibidem, p. 6).

No artigo, Guedes trata social-democracia e socialismo como sinônimos — no qual o segundo seria uma consequência histórica do primeiro, em um momento em que a democracia liberal teria se estabelecido como regra — e alarga os conceitos de modo que possam incorporar todos aqueles que defenderiam a regulação do mercado pelo Estado. Assim, seriam socialistas quatro dos candidatos à presidência da república em 2002, cada um representante de uma variante da ideologia: "[...] o social-populista (Anthony Garotinho), o social-democrata (José Serra), o social-reformista (Ciro Gomes) e o socialista-sindicalista (Lula)" (GUEDES, 2003, p. 9). Todos eles teriam em comum a oposição à sociedade aberta, defesa do intervencionismo e um discurso que seria fruto de "adolescência prolongada" (Idem, p. 1), no qual não teriam amadurecido para entender como o mundo funciona, e que as questões da economia remetem a mecanismos que — no limite — não estão sob controle de ninguém, e cuja interferência governamental só geraria mecanismos disfuncionais.

Já como ministro, a irritação de Guedes com ideias que remetem à intervenção e ao planejamento estatal aparece em sua resposta ao ministro Walter Braga Netto, em reunião realizada em 21 de maio de 2020. Na ocasião, o ministro-chefe da Casa Civil se referiu ao programa de retomada da economia Pró-Brasil pelo apelido de Plano Marshall. A resposta de Paulo Guedes ao surgir a alusão ao programa de reestruturação da Europa no pós-guerra foi consonante com a sua visão de mundo e com a linguagem política a qual ela remete:

[2] Apenas para nível de informação, é válido ressaltar que o que se verificou, historicamente, foi o contrário do indicado pelo ministro. A Guerra do Peloponeso (431–404 a.C.) entre Atenas e Esparta terminou com a vitória da segunda.

> **Paulo Guedes:** Eu queria fazer a primeira observação, é o seguinte, não chamem de Plano Marshall porque revela um despreparo enorme.
>
> **Braga Netto:** Não, não, não, isso aqui foi só aqui e agora. É o Pró-Brasil.
>
> **Paulo Guedes:** Então quan... quando se falou em Plano Marshall, Pró-Brasil é um nome espetacular. Dez, mil. Plano Marshall é um desastre. [...]
>
> **Paulo Guedes:** Não se fala Plano Marshall, porque é um desastre. Vai revelar falta de compreensão das coisas. A segunda coisa é o seguinte, é super bem-vinda essa iniciativa, para nos integrarmos todos. Agora, não vamos nos iludir. A retomada do crescimento vem pelos investimentos privados, pelo turismo, pela abertura da economia, pelas reformas. Nós já estávamos crescendo.
>
> **Paulo Guedes:** Voltar uma agenda de trinta anos atrás, que é investimentos públicos financiados pelo governo, isso foi o que a Dilma fez trinta anos (BRASIL, 2020, p. 11–12).

Em outro trecho da reunião, ainda no mesmo tom, o ministro da Economia afirmou que lera oito livros sobre cada processo de reestruturação de economias nacionais após a Segunda Guerra Mundial e também a obra do economista John Maynard Keynes "[...] três vezes no original [...]" (Idem, p. 60). Segundo Guedes, o caminho seguido por aqueles países teria sido o de reformas estruturantes para garantir o funcionamento da economia de mercado e dar condições para a liberdade econômica. Qualquer coisa que fugisse disso se trataria de dogma ou literatura obsoleta, tal como o caso do economista britânico supracitado, o qual ele considera próximo da visão de esquerda.

Se quisermos compreender por que Paulo Guedes se percebe como o homem certo no momento ideal para produzir o modelo de desenvolvimento que o Brasil tanto precisaria, podemos buscá-los nos outros textos aqui tratados. Segundo o ministro em *A síndrome de Judas Iscariotes*, o Brasil nunca teria sido capaz de estabelecer uma cultura política liberal, como teria ocorrido nas sociedades anglo-saxãs e de que os Estados Unidos seriam o exemplo mais bem sucedido. Desse modo, sua história seria refém de quadros antidemocráticos e estatizantes, fossem eles de esquerda ou de direita. No discurso de posse, o ministro afirma que entende o governo Jair Bolsonaro como espécie de ruptura com este estado de coisas, a eleição seria resultado de uma aliança de conservadores nos costumes e liberais na economia (GUEDES, 2019, p. 7) contra a esquerda estatizante. O resultado disso se daria em uma agenda de valorização da família e de liberdade econômica, na qual o governo Jair Bolsonaro é tido como espécie de coalizão ideológica de veto[3] à esquerda e sua agenda.

Todavia, na visão de Guedes, não é como se o liberalismo brasileiro não tivesse nenhum expoente anterior, o fenômeno só é tido como tão raro que não possibilitou formação de um grupo político. Como o próprio ministro aponta: "No Brasil, a espécie liberal não existe. São três ou quatro seres" (GUEDES, 2013, p. 9). O mesmo tratamento seria válido para a direita latino-americana como um todo, que jamais teria alcançado os virtuosos ideais do liberalismo: "Ela é autoritária, corrupta, ditatorial, oligárquica, patrimonialista, sem-vergonha, assaltante oficial de Estado. Nunca teve qualquer ideologia liberal-democrata" (Idem, p. 7). Embora não cite os escassos exemplos contrários neste texto, o ministro cita um deles em seu discurso de posse. Ao elogiar a presença de Roberto Campos Neto como presidente do Banco Central, o chefe da pasta da Economia tece algumas palavras sobre seu avô:

> O Banco Central, com o Roberto Campos, eu estou muito feliz de conseguir ter trazido. É um extraordinário *central banker*, independente do DNA, de ser o neto de um amigo e nosso primeiro grande liberal brasileiro, que dizia que sempre foi traído por esse amor ao Brasil, sempre foi mal compreendido, mas era um homem que estava à frente de seu tempo quando dizia: "Olha, a revolução digital de informática [na verdade, na época era informática, agora é digital], nós vamos ficar atrasados porque a indústria toda vai usar a informatização, vai avançar, e nós estamos aqui impedindo a absorção dessas novas tecnologias. (GUEDES, 2019, p. 10)

Tanto a visão de Paulo Guedes sobre Roberto Campos quanto sobre o liberalismo brasileiro, o Plano Marshall e a obra de Keynes são indicativos de sua identidade política e de um atrito interno ao conceito de liberalismo. John Maynard Keynes se considerava um liberal. Do mesmo modo, o plano de reestruturação da Europa — assim como a própria ideia de planejamento — não fugiam desta ideologia. Embora citado pelo ministro como mal compreendido, o próprio Roberto Campos — que seria para ele o primeiro expoente significativo do liberalismo brasileiro — não tinha visão tão radicalmente distinta de outros liberais brasileiros em seu contexto sobre a relação entre Estado e economia. Ao se compararem os textos,

[3] O termo "coalizão de veto" é utilizado por Wanderley Guilherme dos Santos (2003) para explicar o Golpe de 1964. Acrescentamos a ideologia no conceito para enfatizar que ela ocorreu não só no plano institucional analisado pelo autor, mas também no plano das ideias, representações, linguagens e visões de mundo. Isso será desenvolvido nas considerações finais deste artigo.

percebe-se que neste ponto ele tinha juízo similar ao de Hélio Jaguaribe, Roberto Simonsen e Afonso Arinos de Mello Franco.

Ao mesmo tempo, ainda que Paulo Guedes considere o movimento que ele representa como uma novidade na história do Brasil, ele remete a uma linguagem que o antecede e a qual reproduz tropos históricos. É comum a certa tradição do pensamento político brasileiro, entendimentos tais como o de que a história do capitalismo é a história da modernização do Ocidente, na qual as sociedades anglo-saxãs foram protagonistas, que o Brasil seguiu uma rota desviada desse processo em sua história (associado geralmente a um juízo negativo de sua origem ibérica e ao conceito de patrimonialismo), de que o mercado é um mecanismo com funcionamento natural e eficiente por si próprio, de que a gestão da economia deve ser tida por meio de moldes científicos (tidos como expressão da realidade tal como ela é) e de que a intervenção estatal deve ter como máximo de sua função a de garantir infraestrutura, segurança e incentivar a educação (vista em chave que a entende como motor da produtividade), pois, do contrário, atrapalharia a ordem natural das coisas. Esta tradição poderia ser remetida pelo menos até a Primeira República, tendo como representante João Alberto Salles (1857–1904), e foi continuada no tempo, menos por Roberto Campos citado por Guedes — que adere tardiamente a este ideário —, e mais por Eugênio Gudin (1886–1986).

A maior parte da bibliografia sobre *desenvolvimentismo* aponta para os fluidos contornos do conceito. Ele pode significar, nas suas diversas vertentes, um *ciclo ideológico* (BIELSCHOWSKY, 2004), um *projeto nacional* (CEPEDA, 2004, 2012), uma *política econômica*, um *discurso político* ou uma *corrente de pensamento* (FONSECA, 2015). Em meio a essas várias definições, há um ponto em comum: a ideia de que o desenvolvimentismo seria necessariamente oposto ao liberalismo.

Os autores acima citados compartilham da concepção, no nosso entender preciso, de que o desenvolvimentismo surgiu como uma tentativa de solucionar os limites do livre mercado de traços ricardianos na América Latina. Estaríamos, assim, diante de ideias que comporiam o amplo espectro de críticas ao liberalismo econômico, o qual vivia uma evidente crise ocasionada por fenômenos de variadas origens: o *crash* da bolsa de 1929, a emergência dos fascismos, a construção do bloco soviético e as consequências das duas guerras mundiais. Os pesquisadores também convergem na ideia de que essa crítica ao liberalismo apontaria para um rumo político diverso do delineado pela tradição marxista, pois defenderia um projeto caracterizado pelas negociações de classe com protagonismo do Estado, não pela gramática da luta de classes.

O presente texto busca sugerir que as relações entre desenvolvimentismo e liberalismo não se esgotam em necessário antagonismo. Se há um liberalismo que se constrói em franca crítica contra a maior parte das expressões do Estado, bem representado no debate brasileiro por Eugênio Gudin e continuado no tempo por Paulo Guedes, não é possível restringir a tradição liberal a essa vertente, como o fazem referências do campo do pensamento econômico (BIELSCHOWSKY, 2004; FONSECA, 2015).

O pensamento liberal é inseparável do conceito de mercado, como bem aponta Rosanvallon (1989), mas não se reduz a ele. Não apenas são minoritárias as tradições liberais que veem o Estado somente pela chave crítica, como boa parte da história do liberalismo é fortemente marcada pelas ideias de instituição e regulação, que pressupõem uma ação estatal efetiva. Em meio às disputas em torno da definição de liberalismo, ficam claros os limites das teorias que o tomam como sinônimo de mercado autorregulado. Questão semelhante é destacada pela bibliografia mais recente sobre o conceito de neoliberalismo (DARDOT; LAVAL, 2016; SLOBODIAN, 2018), que ressalta como tal tradição se destaca menos pela ausência de ação estatal do que pelo modo por meio do qual a regulação é feita e o Estado delineado.

Autores como Gudin, que identificam qualquer ação planejadora do Estado como um esboço de socialismo, são amplamente minoritários no debate público do período, tanto em relação aos políticos profissionais (CHALOUB, 2017) quanto aos debates especializados entre economistas (BIELSCHOWSKY, 2004; KLUGER, 2017). Tomá-lo como sinônimo do liberalismo do momento exige, por exemplo, ignorar que a União Democrática Nacional (UDN), maior partido liberal de então, cultivava um imaginário econômico que não negava a ação do Estado, como bem demonstra sua atuação nos debates em torno do monopólio estatal do petróleo (CHALOUB, 2017), ou deixar de lado que um intelectual como Roberto Campos cerrava fileiras na defesa do planejamento (BIELSCHOWSKY, 2004), mesmo que de um tipo distinto do planejamento integral defendido pela CEPAL (Comissão Econômica para a América Latina e o Caribe).

Autor de um livro fortemente atravessado pelo debate entre ortodoxos e heterodoxos da década 1980, Bielschowsky (2004) resolve essas aporias cindindo o pensamento de Campos em dois momentos, de modo que o autor da década de 1950 ainda seria desenvolvimentista e, portanto, não liberal. A vagueza dos seus conceitos de *desenvolvimentismo não nacionalista* e *desenvolvimentismo do setor privado* demonstram, todavia, como sua definição estrita de liberalismo impede uma melhor compreensão de parte dos autores e dos próprios sentidos que a tradição liberal assumiu ao longo da República de 1946.

A clássica definição de desenvolvimentismo de Bielschowsky (2004, p. 7) relaciona a industrialização ao desenvolvimento, e tem o planejamento por meio do Estado como meio necessário para consecução do processo, dada as insuficiências do livre mercado para a realização da mesma tarefa. Nenhum desses elementos são incompatíveis com uma leitura mais complexa da tradição liberal ou com suas expressões no pensamento e na prática política brasileira.

Para propor uma nova interpretação para as relações entre desenvolvimentismo e liberalismo, o presente artigo analisará as articulações entre os conceitos de Estado, planejamento econômico e liberalismo em três dos mais relevantes intelectuais públicos da República de 1946: Afonso Arinos de Melo Franco, Roberto Campos e Hélio Jaguaribe. A escolha dos autores decorre não apenas da sua relevância pública, mas do fato de representarem três distintas perspectivas sobre o pensamento político e o liberalismo do período.

Arinos é representante de uma tradição liberal que vê o direito como instrumento de construção da ordem a partir das elites e olha no Estado um ator imprescindível para a realidade social brasileira (LATTMAN-WELTMAN, 2005; CHALOUB, 2019). Ele reivindica a continuidade de uma linhagem que remontaria a Joaquim Nabuco e Rui Barbosa, a qual encontraria novos sentidos e uma renovada atualidade no cenário do pós-1945. Seu esforço de conciliar tradição e mudança, assim como o uso de conceitos de história e nacionalidade de inspiração conservadora, permitem identificá-lo como um exemplo de um *liberalismo conservador* (CHALOUB, 2019), que busca reunir elementos das ideologias liberal e conservadora.

Campos, por sua vez, é um destacado representante de um discurso liberal (PEREZ, 2021) que se constrói sobretudo a partir das linguagens da economia, com forte influência das transformações intelectuais do debate econômico norte-americano após a década de 1950. Ao lado de outros atores, ele prenuncia o crescente protagonismo dos economistas no debate público brasileiro da segunda metade do século XX. Em seus textos das décadas de 1950 e dos primeiros anos da década de 1960, ele representa um esforço de construir uma via de desenvolvimento por meio da composição entre Estado e iniciativa privada a partir do planejamento. O predomínio de uma linguagem técnica que se acreditava como neutra, a defesa do papel do mercado e certo conceito de ação individual o tornavam uma perfeita expressão de um esforço de *renovação do liberalismo econômico*, que, nesse momento, se aproximava mais do *ordoliberalismo* alemão e das reflexões de Keynes do que do caminho proposto pelos austríacos, como Von Mises e Hayek.

Jaguaribe, por fim, é um dos pais fundadores das modernas ciências sociais brasileiras e um intelectual de intensa atuação no mundo político (MARRECA, 2020; LOVATTO, 2010), como era comum na instituição com a qual ele é mais usualmente identificado, o Instituto Superior de Estudos Brasileiros (ISEB). Muitas vezes tomado como ala direita do nacional desenvolvimentismo isebiano (TOLEDO, 1998), Jaguaribe defende boa parte dos principais discursos liberais do período, tanto em suas concepções de instituição, ator político e mercado quanto na sua defesa da necessária abertura ao capital estrangeiro. Influenciado por Joseph Schumpeter e Karl Mannheim, ele buscava construir uma nova ordem institucional, a partir da ação direta do Estado, e um novo cenário ideológico, por meio da ação de uma *intelligentsia*, que permitissem o protagonismo do empresariado industrial, visto como elemento essencial para o desenvolvimento. Mais do que ala direita do nacionalismo, talvez possa ser interessante interpretá-lo como representante do já mencionado esforço de *renovação do liberalismo*.

Neste texto, defendemos que as posições públicas e ações políticas desses atores no período são melhor compreendidas se os inserirmos em uma tradição liberal desenvolvimentista. Os ganhos interpretativos não se restringem ao pensamento político dos autores ou à sugestão de uma nova linhagem do pensamento político, mas permitem também um olhar mais apurado para eventos centrais do período, que por vezes são tratados pela chave da falta. Bons exemplos de *retórica da ausência* são as interpretações que veem a defesa udenista do monopólio do petróleo como desvirtuação dos princípios liberais (BENEVIDES, 1981), as crenças de Jaguaribe no capital estrangeiro como traição dos ideais desenvolvimentistas (TOLEDO, 1998) e o protagonismo de Campos no Plano de Metas como oposto ao liberalismo do período (BIELSCHOWSKY, 2004).

Inspirado nas sugestões metodológicas de Reinhart Koselleck[4] (2007), o texto argumenta que o discurso liberal antagônico aos pontos comuns do desenvolvimentismo era minoritário ao longo desse momento histórico. Seja em suas formulações teóricas ou práticas políticas mais correntes, não havia uma oposição radical entre o liberalismo e o desenvolvimentismo, até porque a maior parte do liberalismo da República de 1946 compartilhava de muitos dos seus pressupostos. As disputas mais relevantes antes se davam em torno dos tipos de desenvolvimentismo do que na disputa sobre sua pertinência.

2.2 O pós-guerra, o desenvolvimento e o planejamento

A história é irredutível às ideias, mas também incompreensível sem elas. Se a complexidade de um contexto ultrapassa em muito a reconstrução de seu cenário intelectual, não há como deixar de lado as formas por meio das quais os atores do período compreenderam a trajetória do país, sendo

[4] A História dos Conceitos (*Begriffsgeschichte*), método de Koselleck, parte de um diagnóstico sobre as dimensões do tempo histórico na modernidade e propõe que os conceitos, vocábulos centrais para certo período histórico, sejam reconstruídos a partir das suas inserções em *espaços de experiência* e *horizontes de expectativas*, tomados de forma sincrônica e diacrônica, e analisados a partir das suas relações com *contraconceitos assimétricos* e *antitéticos*.

que tomaram parte como protagonistas ou intérpretes. Algumas épocas se tornam de tal modo tributárias de certos termos que passa a ser quase inevitável abordá-los em sua reconstrução histórica. Um bom exemplo é o conceito de desenvolvimento, mote central do debate público do pós-1945. As visões de mundo inconciliáveis da Guerra Fria, que se delineava no horizonte, encontravam na ideia um ponto de aparente concórdia, mesmo que uma análise mais detida vá identificar, sem maior esforço, relevantes diferenças em relação aos usos e fins desse ideal desenvolvimentista e do principal instrumento para sua consecução: o planejamento.

Os arautos do desenvolvimento davam, quase sempre, maior destaque ao campo da economia, lugar privilegiado para transformação dos demais aspectos da vida social. Havia, como bem destaca César Guimarães, a crença de que o "crescimento econômico acelerado seria a chance da redução das desigualdades intra e internacionais" (GUIMARÃES, 2001, p. 157), remédio suficiente para superar as mais diversas mazelas. A ênfase na retórica econômica não deve, todavia, levar os observadores do período à crença de que se está diante de conceito restrito ao mundo da economia. É ampla a bibliografia que revela os fundamentos e pressupostos políticos, sociais e antropológicos de conceitos centrais da ciência econômica, como, por exemplo, o de mercado, em que pese o constante esforço de muitos em ressaltar sua suposta neutralidade axiológica. O conceito de *desenvolvimento* não foge, como era de se esperar, desse cenário. Os diversos discursos desenvolvimentistas estão diretamente vinculados à crescente presença das massas no cenário público, fato que colocava novas questões para o Estado e a classe política. Mais do que uma doutrina econômica, o desenvolvimentismo é um projeto de país, que busca responder aos fenômenos que transformavam a fisionomia do Brasil de então.

A República de 1946 definiu-se pela forte inserção das massas na política institucional brasileira, não apenas por meio do grande aumento do número de eleitores, mas também devido ao novo lugar político desse amplo contingente populacional, que influía concretamente nos rumos do país. As eleições ganhavam uma imprevisibilidade inédita na história brasileira. Se ainda persistiam limitações autoritárias ao sufrágio universal, é possível afirmar que a massificação muda a escala da política brasileira. O conceito de desenvolvimento é um dos esforços de refletir e lidar politicamente com o tema.

Renato Lessa constrói interessante argumento nesse sentido quando sugere a interdependência entre as ideias de desenvolvimento e representação política, de modo que "planos de desenvolvimento" seriam "experimentos que modificam potencialmente a estrutura de pressões do *demos* sobre o sistema de poder, na medida em que alteram suas identidades básicas" (LESSA, 2010, p. 51). Mais do que a modificação de indicadores econômicos, o desenvolvimento seria marcado por processos que "alteram a forma de organização da sociedade, afetando a configuração das identidades coletivas, os valores sociais e a estrutura mais geral de interesses. [...] não é outra a impressão que resulta da observação a respeito do processo de desenvolvimento brasileiro dos anos 1950 e de sua capacidade de afetar a estrutura básica da sociedade" (LESSA, 2010, p. 51).

Não poucas vozes percebiam a conjuntura de então como uma escolha entre o desenvolvimento e a barbárie. O desenvolvimentismo pode ser interpretado, nesse sentido, como uma visão de mundo que responde ao novo país que se delineava no horizonte, no qual os limites do cenário político foram consideravelmente expandidos e agora comportavam toda uma série de personagens tradicionalmente externos a essa seara. Trata-se, afinal, de mais um esforço de construção da ordem na história brasileira.

A formação de um mercado autorregulado soava dissonante dos tempos do Brasil e do mundo, não apenas por destoar das ideias vigentes no mundo norte-atlântico, como por seus limites para ordenar o complexo país que emergira após 1930. A manutenção de uma rígida ordenação corporativa, por sua vez, já demonstrava seus limites aos observadores mais atentos, que percebiam como o constante fortalecimento das massas trabalhadoras, cada vez mais hábeis na tarefa de dobrar a dura estrutura trabalhista-sindical, colocava em questão os fundamentos do corporativismo (VIANNA, 1999). A realidade impunha às elites políticas a busca de novas respostas, capazes de dialogar com o renovado mundo do pós-guerra. A solução não podia passar pela permanência da ordem autocrática do Estado Novo, incompatível com os novos tempos que celebravam a vitória da "liberdade na guerra", mas a ampla maioria do espectro político via como necessária, por outro lado, a conjugação de velhas linguagens políticas, fundamentais para a manutenção de certas rotinas.

O esforço representado pelo desenvolvimentismo era, contudo, não apenas múltiplo, como ultrapassava em muito as fronteiras nacionais. A maior parte do mundo buscava reagir às radicais transformações do pós-guerra, mesmo que de modo heterogêneo no domínio econômico, e o planejamento se tornava a regra, em movimento inspirado nos ecos tardios do sucesso keynesiano, nas intervenções fundamentais à dinâmica da guerra e na ampla influência do modelo soviético, então reconhecido como um dos protagonistas da grande vitória. Outrora visto por muitos como incompatível com a liberdade e oposto à política, o planejamento alcança amplo prestígio e hegemonia. Frente a muitos olhos da época, a política e a liberdade não se oporiam, como em outros momentos, à administração e ao planejamento, mas seriam perfeitamente complementares, em crença que tem em Mannheim (1972) o seu principal arauto no campo intelectual (CARDOSO, 1973), porém que se fez também essencial em autores centrais da ciência política contemporânea (DAHL; LINDBLOM, 1971).

O desenvolvimentismo é a manifestação nacional de fenômeno mais amplo, que busca por meio da ação estatal no campo da economia a superação de mazelas da Grande Guerra e dos fracassos do liberalismo econômico, para alguns autores um dos responsáveis pela Crise de 1929, ascensão dos fascismos e escalada bélica (POLAYNI, 2000). Sob essa perspectiva, os conflitos sociais também seriam moderados pela ação mediadora do Estado, que poderia até mesmo ter evitado a Guerra recém-terminada. O olhar de alguns dos principais intelectuais do momento estava também voltado para a postura americana na reconstrução da Europa, como bem demonstram as demandas por mais investimentos dos EUA na América Latina e a expectativa em torno do célebre "ponto 4" do discurso de Truman (BIELSCHOWSKY, 2004). O ideário inspira grande parte dos processos de descolonização na África e na Ásia e pauta "o conjunto de políticas sociais que já se esboça na Europa — e a que se resolveu chamar de social-democracia", a qual "reduziria a desigualdade entre os indivíduos e as classes" (GUIMARÃES, 2001, p. 158). O "desenvolvimento" seria, nessa perspectiva, a versão latino-americana de tal movimento, a conformar um tipo de "social-democracia dos povos periféricos" (GUIMARÃES, 2001, p. 158).

O relativo consenso em torno das ideias de desenvolvimento e planejamento não pode ofuscar, todavia, as disputas em torno do conceito, atravessado por importantes divergências. O desenvolvimento, por vezes elaborado como meio e outras como fim, encontra diversas formulações em meio ao debate público. Identificá-lo à construção de uma "ordem burguesa", suposto denominador comum do debate da época (SANTOS, 2017), é opção que, apesar dos seus méritos, aumenta em muito o risco de perder de vista importantes diferenças, que implicam em distintos projetos de país, e de tomar alianças episódicas como afinidades estruturais. A "ordem burguesa" almejada pelo PCB ou mesmo pelo PTB, por exemplo, é em muitos sentidos diversa da imaginada pelo PSD.

O conceito de *planejamento* também abrigava relevantes dissonâncias. Havia divergências sobre a própria necessidade de planejar, mas os embates não se restringiam à questão da aceitação ou recusa, uma vez que o próprio conceito estava em disputa. O ideal cepalino de *planejamento integral*, defendido pelos *desenvolvimentistas nacionalistas*, implica pressupostos políticos diversos do modelo de planejamento *seccional* ou *setorial*, advogado política e intelectualmente por Roberto Campos e aplicado no Plano de Metas de Juscelino (BIELSCHOWSKY, 2004; LAFER, 2002). As divergências não apenas ajudam a explicar as questões do período — como as diferenças entre Kubitschek, Vargas e Goulart — e o quanto são centrais para compreender a sorte do ideal desenvolvimentista e do planejamento depois do Golpe de 1964.

As críticas à força do desenvolvimentismo saíam usualmente das penas de liberais como Gudin e Bulhões, este mais moderado que seu mestre, que se manifestavam no debate público a partir de uma perspectiva que tomava a economia como lugar privilegiado de discurso sobre o mundo social. Em consonância com um pensamento econômico comum nas primeiras décadas do século XX, esses intelectuais defendiam o mercado como instrumento mais eficiente na alocação de recursos e atribuíam a intervenções políticas descabidas de boa parte dos problemas econômicos do país. A maior parte das mazelas nacionais decorreria não da falta, mas do excesso de atividade por parte do Estado.

O subdesenvolvimento não demandaria uma ampla revisão do pensamento econômico, já que mesmo ante as diferenças de estrutura entre os países, que exigiam políticas econômicas diversas, seria inegável aos olhos desses autores a existência de uma só teoria econômica. Tanto em países desenvolvidos quanto nas nações subdesenvolvidas, o mercado se impunha, aos olhos de Gudin, como mecanismo mais eficiente para alocação de recursos e produção de riquezas. A debilidade da iniciativa privada não serve de desculpa, uma vez que a hipertrofia estatal somente tende a agravar essa fraqueza, em nada contribuindo para saná-la.

O planejamento foi radicalmente combatido por esses intelectuais liberais. Havia, por certo, o argumento da eficiência, amparado na ideia de que nenhuma politização da economia seria tão eficaz quanto o mercado. A recusa ao conceito ia, entretanto, além. O planejamento era retratado como prática perniciosa, organizada pelos mesmos princípios do socialismo e, justamente por isso, visto como possível passagem para a plena implantação de um sistema comunizante em terras brasileiras, do qual o consenso em torno de um Estado planejador e a proliferação de estatais eram fortes indícios. Ele se vincularia, nesses termos, a um ideal "coletivista" e antiliberal, que conduziria quase que necessariamente à ditadura e ao totalitarismo.

O entusiasmo com o planejamento no debate brasileiro decorreria, segundo o economista carioca, das mistificações em torno do *New Deal*, na verdade uma política malsucedida, cópia das também negativas experiências totalitárias europeias e prova da influência do comunismo, esta a única experiência exitosa de planejamento, mas impossível de ser reproduzida sobre outras condições políticas e sociais.

A recepção das ideias econômicas nas arenas político-institucionais não era, todavia, simples. Para além das usuais mediações entre as formulações intelectuais e a prática política, havia o peculiar lugar do discurso econômico, que estava distante do prestígio inabalável que ganharia algumas décadas depois, e se encontrava pulverizado entre muitos personagens, como bacharéis e engenheiros, já que a figura do economista ganhava tons ainda imprecisos num cenário em que eram escassos os cursos de graduação especializada. A época, entretanto, era de profundas mudanças, dentre elas a crescente importância dos argumentos econômicos e da própria figura do economista. Se ainda estava distante da grande hegemonia posterior, é inegável que a Economia crescia em prestígio com relação a um passado próximo e passava a ocupar lugar fundamental na esfera pública.

2.3 Afonso Arinos

A crise de um liberalismo definido a partir do conceito de mercado autorregulado não apenas consolidou novos repertórios liberais, que buscavam responder ao novo papel do Estado construído ao longo do período entreguerras, como conferiu novas feições a antigas tradições brasileiras de defesa do protagonismo do Estado. Afonso Arinos é um perfeito exemplo desse esforço de conciliar uma tradição do liberalismo brasileiro com os novos tempos do mundo. Para o udenista, o liberalismo não se define pelo indivíduo ou pelo predomínio do mercado, mas pelo desejo de controlar os excessos da transformação, que ele chama de *movimento*, e de conservação, por ele intitulada *ordem*. Cabe às elites, por meio do Estado, essa tarefa, único caminho capaz de alcançar o desenvolvimento sem romper com a "tradição mundialmente louvada de mudanças brancas" (FRANCO, 2005 [1965], p. 61).

Inspirado em Nabuco e Tocqueville, Arinos constrói um liberalismo fortemente determinado pela história e tradição, o que aproxima suas formulações de traços clássicos da tradição conservadora (MANNHEIM, 1959). O lugar das instituições, do direito e certa concepção de história como progresso ainda o mantém, em meio ao cenário da época, aferrado a uma identidade pública liberal. Nesse liberalismo de tintas conservadoras, o mercado não se contrapunha ao Estado, mas era por ele mediado e regulado. A justificativa por vezes recorria a certa ideia de especificidade nacional, que não permitia que se aplicassem ao caso brasileiro soluções bem-sucedidas em outros cenários, como o norte-americano:

> Ocorre, porém, Sr. Presidente, que a nossa formação e a nossa conjuntura atual são particularmente diversas das que se verificam na grande república do norte. Os EUA são, por excelência, uma nação capitalista, uma nação que surgiu com o capitalismo, em função do capitalismo e por causa do capitalismo. [...] O Brasil, com uma formação completamente diversa, Sr. Presidente, está ainda longe de ser um país capitalista. [...] A verdade é que os usos mais fecundos do nosso passado demonstram, Sr. Presidente, que melhor andou gerida a coisa pública nos setores entregues aos problemas financeiros e econômicos, quando os gestores dessa coisa pública não eram pessoalmente os representantes [...] das grandes forças econômicas da empresa privada (FRANCO, 1953).

O uso particular do conceito de capitalismo não deve ofuscar a questão central da citação: a ideia de que o Estado e os homens públicos são fundamentais para adequar a ordem do mundo às especificidades brasileiras. O liberalismo, desse modo, não deve atacar o Estado, mas sim a ele atribuir determinado papel, longe dos excessos. Não há oposição entre liberalismo e Estado, ou entre liberalismo e desenvolvimentismo. Se há, em Arinos, certa desconfiança por princípio sobre os problemas de um mundo construído a partir da régua do puro interesse ou, dito de outro modo, do capital, há também uma aceitação resignada de que não há outro caminho no mundo contemporâneo. Seu diagnóstico sobre uma crise contemporânea (1961), compartilhado por vários udenistas (CHALOUB, 2019), demandava a constante adequação de vocabulários e expectativas, que não se construíam, contudo, apenas a partir da importação das ideias mais recentes, mas também retomavam velhos motes da história e do pensamento político brasileiro.

Arinos é o perfeito exemplo de como mudanças sociais e ideológicas podem conferir atualidade a ideias tomadas como arcaicas ou ultrapassadas. No seu caso, ele reconstruía com tintas contemporâneas o liberalismo de tintas aristocráticas do século XIX, defensor de uma tutela do mundo social a partir do Estado, que pretendia evitar explicitamente tanto os excessos das massas quanto as transformações do mercado autorregulado, que ameaçaria o lugar de elites tradicionais. A linguagem das instituições do pós-guerra e a crença no planejamento vinham atravessadas por ideias do progresso, como formas de superação das marcas do fascismo, mas se mostravam facilmente conciliáveis com um liberalismo construído em meio aos temores das massas do século XIX. No pensamento de Arinos, as claras diferenças entre esses momentos liberais eram esmaecidas em meio às semelhanças e interpretações heterodoxas de teorias formadas no centro. As pretensas *novidades* da época acabavam diluídas no decorrer das supostas especificidades nacionais, que aproximariam, por exemplo, as elites ilustradas, imaginadas por certa tradição liberal, das lideranças tecnicamente orientadas do Estado do pós-1945. Nesse movimento, o liberalismo não se opunha ao nacionalismo, mas dele se nutria.

O autor diagnosticava no pós-guerra uma crise do Direito, visto por ele como ciência social aplicada por excelência. No seu juízo, isso não deveria significar o fim da disciplina, mas sua adequação aos novos tempos, de modo que os juristas precisariam afirmar não apenas os direitos individuais do século XIX, mas também os sociais, exigidos no século XX. Igualmente importante era a aceleração do processo legislativo, antes transcorrido em um período sem sociedade de massas, o que o acostumou a um ritmo demasiado lento, incapaz de atender a reivindicações urgentes. Para tanto, era fundamental um modelo democrático de planejamento, no qual a intervenção do Estado serviria para ampliação da liberdade em suas distintas conceituações:

> Hoje se tem por assentado, conforme lembramos de início, que, reservadas as regras básicas da liberdade democrática, a política intervencionista do Estado não é incompatível com o regime. E o planejamento e a forma superior e sistemática do intervencionismo. Naturalmente o planejamento democrático difere muito do ditatorial. Seu objetivo é o de alargar sempre o conceito de liberdade, transpondo-o do campo político para o econômico (FRANCO, 1961, p. 180).

Como é comum ao liberal-desenvolvimentismo do período, ocasionalmente o liberalismo econômico é criticado sem sua necessária adjetivação. Isso, todavia, não significa uma rejeição à ideologia como um todo, mas antes indica a simplificação de linguagem, típica dos debates públicos, em um período no qual o vocabulário econômico conquistara força e as críticas ao mercado autorregulado eram extremamente influentes. Tal cenário explica como até um quadro com histórica reivindicação de pertencimento a uma tradição liberal, líder de um partido que igualmente se propunha a sê-lo, por vezes faça uso de um conceito restrito de liberalismo, ainda que simultaneamente advogue por um modelo de democracia adjetivado como *liberal*. As distinções de Arinos entre feições política e econômica do liberalismo revelam, em parte, suas concepções sobre o tema:

> O individualismo econômico, teoria científica que decorreu da revolução industrial, teve correspondência em um certo tipo de individualismo político e jurídico, que foi o liberalismo. Mas [...] a democracia, sendo sempre, de certo modo, individualista, não é necessariamente liberal. O liberalismo é uma fase superada da democracia, mas esta persiste e funciona nos seus elementos essenciais [...] sem qualquer necessidade de apoio naqueles postulados contrários ao intervencionismo estatal que correspondiam, exatamente, à identidade do liberalismo político com o econômico (FRANCO, 1961, p. 174).

> Seus elogios ao Plano SALTE, de Eurico Dutra, expõem bem suas ideias sobre liberalismo e planejamento. Segundo a liderança udenista no período democrático iniciado em 1946, era preciso entender que a formulação de um plano econômico e social havia se tornado mundialmente uma característica indissociável da democracia moderna (FRANCO, 1961, p. 123). A democracia teria alguns componentes perenes, mas outros diriam respeito apenas ao momento histórico. A partir de menção a Hans Kelsen, ele aponta que "[...] a democracia moderna pode não ter nada de liberal, no sentido econômico" (Idem, p. 123). O "traço marcante de nosso tempo" seria a compatibilidade da liberdade política – elemento

permanente que inspira a democracia e guia a escolha dos representantes por eleições – com um "maciço antiliberalismo econômico" (Ibidem, p. 124). Arinos constrói essa posição a partir de casos como a Inglaterra, que seria, segundo o bacharel, país expressivo d' "a cultura ocidental, no que tem de mais puro e de mais alto" (FRANCO, 1961, p. 124). Em outro texto, ele aponta que "[...] nós acreditamos na permanência da liberdade da política e na sua coexistência com a direção econômica (Idem, p. 274).

O Plano SALTE seria nossa versão brasileira deste movimento da democracia Ocidental. Ele seria adequado às necessidades de um país subdesenvolvido como o Brasil, já que a intenção era de superar o nosso atraso e erigir uma sociedade que permitisse, dentro dos marcos do capitalismo, a conciliação entre sentidos políticos dados pelo Estado e funcionamento do mercado, o que, para Arinos, representava o que havia de mais moderno na política contemporânea.

Cultor da tradição, Arinos buscava conciliá-la à modernidade, em postura que ele entendia como a mais condizente com o espírito liberal. Ao mesmo tempo em que se pautava pelos novos tempos do mundo, o liberalismo conservador do mineiro estava sempre preocupado em evitar transformações bruscas, valorizar as especificidades da cultura política brasileira e manter vivas ideias da história política nacional. Sua definição do liberalismo contemporâneo demonstra como liberais próximos à tradição do século XIX construíram um conceito de liberalismo que recusava o mercado autorregulado e reconhecia o papel central do Estado e do planejamento.

2.4 Roberto Campos

O economista Roberto Campos defendia fins parecidos por vias algo distintas. Durante o governo democrático de Vargas, o então membro da Comissão Mista Brasil-Estados Unidos afirmava a necessidade de uma "mística do desenvolvimento" (CAMPOS, 1963a, p. 51). Em uma realidade subdesenvolvida, como a do Brasil, era necessário que a superação desta condição atrasada se desse pelo planejamento da economia e pela formulação de um plano nacional por parte do Estado. O planejamento seria uma questão incontornável no cenário internacional, de modo que o debate eram os limites do seu conceito e de sua aplicação em distintas realidades econômicas.

Em conferência de 1952, Roberto Campos faz uma revisão crítica ao entendimento de Schumpeter (1961) sobre o desenvolvimento. O autor aponta que as condições espontâneas de crescimento econômico e modernização guiados pelo empresário inovador não seriam reproduzíveis no século XX (Idem, p. 94). Atento para a virada keynesiana, ele afirma que o modelo do austríaco seria excessivamente centrado na produção e na oferta, esquecendo-se do lado da demanda. Naqueles anos, grande parte dos países subdesenvolvidos olharia para os adiantados e reivindicaria os mesmos bens no menor tempo possível. Essa aceleração do desenvolvimento só poderia ser feita por um Estado planejador que, em razão disso, acabou por ganhar o papel dinâmico antes desempenhado por atores privados. O governo deixaria de ser mero fiscalizador para ser tanto o investidor, que produz a inovação, quanto o transplantador daquelas técnicas dos centros desenvolvidos, criadas pela expertise alheia. Em suas palavras, a "era do desenvolvimento econômico espontâneo passou" (CAMPOS, 1963a, p. 92).

Munido de uma ideia de razão baseada em pressupostos que se pretendiam econômicos, sua concepção de progresso também segue essa chave. Enquanto em Arinos e Jaguaribe pode-se derivar do conceito de subdesenvolvimento uma percepção política, sociológica e cultural deste estágio, nos textos de Campos, ela é definida como aquela típica de países com economia primária (agropecuária e extrativista) e baixa renda *per capita*. Daí sua conclusão de que "subdesenvolvimento é sinônimo de carência de capital" (Idem, p. 38).

Embora seja comum ao pensamento da época a crença nas variáveis econômicas como necessárias à modernização do país, para o autor, elas têm *elasticidade* — ou seja, possível variação a partir de outras variáveis — muito alta, o que as tornava não apenas fundamentais, mas quase suficientes para o desenvolvimento. O economista se percebia como espécie de técnico, cujo entendimento da realidade pela economia era científico (PEREZ, 2021) e objetivo, o que faz com que Ricardo Silva (2006) chegue a classificá-lo como um ideólogo do Estado autoritário. Para nós, isso não é condição suficiente, uma vez que boa parte das ideias do autor no período pressupunham circunstâncias próximas a definições correntes de democracia. Se é possível pensar que suas formulações também funcionariam em um Estado organizado de forma autoritária, parece impreciso classificá-lo como um ideólogo do autoritarismo nesse momento.

Com um objetivo próximo ao de Jaguaribe, mas sem a carga sociológica que o cientista político dava para seu projeto, para Campos, uma vez feito o incremento de produtividade pelas medidas econômicas planejadas, o aumento dos proventos do empresariado geraria efeitos nos salários dos empregados, que ampliariam seu consumo e sua qualidade de vida. O ponto de chegada do planejamento e do processo de desenvolvimento seria o de uma sociedade liberal de mercado, inspirada em suas representações dos Estados Unidos. Por isso, o planejamento deveria ser "de regime predominante liberal" (Ibidem, p. 94), com investimentos em pontos de germinação que, depois de semeados e regados pelo Estado, seriam cultivados e colhidos pelo empresariado e, indiretamente, pela sociedade como um todo.

Ao invés do direito público francês, de Kelsen ou de Mannheim, que orientavam Arinos e Jaguaribe, Campos se mantém fiel aos limites de certo campo econômico e debate com as formulações da CEPAL a fim de explicitar a necessidade do planejamento econômico para o desenvolvimento latino-americano e, por consequência, brasileiro. Citando os estudos cepalinos de Raúl Prebisch e Paul Singer, ele aponta para o problema da *deterioração dos termos de troca*, em chave próxima à leitura dos autores mencionados sobre os efeitos desse fenômeno nas economias fortemente baseadas em produtos primários. A solução também se assemelha em linhas gerais: seria preciso que o governo intervisse para estabilizar os preços e o fluxo de capital, atuando de forma protecionista e, ao mesmo tempo, intervindo no câmbio. Mesmo que não possa se perder a ideia de que, em virtude de um conceito de planejamento mais restrito, Campos defendia um protecionismo mais limitado e uma intervenção mais modesta no câmbio. Se a direção é semelhante, há diferenças importantes de intensidade.

Em percepção distinta da de Gudin (1965) no mesmo período, o economista segue, em texto de 1953, também a leitura do estruturalismo latino-americano no que concerne aos efeitos inflacionários do desenvolvimento. Para ele: "Uma certa dose de pressão inflacionária é inevitável na execução de qualquer plano de desenvolvimento [...]" (CAMPOS, 1963a, p. 42). Em outro texto do mesmo ano, ele atribui a Keynes a frase de que "[...] ela constitui um prêmio aos ousados e ambiciosos, ao passo que a deflação premia os prudentes e rotineiros" (Idem, p. 68). Ele levanta, porém, uma ressalva próxima da anunciada, anos antes, por Roberto Simonsen: como no momento final do desenvolvimento se pretendia ter uma iniciativa privada fortalecida e atuante, nem a intervenção do Estado nem a inflação poderiam atrapalhá-la. Para Campos, o intuito era permitir a formação de poupança e de um mercado de crédito, com o fim de incrementar a produtividade nacional, de modo que os necessários efeitos inflacionários não deveriam ser menosprezados e precisavam ser contidos.

Durante sessão da CEPAL, em 1957, ele já se mostrava mais preocupado com a questão. Ao enumerar os erros do órgão, Campos aponta que subestimar o problema da inflação teria sido um dos mais graves da instituição, que, mesmo assim, merecia longos elogios por ter impulsionado uma "filosofia do desenvolvimento" (CAMPOS, 1963a, p. 264), que dava a esta ideia uma feição de projeto, e não de azar ou destino das nações. Com a CEPAL, o desenvolvimento teria deixado de ser tema de economistas para ser tema de governos e "dever dos políticos" (Idem, p. 264).

No seu entender, o planejamento voltado para o desenvolvimento precisaria operar em duas frentes. A primeira seria nos investimentos de infraestrutura, como transportes e energia, os quais eram necessários para o incremento da produtividade e diminuição dos preços, porque afetavam diretamente a produção e a logística. Já a segunda passava pela atenção tanto à indústria de transformação quanto à agricultura — vista não pelo seu efeito na exportação de produtos primários, mas como fornecedora de insumos domésticos. Como não havia interesse e nem capital privado disponível para a dinamização destes setores, caberia ao Estado realizar os investimentos com capital público. Entretanto, na visão de Campos, isso tinha o intuito de tornar atrativo este tipo de *inversão*, de modo que, quando houvesse interesse da livre iniciativa, o governo deveria delegar para ela a liderança do processo. O desenvolvimento, deste modo, se faria em uma coordenação estratégica e conjunta entre os setores público e o privado.

Em palestra ministrada no ISEB e publicada no *Digesto Econômico*, ele aponta três obstáculos para o desenvolvimento do país em nossa política e mentalidade: 1) priorizar formação técnica e empírica em detrimento do beletrismo; 2) superar dogmas nacionalistas, baseados em "complexos emotivos" e "preconceitos sociais e políticos" (CAMPOS, 1963b, p. 115), de modo a abrir o país para qualquer fonte de capital que gere receita, seja nacional ou estrangeiro; 3) entender que não seria possível alcançar, ao mesmo tempo, o desenvolvimento e a igualdade econômica.

O terceiro ponto expõe com clareza seu entendimento de que os problemas de desigualdade social seriam resolvidos como consequência de nossa modernização econômica e da formação de uma sociedade de mercado no país. Em suas palavras: "A opção pelo desenvolvimento implica a aceitação da ideia de que é mais importante maximizar o ritmo do desenvolvimento econômico do que corrigir desigualdades sociais. Se o ritmo do desenvolvimento é rápido, a desigualdade é tolerável e pode ser corrigida a tempo" (Idem, p. 115).

Igualmente relevante era o papel da industrialização na aceleração do processo. Ela serviria para aumentar a produtividade, a tecnologia e a formação de capital. Embora países como a Argentina ou a Nova Zelândia tenham conseguido se desenvolver sem um setor secundário pujante, o Brasil não era igual a eles. Nosso caso apresentava alto crescimento demográfico, que, de um lado, não poderia ter seu consumo atendido externamente e, de outro, produziria um mercado interno potencialmente rico. Em uma interpretação que faz uma leitura inversa das vantagens comparativas de David Ricardo, Campos aponta como nossa estrutura energética e insumos minerais nos colocavam em condições favoráveis internacionalmente para levar à frente um processo de industrialização, sem a necessidade de nos mantermos agraristas.

O argumento sobre as relações entre desenvolvimento e desigualdade demonstra como parte do imaginário da Ditadura Militar já se encontrava em alguns autores do período, mesmo que, como bem aponta Bielschowsky (2004), não possa ser generalizado para todos os incluídos no vasto campo do desenvolvimentismo. No seu desejo de insular a economia das interferências político partidárias, Campos defende o desenvolvimento como uma escolha técnica que deveria ser implementada sem maior preocupação com os custos políticos. Se em Arinos a técnica é um instrumento para a concretização de valores civilizatórios, morais e políticos, aos quais os liberais devem se submeter, Campos vê o saber econômico, tomado como descrição e prescrição fiéis à realidade, como algo que somente pode produzir um bem, o desenvolvimento, quando aplicado de forma autônoma aos demais campos do conhecimento e da vida social. Ele representa bem um liberalismo construído a partir de certa definição de natureza humana, organizada em torno do interesse, o qual pensa nas instituições como uma forma de engenharia social que prescindiria de pressupostos valorativos.

Em meio às distintas formulações liberais sobre o desenvolvimento, despontavam, todavia, perspectivas teóricas que construíam, a partir de outro repertório teórico, diferentes articulações entre Estado, planejamento e liberalismo.

2.5 Hélio Jaguaribe

Em texto de 1958, Jaguaribe apontava como fundamental o apoio à industrialização e a um modelo de planejamento construído a partir da parceria entre Estado e empresariado. Ele compartilhava com Campos e Arinos a ideia de que o Planejamento seria uma exigência do tempo e via no liberalismo econômico, definido como a defesa estrita do mercado autorregulado, uma doutrina do passado. Embora com uma linguagem menos economicista que a de Campos, ambos concordavam que o desenvolvimento deveria ter por fim a superação dos problemas estruturais brasileiros, de modo a permitir um modelo funcional de sociedade liberal moderna, em que Estado e empresariado dividiriam e compartilhariam funções.

Jaguaribe identifica dois conceitos de instituição, provenientes de duas concepções distintas do processo de desenvolvimento e representados por ideologias políticas diversas. O conceito de instituição no sentido amplo pertenceria ao liberalismo — tido como liberalismo econômico —, o qual conceberia o desenvolvimento como decorrente do *laissez-faire*. Já o conceito estrito de instituição entenderia o desenvolvimento como consequência de ação coordenadora e orientadora do processo por meio do poder público, inspirado em teorias que cultivavam concepções de Estado interventor e diretor.

Jaguaribe percebia o liberalismo econômico como uma doutrina demasiado abstrata, que se fundamentaria ontologicamente em um *homo economicus* racional existente apenas em tais formulações teóricas. Seu contrário — o dirigismo puro — era também alvo de críticas. Segundo o autor, esta corrente de pensamento almejaria "esgotar o real pelo conceito" (JAGUARIBE, 1958a, p. 41), a partir da imposição por autoridades centrais de políticas despidas do crivo da experiência concreta. Construída a tese e a antítese, o cientista político apresenta sua síntese: a conciliação destas doutrinas contrárias se daria pelo planejamento democrático, em definição próxima à de Mannheim, que resolveria tal conflito a partir da criação de uma teoria que correspondesse às exigências da história e respondesse à complexidade social da época. A principal condição institucional para o desenvolvimento seria:

> Essa propensão a realizar, tanto na prática como na teoria, uma conciliação entre os princípios da espontaneidade e do dirigismo, quebrando o radicalismo anterior, representa a tendência, em nosso tempo, a conceber as condições institucionais do desenvolvimento, como algo que deve ser organizado na forma de um planejamento democrático (JAGUARIBE, 1958a, p. 42).

O aparato sociológico-político elaborado por Jaguaribe compreendia a história do Brasil como dividida por estruturas-tipo, representativas dos estágios percorridos pelo país. A partir dessa investigação, ele concluiu pela chegada em uma fase na qual existiam condições materiais para levar a frente o processo de desenvolvimento. De um lado, isso teria sido gerado domesticamente pela ampliação do mercado interno, crescimento demográfico e aumento da renda *per capita*, que ampliaram hábitos de consumo antes restritos a poucas regiões; de outro, na escala internacional, a crise de 1929 e as demais crises cambiais, que o país teria vivenciado entre os anos 1920 e 1940, teriam forçado um afastamento ante a lógica do sistema produtivo agrário-exportador, ao mesmo tempo que exigiram a produção interna de equipamentos e mercadorias antes importadas.

Qualquer esforço econômico no intuito do desenvolvimento perderia o sentido, entretanto, se não corresse simultaneamente à superação dos *pontos de estrangulamento* (JAGUARIBE, 1958a) nacionais por novos marcos institucionais. No debate econômico, os *pontos de estrangulamento* coincidiriam com os averiguados por Campos, referindo-se às manifestações da ausência de formação de poupança e de investimento, que seriam menores do que as necessidades de consumo da população e, por isso, responsáveis por desequilíbrios na oferta de bens e serviços, além de gerar problemas de infraestrutura. Para Jaguaribe e Campos, este problema não seria dos mais graves, já que existiria uma tendência da sua superação no longo prazo, desde que não se dispensasse o recurso ao capital estrangeiro.

Só que, para Jaguaribe, não apenas na dimensão econômica ocorrem os pontos de estrangulamento, mas também na vida social. Devido à sua estrutura de classes, a sociedade brasileira conviveria com privilégios, além do parasitismo social, por parte daqueles com posição mais elevada na estratificação social. Tais fenômenos seriam empecilhos para a democratização da sociedade brasileira, que Jaguaribe percebia como essencial para o desenvolvimento brasileiro. Como efeito, havia um conjunto de estrangulamentos no mundo social: teríamos um sistema político e jurídico atrasado, que lesava o proletariado, uma classe média ociosa e um vínculo da burguesia com empreendimentos de baixa produtividade.

Na fase histórica que se abria para o Brasil, o planejamento deveria ser democrático, como o delineado por Mannheim (1972). A conclusão de Jaguaribe é de que desenvolvimento só seria viável após a superação dos seus *pontos de estrangulamento*, que deveria vir através de planejamento, produzido como síntese dialética da controvérsia entre liberalismo e dirigismo. Para apontar a viabilidade desse movimento, o autor faz breve levantamento das tentativas de planejamento ao longo da história do Brasil. O Plano SALTE, do ex-presidente Eurico Gaspar Dutra — elogiado por Arinos — seria insuficiente, nada mais do que a simples aplicação de recursos para atender obras consideradas essenciais. Já a Comissão Mista — da qual Campos fazia parte —, depois incorporada ao BNDE, era para Jaguaribe a principal agência de planificação do Brasil. Ela teria sido responsável por organizar o Plano de Metas de Juscelino Kubitschek, ao qual o autor atribui a capacidade concreta de modificar os setores básicos, como transporte, energia e indústria de base.

Jaguaribe acreditava que as condições institucionais necessárias para atingir o desenvolvimento ainda não tinham sido alcançadas. O Brasil já teria chegado a um nível razoável de conhecimento sobre si e de seus problemas, e disporia de categorias e instrumentos para organizar sua economia, mas, para o autor, é "[...] completamente inútil organizar planos, se não houver as condições institucionais que permitam a sua execução" (JAGUARIBE, 1958a, p. 48). Para alcançá-las, era imprescindível contar com a participação de segmentos sociais esclarecidos, que cumpririam a função de ilustrar a burguesia sobre o processo de transição então vivenciado no Brasil e a tornariam consciente de seu papel histórico de protagonista do desenvolvimento. Este grupo se assemelhava ao que Mannheim (1976) classificou como *intelligentsia*. Influenciado pelo autor húngaro, Jaguaribe vê na presença desta elite de notáveis bem-informados sobre a situação nacional e na construção de certa ideologia, a partir dela, pressupostos cruciais para o desenvolvimento:

> Para poder instaurar as condições institucionais que tornarão possível a aplicação dos planos e farão do planejamento a função precípua do Estado, é indispensável a mobilização ideológica, em virtude da qual os diversos setores que

> compõem a sociedade brasileira conciliem o seu próprio interesse com os objetivos do plano (JAGUARIBE, 1958a, p. 49).

O conceito de ideologia de Jaguaribe é igualmente pensado a partir de Mannheim, como "[...] uma racionalização de expectativas de organização da sociedade, decorrente da posição situacional dos membros dessa sociedade" (JAGUARIBE, 1958a, p. 49). Haveria um encaixe entre os interesses das distintas classes sociais e as condições institucionais exigidas para o desenvolvimento, visto que o aumento da produtividade seria um benefício generalizado. Faltava uma ideologia que expressasse tal entendimento, a qual deveria ser representativa dos interesses da burguesia industrial, porque assim também seria a mais autêntica para o Brasil, visto que, na fase em que o país se encontrava, era essa a classe que melhor sintetizava o interesse nacional pelo desenvolvimento.

Assim como Simonsen fizera anos antes na sua polêmica com Gudin (IPEA, 2010), Jaguaribe apelava para que sua classe tomasse consciência de seu papel no projeto nacional de desenvolvimento. Após isso, ela se converteria de burguesia latifundiária e agrário-exportadora para "[...] burguesia nacional e progressista" (JAGUARIBE, 1958a, p. 52). Do mesmo modo, o problema de reorganizar o Estado, que deveria deixar de ser cartorial e parasitário, tornando-se funcional, seria "...um problema de educação e organização ideológica" (JAGUARIBE, 1958a, p. 53). Sem interpretar o Estado brasileiro como uma estrutura patrimonial maculada por uma herança maldita ibérica, como em Faoro, Jaguaribe também era crítico de seu funcionamento e das relações escusas por ele executadas e mediadas. Diferentemente de Gudin, todavia, tais males não decorreriam da função do Estado em si, ou com seu suposto boicote ao mercado e à autonomia da sociedade civil. O problema passaria pelo tipo de *Estado Cartorial* desenvolvido no Brasil e pela política de clientela, dois pontos políticos de estrangulamento do desenvolvimento. Como essas estruturas existiam em simbiose, em dinâmica de mútuo reforço, a saída estava em empoderar o Estado, tornando-o racional e hábil, não em limitá-lo. Enquanto os defensores do mercado autorregulado viam os grupos que pressionavam o poder público como parte integrante de sua estrutura, Jaguaribe os percebia como defeito a ser corrigido para ampliar a capacidade estatal. Um Estado capaz de conduzir um projeto nacional de desenvolvimento seria independente de classes improdutivas. Em seu modelo de planejamento, o burocrata e o empresário não se confundiriam, embora fossem ambos partes fundamentais do processo e devessem ser guiados pela ideologia nacionalista, que os fizessem tomar consciência de seu papel na transformação do Brasil. Resolvidos os problemas ideológicos produzidos por este desarranjo, o país poderia atingir um modelo de sociedade liberal moderna, com cada classe social entendendo seu papel e sendo formada a partir de critérios livres de vocação, competição e mérito.

No meio do caminho, entretanto, havia o Estado Cartorial, mantido pela confusão ideológica geral que existiria entre as classes sociais. A dos proletários sofreria com esta desarrumação entre suas ideias e seus interesses, de um modo que a levava ao assistencialismo e à veneração de lideranças carismáticas. Para o autor, o maior obstáculo para o aumento da qualidade de vida deste grupo era a baixa produtividade, que diminuiria seus salários, de modo que o real interesse do proletariado seria o desenvolvimento econômico. A classe média, por sua vez, seria seduzida por movimentos moralistas, como o lacerdismo. A estranha força em meios urbanos desse tipo de narrativa, que, segundo Jaguaribe, seria típica de regiões rurais, demonstraria um claro descompasso entre as manifestações desse grupo e a fase de desenvolvimento do Brasil. Seu diagnóstico é que, dada a maneira como ocorriam os arranjos de classe nacionais, os setores médios teriam especial resistência à perda de privilégios, que garantiriam sua diferenciação social ante os que estavam abaixo na estratificação social.

O autêntico interesse da classe média era também o desenvolvimento, pois a partir dele elevaria seus padrões de vida. Com a industrialização, e seu consequente aumento de fábricas e demais empresas ligadas ao segundo setor, este grupo social poderia ocupar cargos administrativos e lideranças técnicas, o que ampliaria a pequena burguesia no Brasil. O desenvolvimento permitiria à classe média abandonar uma posição ambígua e marginal nos arranjos de classe nacionais e alcançar seu devido lugar nos sistemas econômicos e sociais.

A burguesia seria o verdadeiro protagonista do processo de desenvolvimento e, por isso, recebe destaque por parte do autor. Todavia, não era a classe como um todo que cumpria um papel dinâmico, mas apenas sua seção industrial, o que causa o descontentamento do cientista político em relação ao predomínio do grupo mercantil. Na fase do desenvolvimento em que o país estaria, a burguesia industrial seria o grupo [...] "que põe sua habilidade na criação e direção de empresas, a serviço da poupança social" JAGUARIBE, 1958b, p. 215). O juízo não era apenas fruto de sua visão sobre o processo de desenvolvimento nacional, mas da recepção da teoria do empresário de Schumpeter (1961). A ideia de que o "empresário é a profissão liberal do nosso tempo" é resultado de sua leitura do economista austríaco, para quem era igualmente o empresário que, dentro do regime capitalista, produzia a inovação a partir de sua inserção na lógica competitiva (Idem, p. 214).

É comum aos dois autores o entendimento da sociedade a partir de uma divisão entre classes dirigidas e dirigentes, na qual a segunda teria função empreendedora. O resultado desta ação, protagonizada pelo empresário capitalista, seria a expansão do desenvolvimento, benéfico a todos. Logo, a interação entre as classes não deveria ocorrer a partir do conflito, mas da cooperação. Na obra de Schumpeter, o argumento é desenvolvido a partir de crítica direta a Marx e ao conceito de luta de classes (SCHUMPETER, 1961, p. 29).

A recepção de Jaguaribe adequou esta interpretação ao quadro brasileiro. Haveria, então, uma "Missão da Indústria Nacional" (JAGUARIBE, 1958c, p. 55), de modo que o interesse da burguesia industrial era síntese dos interesses de todas as classes sociais, expresso por uma determinada ideia de desenvolvimento. Contudo, isso não conferia apenas vantagens aos industriais, mas também deveres: eles precisariam cumprir seu papel histórico de promover o desenvolvimento. Segundo Jaguaribe, a maneira de fazê-lo era pela elaboração de uma ideologia que fosse, ao mesmo tempo, representativa desta seção potencialmente virtuosa da burguesia e autêntica para a fase em que o Brasil se encontrava. Nela, os interesses sociais estariam igualmente contemplados pelo interesse comum no desenvolvimento nacional.

Por sua vinculação institucional ao ISEB, Jaguaribe é frequentemente retratado como um *nacionalista* e, desta maneira, visto como distante da linguagem política do liberalismo. Por sua defesa do papel do capital estrangeiro no desenvolvimento nacional, responsável pelo confronto que levou à sua saída do instituto, esse nacionalismo é frequentemente representado como idiossincrático e distinto das formulações mais correntes do período. Como já dito no presente texto, o conceito de liberalismo usualmente utilizado para essa análise, e tido como distinto das ideias do autor, ignora os debates nacionais do período, no qual os liberais raramente negam o papel do Estado, recusam determinadas formas de planejamento e ou mesmo flertam com certas expressões do nacionalismo. Os antagonismos entre liberalismo e nacionalismo, assim como entre liberalismo e desenvolvimentismo, simplificam o complexo campo liberal da época. Jaguaribe reproduz ideias que, nos cenários europeu e norte-americano, eram explicitamente reivindicadas por autoproclamados liberais. Seus conceitos de instituição, ator político e mercado ecoam perfeitamente motes do debate liberal dos anos 1950 e 1960, no Brasil e no mundo. Além disso, as ideias do cientista político cultivam diversas convergências, em meio a também importantes diferenças com um notório liberal brasileiro como Campos. Interpretar Jaguaribe como um representante do liberalismo dentro do ISEB não apenas ajuda a esclarecer aspectos do seu pensamento, mas contribui para uma leitura mais complexa dos confrontos do campo nacionalista.

2.6 Considerações finais

Não há no Brasil um antagonismo necessário entre liberalismo e desenvolvimentismo, como muitas vezes é sugerido pela bibliografia analisada ao longo deste texto. Se existem liberalismos críticos a qualquer ideia de planejamento ou atuação do Estado na economia, o campo ideológico não apenas comporta perspectivas radicalmente diversas, mas, como pretendemos argumentar, tem nessas outras leituras um discurso em muitos momentos hegemônico, como ao longo da República de 1946. No período, predominava o *liberal desenvolvimentismo*, que antes constitui uma marca do pensamento político do período, no Brasil e no mundo, do que qualquer tipo de oxímoro. Buscamos expor a amplitude, diversidade e relevância desse campo ideológico ao reconstruir os conceitos de Estado e planejamento de Arinos, Jaguaribe e Campos, que bem expõem os meandros do debate político e da reflexão pública do período.

Os autores escolhidos representam três diferentes vertentes do liberalismo do período. Munidos de repertórios teóricos diversos, identificados intelectualmente a partir de distintos campos do conhecimento e inseridos em redes políticas e institucionais diferentes, eles compartilhavam da defesa do Estado e do planejamento como elemento necessário das economias do seu tempo. Isso diz algo do clima intelectual do período, profundamente marcado pelas memórias públicas da guerra e pela crise do mercado autorregulado em 1929, mas também sugere traços importantes do liberalismo em países periféricos. A construção de um conceito genérico de liberalismo, que ignora transformações históricas e cenários sociais, muitas vezes se mostra incapaz de compreender as dinâmicas políticas e discursivas brasileiras. Com o presente texto, pretendemos contribuir tanto para o pensamento político do período como para a construção de outras leituras sobre as tradições liberal e desenvolvimentista, o que permite, por sua vez, lançar novas luzes sobre o passado e o presente.

REFERÊNCIAS BIBLIOGRÁFICAS

BENEVIDES, Maria Victoria de Mesquita. *A UDN e o udenismo: ambigüidades do liberalismo brasileiro.* Rio de Janeiro: Paz e Terra, 1981.

BRASIL. Transcrição de reunião ministerial de 22 de abril de 2020, disponibilizada através de laudo criminal. Disponível em: https://static.poder360.com.br/2020/05/transcricao-video-reuniao22abr.pdf. Acesso em: 26 ago. 2021.

BIELSCHOWSKY, Ricardo. *Pensamento econômico brasileiro: o ciclo ideológico do desenvolvimentismo.* 5ª ed. Rio de Janeiro: Contraponto, 2004.

CAMPOS, Roberto de Oliveira. *A moeda, o governo e o tempo.* Rio de Janeiro: APEC, 1964.

_____. *Economia, planejamento e nacionalismo.* Rio de Janeiro: APEC, 1963.

_____. *Ensaios de história econômica e sociologia.* Rio de Janeiro: APEC, 1963.

CEPÊDA, Vera Alves. *Roberto Simonsen e a formação da ideologia Industrial no Brasil: limites e impasses.* Tese (Doutorado em Ciência Política) – Departamento de Ciência Política, USP, São Paulo, 2004.

_____. Inclusão, democracia e novo-desenvolvimentismo: um balanço histórico. *Estudos Avançados.* São Paulo, n. 75, v. 26, mai./ago., 2012.

CHALOUB, Jorge. A Economia Política dos Bacharéis Udenistas. *Revista Brasileira de Ciências Sociais*, v. 32, p. 1, 2017.

_____. O Brasil dos Bacharéis: um discurso liberal udenista. *Lua Nova*, v. 2, p. 263–304, 2019.

DAHL, Robert; LINDBLOOM, Charles. *Política, economia e bem-estar social.* São Paulo: Lidador, 1971.

FONSECA, Pedro Cezar Dutra. Desenvolvimentismo: a construção do conceito. *Texto para Discussão*, Rio de Janeiro, IPEA, n. 2103, jul. 2015.

FONSECA, Pedro Cezar Dutra; SALOMÃO, Ivan Colangelo. O sentido histórico do desenvolvimentismo e sua atualidade. *Revista de Economia Contemporânea*, n. especial, p. 1–20, 2017.

FRANCO, Afonso Arinos de Melo. Discurso 16 jan. 1953. In: *Diário da Câmara.* Brasília: Câmara dos Deputados, 1953.

_____. *Estudos e discursos.* São Paulo, Editora Comercial, 1961.

_____. *Evolução da crise brasileira.* Rio de Janeiro: Topbooks, 2005, 2ª edição.

GUDIN, Eugênio. *Análise de problemas brasileiros: 1958–1964.* Rio de Janeiro: Agir, 1965.

GUEDES, Paulo. A síndrome de Judas Escariotes. Blog *No calor das ideias*, 2003. Disponível em: http://nocalordasideias.com.br/2019/04/22/paulo-guedes/. Acesso em: 26 ago. 2021.

GUEDES, Paulo. Discurso de posse como ministro da Economia, durante cerimônia de transmissão do cargo. 2 jan. 2018. Disponível em: https://static.poder360.com.br/2019/01/Discurso-Paulo-Guedes-1.pdf . Acesso em: 26 ago. 2021.

GUIMARÃES, César. Vargas e Kubitschek: a longa distância entre a Petrobras e Brasília. In: CARVALHO, Maria Alice Rezende (org.). *República no Catete*. Rio de Janeiro: Museu da República, 2001.

IPEA (org.). *A controvérsia do planejamento na economia brasileira*. Brasília: IPEA, 2010.

JAGUARIBE, Hélio. *Condições institucionais do desenvolvimento*. Rio de Janeiro: Ministério da Educação e Cultura, 1958.

_____. *O nacionalismo na atualidade brasileira*. Rio de Janeiro: Ministério da Educação e Cultura, 1958.

_____. *O problema do desenvolvimento econômico e a burguesia nacional*. 2ª ed. São Paulo: Fórum Roberto Simonsen, 1958.

KLÜGER, Elisa. *Meritocracia de laços: gênese e reconfigurações do espaço dos economistas no Brasil*. 855p. Tese (Doutorado em Sociologia) – Instituto de Filosofia, Letras e Ciências Sociais, USP, São Paulo, 2017.

KOSELLECK, Reinhart. *Futuro Passado: contribuição à semântica dos tempos históricos*. Rio de Janeiro: Contraponto; PUC-Rio, 2006.

LAFER, Celso. *JK e o Programa de Metas: processo de planejamento e sistema político no Brasil (1956–1961)*. Rio de Janeiro: FGV, 2002.

LATTMAN-WELTMAN, Fernando. *A Política Domesticada: Afonso Arinos e o colapso da democracia em 1964*. Rio de Janeiro: FGV Editora, 2005.

LESSA, Renato. Democracia, Representação e Desenvolvimento. In: SÁ E SILVA, F.; LOPEZ, F.; PIRES, R. *Estado, Instituições e Democracia*. Livro 9, vol. 2. Brasília: Ipea, 2010.

LOVATTO, Angélica. *A utopia nacionalista de Hélio Jaguaribe: os tempos do ISEB*. São Paulo: Xamã; Arte escrita, 2010.

MANNHEIM, Karl. *Ideologia e Utopia*. 4ª ed. Rio de Janeiro: Guanabara, 1986.

_____.*Liberdade, poder e planificação democrática*. São Paulo: Mestre Jou, 1976.

MARRECA, Pedro Paiva. *Teoria Política e Nacionalismo Periférico na obra de Hélio Jaguaribe, Alberto Guerreiro Ramos e Celso Furtado: Epistemologia, História e Política (1953–1964)*. Tese (Doutorado em Ciência Política), Instituto de Estudos Sociais e Políticos, UERJ, Rio de Janeiro, 2020.

PEREZ, Reginaldo Teixeira. A Sociologia de Roberto Campos e a construção de uma ordem liberal no Brasil. *Revista Brasileira de Ciência Política*, n. 34, 2021, p. 1–27.

ROSANVALLON, Pierre. *O liberalismo econômico: história da ideia de mercado*. Bauru: EDUSC, 2002.

SANTOS, Wanderley Guilherme dos; LYNCH, Christian Edward Cyril (org.). *A Imaginação Política Brasileira: cinco ensaios de história intelectual.* Rio de Janeiro: Revan, 2017.

SCHUMPETER, Joseph. *Capitalismo, socialismo e democracia.* Rio de Janeiro: Fundo de Cultura, 1961.

SILVA, Ricardo. Uma ditadura contra a república: Política econômica e poder político em Roberto Campos. *Revista Sociologia Política,* Curitiba, 27, p. 157–170, nov. 2006.

SIMONSEN, Roberto. *História econômica do Brasil: 1500–1820.* Brasília: Senado Federal, 2005.

SLOBODIAN, Quinn (2018). *Globalists: The End of Empire and the Birth of Neoliberalism.* Cambridge: Harvard University Press.

TOLEDO, Caio Navarro de. *ISEB: fábrica de ideologias.* Campinas: UNICAMP, 1998.

VIANNA, Luiz Werneck. *Liberalismo e sindicato no Brasil.* Belo Horizonte: UFMG, 1999.

CAPÍTULO

3

Operação Lava Jato como choque econômico: investigando potenciais desdobramentos políticos da desestruturação da cadeia produtiva Petrobras-empreiteiras

Fabiano Santos
Rafael Moura
Camila Vaz

3.1 Introdução

Em 2018, Jair Bolsonaro (Partido Social Liberal/PSL) foi eleito presidente do Brasil com 55,13% dos votos válidos, desbancando o então candidato Fernando Haddad (Partido dos Trabalhadores/PT), que teve 44,87%. Foi a primeira derrota de um presidenciável do PT após sucessivas vitórias nos pleitos de 2002, 2006, 2010 e 2014. Se a vitória do *outsider* Bolsonaro foi uma surpresa para muitos, a derrota petista não foi de todo imprevisível: apenas dois anos antes, em 2016, a ex-presidente Dilma Rousseff sofrera controverso impeachment com amplo apoio da sociedade, e o próprio Haddad havia sido derrotado em sua campanha à reeleição para a cidade de São Paulo, a maior capital do país; num ano em que também se deflagrou a perda — por parte da legenda — de mais da metade das suas prefeituras (de 630 para 256).

Diversos autores buscaram tecer interpretações sobre os motivos pelos quais, após treze anos no poder, erodira o suporte ao partido, considerando um conjunto de variáveis, tais como: a severa crise econômica que se desenrolou a partir de 2014, com o biênio 2015–2016 sendo marcado pela pior recessão em três décadas; uma maior aderência às pautas conservadoras; e o crescimento dos sentimentos de antipartidarismo e antipetismo (CARDOSO, 2020; RENNÓ, 2020; FUKS *et al.*, 2020).

No que tange ao papel da Operação Lava Jato nesse processo, esta é tratada na literatura como um de seus principais fatores explicativos. A conexão causal estabelecida, em grande medida, é que a Operação, além de aumentar o sentimento de antipetismo ao responsabilizar, sobretudo, o Partido dos Trabalhadores, também fomentou sentimentos antissistêmicos e antiparditários que resultaram em um descrédito no sistema político brasileiro tradicional em seu conjunto, possibilitando a eleição de um *outsider* (CARDOSO, 2020; NICOLAU, 2020[1]).

Nosso estudo está em diálogo com o argumento anterior. No entanto, avançamos um pouco ao explorar a hipótese de terem sido os potenciais choques econômicos locais provocados pela Lava Jato um mecanismo causal da relação entre a Operação e o aumento do apoio à direita política. Nosso argumento se constrói da seguinte forma: a Lava Jato, ao desestruturar a cadeia produtiva centrada na Petrobras — impactando enfaticamente os segmentos de petróleo e gás (P&G), construção civil e naval —, teria produzido choques econômicos localizados que, por sua vez, podem ter afetado o comportamento do voto nas regiões afetadas. Por choques econômicos, conforme Margalit (2019), entendemos câmbios significativos sobre uma determinada configuração econômico-produtiva concernente, principalmente, a emprego e renda.

O efeito do choque no resultado eleitoral, em nossa visão, não teria sido neutro, já que políticos à direita do espectro ideológico do sistema partidário brasileiro saíram fortalecidos de tal processo; o que se explica por duas razões distintas. A primeira delas é pelo efeito "incumbente", isto é, quando há piora no desempenho econômico, o partido no poder é punido pelos eleitores por meio da perda de votos, em linha com a teoria do voto econômico (LEWIS-BECK e STEGMAIER, 2000; MARGALIT, 2019). A segunda razão se associa ao fato de a corrupção ter sido apresentada, pela Operação e por grandes meios midiáticos, como resultado da intervenção estatal na economia e, dessa forma, pode ter fomentado sentimentos contrários a ela, fortalecendo candidatos e/ou partidos com propostas anti-intervencionistas (FERREIRA e GASPAR, 2020). Desse modo, a Operação pode ser considerada um efeito exógeno causal sobre

[1] Nicolau (2020, p. 46) apresenta como o discurso corrente tende a tratar essa relação, mas não afirma, necessariamente, concordar com essa hipótese.

o comportamento político; e, sendo assim, argumentamos que, quanto maior a gravidade dos impactos econômicos engendrados sobre renda e emprego, maior tenderia a ser o recrudescimento conservador e a rejeição ao petismo.

Com base na *hipótese* apresentada, este capítulo contribui para a literatura referente ao resultado eleitoral de 2018 tentando superar três lacunas ainda remanescentes nos estudos sobre o tema: em primeiro lugar, embora diversas análises tenham avaliado a relação entre a Operação Lava Jato e o comportamento do voto, ainda há carência de trabalhos mensurando o impacto de seus efeitos econômicos específicos sobre a escolha eleitoral. Em segundo lugar, esse esforço permite contribuir à análise de como choques econômicos locais, em decorrência de escândalos de corrupção, podem afetar a decisão dos eleitores. Por último, o estudo avalia as consequências de possíveis alterações da dinâmica industrial brasileira no voto para presidente da república.

Ainda de forma exploratória, procuramos testar a hipótese apresentada tendo como unidades de análise:

- **i.** Municípios pertencentes a importantes *clusters* industriais designados pelo Programa Nacional de Mobilização da Indústria de Petróleo e Gás Natural (Prominp). Estes foram alvos de arranjos produtivos locais (APLs), adensando a interlocução entre Petrobras e fornecedores domésticos no seio das cadeias manufatureiras. Consideramos que essas localidades permitem analisar, com maior propriedade se — e, em caso afirmativo, com qual intensidade —, as consequências econômicas da Lava Jato afetaram padrões eleitorais previamente vigentes; e
- **ii.** focaremos não apenas em tais municípios, mas também em algumas cidades vizinhas de patamar relativamente próximo de desenvolvimento, ou municípios pertencentes às mesmas microrregiões geográficas, definidas pelo Instituto Brasileiro de Geografia e Estatística (IBGE) em 2017 como uma localidade econômica metropolitana com mercados laborais relativamente integrados (CAMPELLO e URDINEZ, 2020). Esta inclusão nos auxiliará a contrastar municípios diretamente afetados com outros não afetados ou afetados "apenas" indiretamente pelo episódio, agregando à reflexão comparativa.

As *variáveis independentes* são os potenciais choques econômicos engendrados pela Operação, medidos por meio dos choques na renda e no emprego nas localidades selecionadas. A *variável dependente*, por sua vez, é o resultado da eleição presidencial de 2018. A partir desses dados, avaliamos, de forma descritiva, uma possível relação causal entre os dois fenômenos.

Feita essa elucidação, estruturamos o capítulo da seguinte forma: a *Seção 2* mapeia as interpretações politológicas e sociológicas da vitória de Bolsonaro, considerando como a teoria do voto econômico, somada à hipótese de que choques econômicos impactam o comportamento eleitoral local, pode auxiliar explicativamente nossa pesquisa e os padrões de votação do Brasil, no que tange às localidades selecionadas. Em seguida, a *Seção 3* analisa como a Operação Lava Jato representou uma inflexão tanto na trajetória da própria Petrobras quanto na de três setores econômicos antes pujantes: o de P&G, o de construção civil e o naval. O entrelaçamento entre a estatal e tais segmentos rendia frutos, e tal adensamento industrial, cada vez mais significativo no bojo do regime produtivo brasileiro, teve trajetória de expansão até a eclosão do episódio; o qual, pelo seu *modus operandi*, interditou tanto a Petrobras quanto as empreiteiras e forçou-as a uma violenta trajetória de desarticulação e enxugamento corporativo, depois complementada pela mudança de política com Michel Temer. Tratará, em suma, dos impactos "macro" da Operação, antes de passarmos à esfera "micro". A *Seção 4,* enfim, elucida a nossa metodologia, variáveis, indicadores escolhidos, bem como a análise empírica dos mesmos. Realizada tal operacionalização, as *Considerações Finais* trazem nossos comentários acerca dos resultados encontrados.

3.2 Lava Jato, choque econômico e ascensão do Bolsonarismo

No segundo turno das eleições de 2018, Jair Bolsonaro (PSL) foi eleito com mais de 57 milhões de votos, contra cerca de 47 milhões de seu adversário, Fernando Haddad (PT). Questão fundamental sob a qual trabalhos se debruçam é a análise dos fatores determinantes de tal resultado, tendo em vista desde dimensões conjunturais a aspectos estruturais da sociedade brasileira. Nesta seção, buscamos fazer, em um primeiro momento, uma breve revisão a respeito de como a literatura analisou esse pleito, com foco no papel da Lava Jato e seus desdobramentos, e, posteriormente, apontamos como perspectivas que avaliam a relação entre choques econômicos e comportamento do voto complementam o entendimento a respeito desse fenômeno. Por último, com base nessa discussão, apresentamos a agenda de pesquisa que o capítulo se propõe a inaugurar.

No que tange à primeira questão, isto é, aos fatores determinantes para a perda de votos do Partido dos Trabalhadores e à eleição de Jair

Bolsonaro, boa sistematização encontra-se em Nicolau (2020).[2] O autor analisa as particularidades do perfil do voto naquela eleição, quando comparada aos pleitos anteriores, concluindo que: 1) a derrota petista em eleitores de média e baixa escolaridade foi uma característica dessas eleições; 2) houve uma assimetria entre mulheres e homens na escolha do candidato, com cerca de 53% e 64% dos votos válidos, respectivamente, no candidato do PSL; 3) cerca de 70% dos evangélicos votaram em Bolsonaro; 4) eleitores antipetistas tenderam a votar em Bolsonaro; 5) eleitores que usavam mais as redes sociais — WhatsApp, Facebook e Twitter — tiveram maior probabilidade de votar em Bolsonaro; e 6) no que tange ao caráter regional, o autor demonstra que o Nordeste seguiu o padrão de eleições anteriores, dando a vitória ao PT na região, com cerca de 70% dos votos no segundo turno, sendo a eleição de Bolsonaro decidida, em grande medida, pela vantagem conquistada na região Sudeste (NICOLAU, 2020).

Tal sistematização ajuda a compreender, em parte, o perfil dos eleitores de Bolsonaro, mas não explica suas motivações. Dentre as perspectivas que buscam fazê-lo está a de Cardoso (2020), cujo foco é a atuação política das classes médias e a crescente polarização política ao longo do período, terminando por traduzir-se, de acordo com o autor, na formação de dois polos antagônicos na disputa política: antipetistas e antiantipetistas. A Lava Jato assume papel central na medida em que, além de fomentar tal polarização, colocou em xeque as instituições e seus principais atores (Cardoso, 2020)[3].

Assim, nessa perspectiva, a Operação Lava Jato, somada à cobertura midiática que tinha os governos petistas como o principal alvo, não só teria alimentado o antipetismo, mas também induzido à criminalização do sistema político como um todo. Segundo Cardoso (2020), ao fazê-lo, e imputar os principais políticos do país, a Lava Jato tornou a eleição de 2018 em um palco aberto para *outsiders*.[4] Conforme argumenta, após o impeachment de Dilma, o PSDB não foi capaz de capitalizar o processo, na medida em que também esteve envolvido nos escândalos de corrupção, "deixando momentaneamente órfão o antipetismo de centro e de centro-direita" (Cardoso, 2020, p. 215) ao passo que "o antipetismo de extrema direita já estava consolidado, e tinha um partido: Jair Bolsonaro" (Cardoso, 2020,

[2] O resumo das conclusões que apontamos está sistematizado no capítulo final do livro de Nicolau (2020).

[3] Importante notar que nenhuma medida de polarização é oferecida, tratando-se, portanto, de uma hipótese ainda a ser testada.

[4] Cabe mencionar que, além da eleição de Jair Bolsonaro para presidente, outros *outsiders* notórios que surpreenderam e se elegeram foram Wilson Witzel para o governo do estado do Rio de Janeiro e Romeu Zema para o governo do estado de Minas Gerais.

p. 215). A importância do impacto do sentimento antipetista e os efeitos de uma atitude mais abrangente em direção ao conjunto do sistema partidário nas eleições de 2018 acabou confirmada também por Fuks *et al.* (2020).

De forma resumida, pode-se dizer que o efeito político da Lava Jato tem sido tratado de maneira direta: a Operação fez crescer a rejeição aos partidos tradicionais, na medida em que os imputou; e, diante disso, os eleitores teriam votado em um candidato que, por um lado, não tivesse relação com os escândalos de corrupção e, por outro, fosse uma "alternativa" às elites políticas tradicionais. O raciocínio é razoável, no entanto, não esclarece de todo porque um candidato saído da direita política se tornou vitorioso. Por que, por exemplo, Ciro Gomes não foi competitivo e escolhido para encarnar a candidatura antissistema?

Explorar a Lava Jato como choque econômico local exógeno, responsável por, em curto prazo, desestruturar cadeias produtivas locais e produzir efeitos eleitorais não neutros no espectro ideológico nos parece um caminho promissor. Dito de outra forma, como hipótese exploratória sugerimos que a Lava Jato pode ser modelada como fator externo cujos efeitos locais na renda e no mercado de trabalho, mantidas certas condições, levaram à inflexão do voto para a direita. É nesta direção que pretendemos contribuir para o debate.

Como ponto de partida, vale recuperar tendências recentes da aplicação da teoria do voto econômico ao caso brasileiro. Veiga *et al.* (2019) avaliaram a evolução da popularidade da presidente Dilma Rousseff, ao longo do ano de 2015, e como esta foi afetada pela visão dos eleitores a respeito da economia e da corrupção, tendo em vista a erupção da Operação Lava Jato. Os autores analisaram como a taxa de aprovação da presidente se associava a variáveis como: "a) avaliação sociotrópica da economia, b) percepção da economia como principal problema do país, e c) percepção da corrupção como principal problema" (Veiga *et al.*, 2019, p. 2). Os resultados foram bastante contundentes. Em dois pontos distintos do tempo, março e novembro de 2015, a probabilidade dos respondentes que consideraram a economia como péssima avaliarem o governo federal como péssimo ou ruim chegou a 79,1% e 78,4%, respectivamente; probabilidade reduzida para 8,1% e 10,2% entre os que consideraram que a economia estava ótima. Por óbvio, a percepção da economia afeta atitudes e comportamentos do eleitor em solo pátrio.

Nuances têm aparecido em contribuições mais recentes ao debate, relevantes para uma aproximação mais cuidadosa dos efeitos políticos da Lava Jato. Exemplo interessante consiste no peso da dimensão geográfica sobre o modo pelo qual choques econômicos atuam para determinar atitudes e comportamentos. Campello e Urdinez (2021), nessa linha, investigaram como a enxurrada de produtos chineses importados teria impactado a percepção, positiva ou negativa, de políticos e eleitores sobre as relações comerciais entre o Brasil e o gigante asiático. Em localidades prejudicadas pelo choque haveria uma clara tendência de seus residentes de avaliarem de forma negativa as relações comerciais Brasil-China. Ogeda *et al.* (2021), por sua vez, constataram que as reformas liberalizantes realizadas no início dos anos 1990 provocaram choques econômicos locais no mercado de trabalho, com consequências de longo prazo no comportamento político. Tais reformas, ao reduzirem a oferta de trabalho formal e manufatureiro, enfraqueceram sindicatos, fazendo com que partidos historicamente associados aos movimentos sindicais, sobretudo os de esquerda, perdessem votos nessas localidades. Entre 1994 e 2018, conforme sugerem os autores, as regiões mais impactadas pelas reduções tarifárias reduziram a votação em favor de candidatos presidenciais de inclinação esquerdista, com aumento concomitante no apoio a partidos e coligações de centro-direita.

A atratividade analítica dos choques econômicos enquanto variáveis explicativas se torna ainda maior quando vemos, em diversos estudos, a confirmação empírica do seu vínculo com fenômenos sociais e societais de distintas naturezas. É o caso de Costa *et al.* (2018), que demonstram como choques econômicos adversos engendrados pela liberalização comercial e tarifária do início dos anos 1990 conduziram, por meio de impactos deletérios sobre salários, emprego e criminalidade, ao aumento da conversão e ao pentecostalismo; e, inclusive, ampliação da participação de representantes pentecostais na política. Outro exemplo é Dix-Carneiro *et al.* (2018), que, também tomando os choques comerciais negativos do início dos anos 1990 como variáveis independentes, mostram como estes foram fundamentais ao aumento da criminalidade, por meio da deterioração das condições do mercado de trabalho (principalmente), da provisão de bens públicos e da desigualdade de renda.

Os impactos políticos da Lava Jato, assim, merecem consideração à luz da teoria dos choques econômicos. Dois nos parecem ser os principais motivos teóricos: o efeito incumbência e o efeito ideológico. Pelo primeiro, é possível argumentar que a perda de emprego e renda como efeito do desmantelamento das cadeias produtivas locais sustentadas pela Petrobras teria sido vinculada ao mau comportamento dos partidos no governo na eclosão da Operação. Nisto, a Lava Jato teria contribuído para a diminuição de votos no PT. Pelo segundo motivo, associada ao escândalo estaria também uma condenação *per se* do envolvimento do governo em assuntos econômicos. Nisto, a Operação ajudaria a entender a opção pelo sufrágio em candidaturas à direita.

Assim sendo, em caráter exploratório, procuraremos nas próximas seções do capítulo avançar no estudo do comportamento eleitoral, analisando o efeito político da Operação Lava Jato sob prisma dos choques econômicos locais. Com isso, poderemos tornar mais completa a história da vitória eleitoral de Jair Bolsonaro. Além disso, abrimos caminho para a mensuração dos efeitos políticos e ideológicos dos escândalos de corrupção, medindo empiricamente não só um dos nexos causais entre a Lava Jato e o pleito de 2018, como também focar na relação entre escândalos de corrupção e comportamento do voto. Nosso próximo passo será o de caracterizar a Lava Jato como choque econômico exógeno nas localidades nas quais a economia se estrutura em torno da cadeia de óleo e gás.

3.3 Dimensões da Operação Lava Jato e seus desdobramentos no contexto da crise econômica brasileira

Nesta seção, discorremos sobre o papel da Operação Lava Jato e sua contribuição para a severa crise econômica brasileira vivenciada no interregno 2015–2018, de modo a apontar como ela é passível de ser operacionalizada enquanto choque exógeno, isto é, variável explicativa para eventuais rearranjos na geografia do voto. Por fugir do escopo e da proposta do ensaio, não tangenciaremos a Operação sob nenhum prisma jurídico-legal ou falaremos de seus desdobramentos sobre o Congresso e a conjuntura política, mas somente averiguar se suas consequências econômicas no nível local — cujo rastreio elucidaremos melhor ainda nesta seção — podem ou não fornecer pistas e explicações para os resultados eleitorais.[5]

A crise econômica brasileira, deflagrada em fins de 2014 e encontrando sua maior agrura no biênio 2015–2016, quando o Produto Interno Bruto (PIB) retraiu, respectivamente, 3,54% e 3,27%, até hoje suscita interpretações acerca de suas causas.[6] Antes disso, contudo, a economia nacional já vinha desacelerando, tanto por fatores *exógenos*, de caráter sistêmico ou estrutural, quanto *endógenos*. Autores como Campello (2015), Borges (2016) e Santos e Moura (2020) destacam, por exemplo, a reversão dos termos de troca e da conjuntura internacional antes favorável ao governo Lula nos anos 2000. Assim, a desaceleração dos preços das *commodities* e a guerra cambial nos países desenvolvidos engendraram um novo cenário externo adverso que contribuiu para a economia brasileira perder tração. Já do ponto de vista endógeno, Bresser-Pereira (2014) salienta equívocos da política governamental e sua incompletude, no sentido de reverter

[5] Para os interessados em tal seara analítica, uma análise competente da Operação Lava Jato sobre o sistema partidário pode ser encontrada em Kerche e Tanscheit (2021).

[6] Os indicadores do PIB brasileiro foram retirados do portal do Banco Mundial, World Development Indicators, cujo link é: https://data.worldbank.org/indicator/NY.GDP.MKTP.KD.ZG?locations=BR.

debilidades produtivas como a desindustrialização ou a tendência de apreciação cambial; elementos fatídicos para o Brasil não lograr uma trajetória sustentada de crescimento com mudança estrutural.

Contudo, apesar de tais interpretações apontarem fatores relevantes conducentes à crise, não explicam sua magnitude e severidade. Afinal, a recessão de 2015–2016 foi a maior desde o começo da série histórica do Instituto Brasileiro de Geografia e Estatística (IBGE), em 1996.[7] Uma elucidação adicional dessa gravidade e do caráter repentino da crise se dá também pela observação dos indicadores do mercado de trabalho. Após a taxa média anual de desocupação ter atingido a mínima histórica de 6,6% em dezembro de 2014, na esteira de queda sistemática no desemprego desde o início do governo petista, tal indicador subira para quase 14% entre fins de 2016 (ano do impeachment que destituiu a presidente Dilma) e princípios de 2017 (O Globo, 2015a; IPEADATA, 2022). Ou seja, num intervalo de cerca de dois anos, o desemprego no Brasil quase triplicou, deterioração esta dificilmente explicada "apenas" por políticas econômicas eventualmente equivocadas.

A acentuação da gravidade dessa crise não pode ser plenamente entendida sem considerarmos a Operação Lava Jato e seus desdobramentos. *Não se trata de apontá-la como seu vetor causal, mas sim como vetor explicativo importante de sua magnitude.* Por todos os indicadores mobilizados, mostrará-se notório como a Lava Jato desintegrou completamente os poucos polos produtivos do país ainda vigorosos naquele momento, pertinentes ao encadeamento entre Petrobras, grandes empreiteiras e fornecedores locais subcontratados, afetando drasticamente os segmentos de P&G, naval e de construção civil (CAMPOS, 2019; PINTO, 2020; PAULA e MOURA, 2021).

Embora as investigações da Operação estivessem a pleno vapor desde o primeiro semestre de 2014, inclusive levando à prisão do diretor da Petrobras Paulo Roberto Costa e do doleiro Alberto Yousseff, ainda em abril, foi somente no dia 14 de novembro daquele ano que chegou a um ponto sem retorno: pouco tempo após a delação premiada de Yousseff, onde revelou-se esquema de propina em diversos contratos entre a estatal e as empreiteiras, foram presos 27 altos executivos das grandes construtoras na 7ª fase da Operação, chamada "Juízo Final" (O Globo, 2015d).[8] É válido

[7] A série histórica do IBGE com as contas nacionais pertinentes aos indicadores da economia brasileira pode ser consultada em: https://www.ibge.gov.br/estatisticas/economicas/contas-nacionais/9300-contas-nacionais-trimestrais.html?=&t=resultados.

[8] Tais grandes construtoras eram: Camargo Corrêa, Engevix, Galvão Engenharia, IESA, Mendes Júnior, OAS, Queiroz Galvão e UTC.

frisar que, nesta fase, tais prisões foram em caráter preventivo e com pesado enfoque midiático de cunho condenatório, objetivando forçar os executivos a fecharem eventuais acordos de delação premiada que pudessem desnudar mais da investigação, com tais acordos constituindo o "motor" dos inquéritos, nas palavras do próprio procurador Deltan Dallagnol (O Globo, 2015c).[9]

Engendrava-se, neste ponto, uma grande paralisia decisória em decorrência da devassa, revisão e interdição total de contratos (CAMPOS, 2019; PINTO, 2020; PAULA e MOURA, 2021). A própria Petrobras, ainda em fins de 2014, visando desesperadamente se resguardar e atenuar os danos à imagem pública da empresa, suspendeu contratos com todas as 23 empreiteiras citadas na Operação (EL PAÍS, 2014). Tal paralisia conduziu a uma desalavancagem violenta de todas as corporações envolvidas, da própria estatal às construtoras e, também, empresas subcontratadas locais, que tinham na empresa pública a grande demandante (e, muitas vezes, a maior cliente) por seus bens e serviços.

É imperativo destacar que, previamente ao desnudamento de tal escândalo, a Petrobras se encontrava em um momento pujante enquanto propulsor do desenvolvimento nacional. Um dos indicadores possíveis a atestarem isso se encontra no Gráfico 1:

Gráfico 1 Investimentos da Petrobras (US$ milhões), 2008–2019

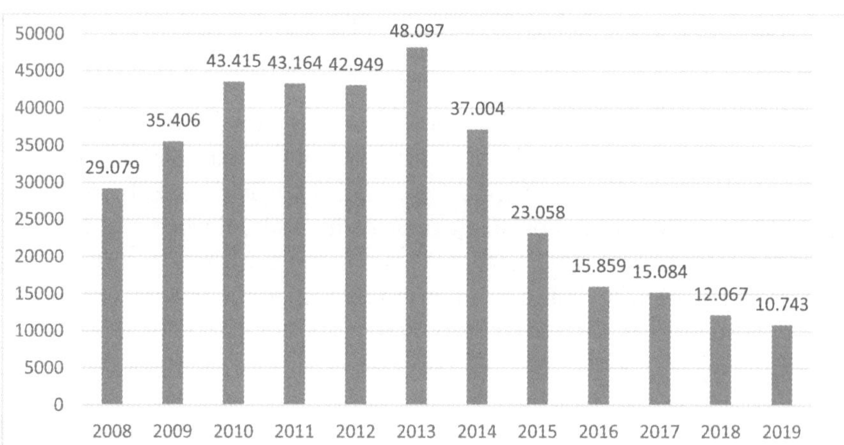

Fonte: Petrobras, elaboração dos autores.

[9] Segundo o Consultor Jurídico (Conjur, 2017), as prisões preventivas decretadas no bojo da Lava Jato duravam, em média, 281 dias.

Culminando com o recorde de investimentos em sua história, perfazendo mais de US$ 48 bilhões em 2013, a proeminência da Petrobras condizia com a crescente pujança da cadeia produtiva de P&G como um todo, cuja participação no PIB havia ampliado de 0,24% em 1995 para 13% no ano de 2013 (FURNO, 2020). Tal intensificação não foi acaso: durante os governos petistas, foram fortalecidos mecanismos institucionais do Estado visando fomentar o setor e conferir maior protagonismo da Petrobras no regime produtivo nacional; isso concomitantemente à instrumentalização e ampliação de uma política de conteúdo local como um relevante mecanismo da estratégia industrial galvanizada pela estatal.[10]

Graças a tal política, intensificada a partir de 2003, com introdução de novos critérios pela Agência Nacional do Petróleo (ANP), o percentual médio de conteúdo doméstico no fornecimento à Petrobras aumentou de 37% na exploração e 46,5% no desenvolvimento para 56,5% e 73%, respectivamente, de 2002 a 2013 (FURNO, 2020). Contudo, após o impeachment contra Dilma e a nova orientação neoliberal de Temer e Bolsonaro, reverberada na condução da empresa, tal política foi abandonada e os requerimentos de conteúdo doméstico caíram, nas etapas exploração e na produção, para 38,8% e 43% em 2017, e para 18% e 30% em 2018 (ANP, 2021).

Passados quatro anos desde o ápice em termos relativos, a crise e redimensionamento da Petrobras são notórios e desoladores: a empresa em 2019 investia aproximadamente um quinto do volume de 2013, reduzindo seu protagonismo tanto na economia como um todo como no bojo dos próprios investimentos públicos, onde sua participação declinou de quase metade (49,25%) para menos de 30%. Tal apequenamento da estatal, acoplado à nova orientação neoliberal da empresa a partir da gestão de Pedro Parente no governo Temer, também é notabilizado nos indicadores de emprego, como atesta o Gráfico 2: se, em 2013, o Sistema Petrobras contava com 86 mil empregados diretos e mais de 360 mil terceirizados, apenas quatro anos após a Operação, esses números caíram respectivamente para 63 mil e 103 mil, dando a dimensão de como tal cadeia produtiva foi desarticulada.

[10] Políticas de conteúdo local podem ser consideradas políticas industriais de corte setorial ou vertical, selecionando segmentos conforme o critério de potencial de impulsionar uma transformação quantitativa e qualitativa da estrutura produtiva de uma dada economia, e ainda com a benesse de não elevar o custo fiscal do Estado (Furno, 2020).

Gráfico 2 Trabalhadores empregados no Sistema Petrobras

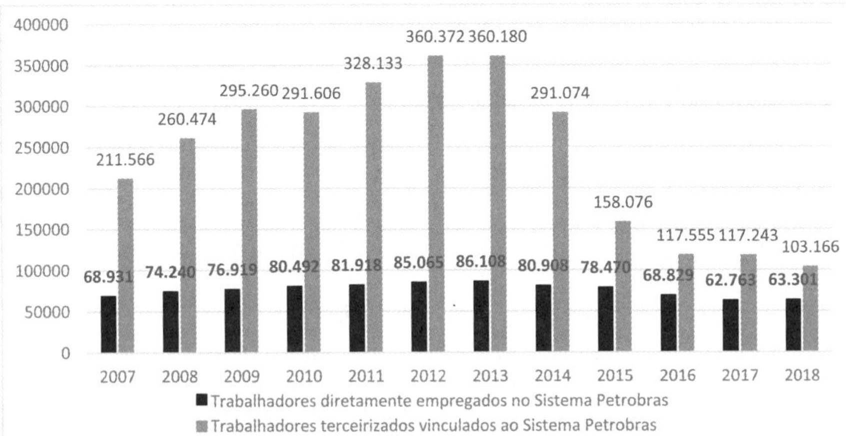

Fontes: Petrobras; Dieese apud Federação Única dos Petroleiros; Poder360, 2020, elaboração dos autores.

Como dito, portanto, com a paralisia na estatal se deu uma fragilização financeira nas empresas a ela vinculadas em meio à interdição de inúmeros projetos. Para além disso, diversas das empreiteiras tiveram de arcar com pesadas multas de leniência, pagas tanto à justiça brasileira quanto, como foi o caso da Odebrecht, à justiça norte-americana, em decorrência do enquadramento na *Foreign Corrupt Practices Act* (DW, 2017).

Após a desarticulação do setor de P&G, outro dos segmentos mais prejudicados, sendo grande gerador de empregos durante os governos do PT, foi o de construção civil, o que se atribuiu tanto ao holofote direto da mídia e da justiça sobre as grandes empresas nacionais de construção pesada quanto pelo vínculo histórico destas com a demanda do Estado brasileiro, incluindo aí a Petrobras, e que fora fortemente interditada com a operação (CAMPOS, 2019). Entre 2007 e 2013, o saldo de contratações e demissões no setor registrara mais de 1,5 milhão — ou 1.543.535, para ser exato — de postos de trabalho (CAGED apud CBIC, 2022). Ademais, até setembro de 2014, o saldo anual entre contratações e demissões no setor era positivo ao longo dos anos. A partir de então, se dá retração violenta, culminando em saldos negativos e inviabilização do setor nos três anos seguintes: uma destruição de 109 mil postos de trabalho em 2014, 416 mil em 2015, 361 mil em 2016 e 104 mil em 2017 (CAGED apud CBIC, 2022).

As empreiteiras envolvidas nas denúncias da Operação, incapazes de resistir à interrupção do sinérgico arranjo junto ao Estado, se fragilizaram de forma irreversível e hoje amargam uma relevância irrisória vis-à-vis ao que antes tinham na economia (CAMPOS, 2019). Os dados impressionam: a Odebrecht (renomeada Novonor) contava em 2014 com receita bruta de R$ 107 bilhões, empregava 168 mil funcionários e atuava em 27 países; em

2019, sua receita era de R$ 78 bilhões, tinha 35 mil funcionários (21% do que antes tinha de pessoal) e atuava em 14 países.[11] A Queiroz Galvão, por sua vez, viu seu patrimônio financeiro acumulado cair de R$ 15,3 bilhões em 2014 para R$ 2,9 bilhões em 2018.[12] A OAS (renomeada Metha), por fim, viu seu total de ativos financeiros cair de R$ 1,69 bilhão em 2014 para R$ 368 milhões em 2019 (OAS, 2020). Ante as dificuldades para cumprir as exigências do acordo de recuperação judicial estipulado pela Lava Jato, a OAS se endividou bastante desde então, com riscos à própria sobrevivência da empresa ante pedidos de falência de credores (VALOR ECONÔMICO, 2021).

Em suma, as 11 construtoras envolvidas na Lava Jato tiveram um encolhimento combinado de mais de 80% em 5 anos, com seu faturamento agregado caindo de R$ 98,8 bilhões para "irrisórios" R$ 11,8 bilhões de 2014 para 2018 (PODER360, 2021). Embora não tenha sido, evidentemente, o único vetor, a obliteração da construção civil nacional serviu de âncora ao volume de investimentos no país, como se vê pela forte associação entre a performance do setor e a formação bruta de capital fixo (FBKF) doméstica no Gráfico 3:

Gráfico 3 Índices *mensais* de crescimento do setor de Construção Civil e da Formação Bruta de Capital Fixo (FBKF) com ajuste sazonal, 2012–2018 (Base: média de 1995 = 100)

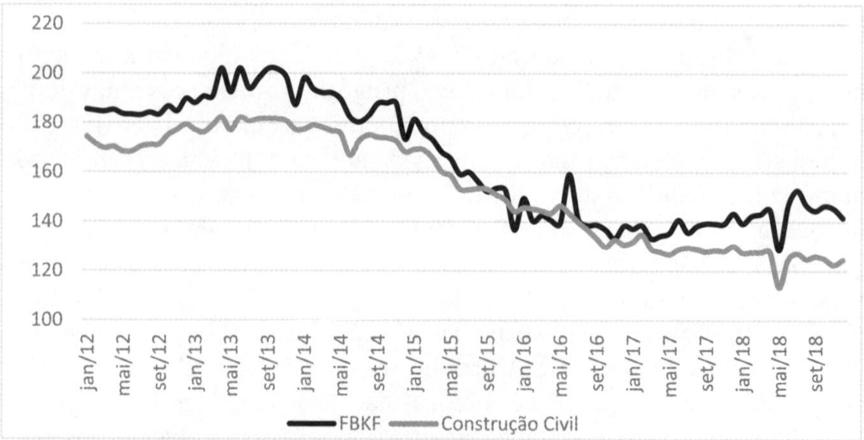

Fonte: IPEA, *Ipeadata*[13], elaboração dos autores.

[11] Os dados foram retirados dos relatórios anuais da Odebrecht, que se encontram disponíveis em: https://novonor.com/pt/a-novonor/relatorios-anuais.

[12] Os relatórios anuais da Queiroz Galvão podem ser consultados em: https://construtoraqueirozgalvao.com.br/sutentabilidade/relatorios-anuais/.

[13] Os dados sobre a trajetória do setor de construção se civil se encontram em: http://www.ipeadata.gov.br/ListaSeries.aspx?IQAID=1409825340. Já o indicador mensal da FBKF pode ser consultado em: https://www.ipea.gov.br/cartadeconjuntura/index.php/tag/indicador-ipea-mensal-de-fbcf/.

Outro segmento outrora beneficiado tremendamente pelo fortalecimento da Petrobras e da cadeia produtiva de P&G foi o *naval*, de particular importância para uma das localidades aqui focadas. Para além de medidas governamentais que contemplaram o setor, como o Programa de Aceleração do Crescimento (PAC) de 2007, a própria Política de Desenvolvimento Produtivo (PDP) e o Plano Brasil Maior de 2011, a Petrobras e a política de conteúdo local se revelaram importantíssimas para alavancá-lo. Isso se deve ao fato de, setorialmente, a estatal constituir a principal compradora de bens da indústria naval; algo intensificado com a descoberta das reservas do pré-sal e aumento da demanda junto aos estaleiros nacionais em decorrência da necessidade de mais operações no mar ou "*offshore*" (CAMPOS NETO, 2014; FURNO, 2020; AZEVEDO, 2021).[14]

Sendo outra cadeia produtiva importante adensada graças à "alavanca" Petrobras e à demanda do setor público, o segmento naval deu um salto significativo e, contando com pouco menos de 10 mil trabalhadores no setor em 2003, atingiu a marca histórica de 82.472 empregos nos estaleiros brasileiros em 2014. Contudo, apenas um ano e meio depois, em junho de 2016, com a total interdição da Petrobras ante a Operação, tais postos de trabalho haviam caído pela metade, perfazendo 43.745 (SINAVAL, 2022). Conforme Sérgio Bacci, vice-presidente do próprio Sinaval (Sindicato Nacional da Indústria da Construção e Reparação Naval e Offshore), de 2014 até 2020, o setor assistiu à destruição de mais de 80% dos empregos na esteira da mudança de política na Petrobras, com pouco menos de 15 mil postos em princípios de 2021 (O Fluminense, 2021).

É imperativo destacar, para além da crise da empresa, a *reorientação de política* em função de, até a eclosão do episódio, a intenção da estatal ser a de continuidade dos investimentos, encomendas e entrelaçamento junto ao setor. Conforme diretrizes do Plano de Negócios e Gestão 2014–2018, lançado pela Petrobras ainda no início de 2014 (antes, portanto, da Operação), previa-se um montante maciço de investimentos totalizando US$ 220,6 bilhões ou US$ 44 bilhões (cifra próxima à sua máxima histórica) por exercício financeiro ao longo de 5 anos; de onde quase 70% (US$ 153,9 bilhões) se destinaria à exploração e produção.[15] Para o desenvolvimento pleno da cadeia de suprimentos pertinente ao pré-sal

[14] Através do Programa de Renovação e Ampliação da Frota de Apoio Marítimo (Prorefam), em sua segunda rodada em 2004 e sua terceira em 2008, foram encomendadas, junto aos estaleiros brasileiros, 204 novas embarcações totalizando o valor R$ 15,3 bilhões, direta ou indiretamente vinculados aos serviços de apoio às sondas e plataformas operando para a Petrobras (Campos Neto, 2014).

[15] Tal plano de negócios pode ser consultado em: https://petrobras.com.br/fatos-e-dados/plano-de-negocios-e-gestao-png-2014-2018- investimentos-de-us-220-6-bilhoes.htm.

(previsto para, a princípio, representar mais de 52% da produção da estatal em 2018), conforme estipulado pelo plano, estimava-se que o programa de investimentos da Petrobras gerasse encomendas ao setor naval na ordem de US$ 100 bilhões com conteúdo local superior a 65% (PETROBRAS, 2014; ROSSI *et al.*, 2015).[16]

Em determinadas localidades marcadas pela presença pronunciada do setor naval, como os municípios de Angra dos Reis no Rio de Janeiro, Rio Grande no Rio Grande do Sul e Ipojuca em Pernambuco, Ferreira e Menezes (2018) mapeiam detalhadamente a inflexão no mercado de trabalho. Em Angra, os empregos no setor naval subiram de 2.627 (11,71% do total de empregos formais) para 9.126 (19,64%) entre 2002 e 2014; para rapidamente regredirem a um total de 4.090 (11,53%) em 2017. No Rio Grande, por sua vez, num curto intervalo de tempo coincidente com as encomendas advindas da descoberta do pré-sal, observou-se um salto estrondoso de 572 postos (1,44%) para 7.483 (13,16%) apenas entre 2010 e 2014; com uma deterioração para 534 (1,19%) também em 2017. Por fim, na localidade de Ipojuca, somente o setor naval subiu de 1.501 para um ápice de 10.684 trabalhadores empregados, ou de 6,08% para 15,07% do total de postos de trabalho formais da cidade entre 2008 e 2013. Eclodida a Operação, e interrompidos inúmeros projetos e encomendas da cadeia produtiva, tal montante caiu para 4.900 trabalhadores em 2017, ou uma redução de mais de 50% no curso de apenas 4 anos (FERREIRA e MENEZES, 2018).

Em suma, depois de atingirem máximas históricas de ocupação em linha com as inversões da Petrobras e seu maior protagonismo na economia nacional, tal setor se viu obliterado pelo sufocamento da estatal, cancelamento de contratos e, subsequentemente, reorientação de políticas no pós-impeachment. Ainda que com diferentes intensidades, a interdição da maior empresa pública brasileira foi, portanto, uma pá de cal instantânea a mais nesse importante setor, conforme corroborado até mesmo pelos grandes veículos de comunicação (ESTADÃO, 2015; O GLOBO, 2015b; EXAME, 2016; UOL, 2017).

Por fim, uma última elucidação da importância amalgamada entre a Petrobras e a política local é o lançamento do Programa Nacional de Mobilização da Indústria de Petróleo e Gás Natural (Prominp) pelo governo federal em 2003, por meio do Decreto Nº 4925.[17] Tal programa objetivava provisão de bens e serviços à Petrobras sem constituir necessariamente

[16] Segundo Rossi *et al.* (2015), o desenvolvimento do pré-sal e sua cadeia de suprimento, no que tange ao recorte 2013–2020, implicava a demanda por 38 plataformas produtivas, 88 navios-tanque, 146 barcos de apoio e 28 sondas de perfuração.

[17] Disponível em: http://www.planalto.gov.br/ccivil_03/decreto/2003/d4925.htm#:~:text=DECRETO%20N%C2%BA%204.925%20DE%2019,PROMINP%2C%20e%20d%C3%A 1%20outras%20provid%C3%AAncias.

reserva de mercado, atuando via qualificação de mão de obra e capacitação da indústria de fornecedores, para proverem produtos e serviços de qualidade e a preços competitivos no médio e longo prazo (Furno, 2020; Azevedo, 2021).

A concatenação entre o Prominp e os investimentos da Petrobras constituiu o maior indutor da mobilização da indústria durante os governos do PT, provendo — como dito ao longo desta seção — um incremento substantivo à demanda por infraestrutura junto aos segmentos naval e de construção civil, entre outros. No âmbito do programa, foram capacitadas mais de 13 mil micro e pequenas empresas (ROSSI *et al.*, 2015). O Prominp também facultou, somente no governo Lula, entre 2003 e 2009, a geração de 640 mil empregos na cadeia de fornecedores nacionais e o aumento da participação dos mesmos de US$ 35 bilhões para US$ 190 bilhões (BROOK e KURTZ, 2016; AZEVEDO, 2021). Tal programa de P&G, portanto, foi faceta crucial da indução ao desenvolvimento local capitaneada pelo Estado.

Por fim, outra dimensão importantíssima da Prominp, diretamente vinculada ao nosso desenho de pesquisa, é a que tange aos projetos de Arranjos Produtivos Locais ou, daqui em diante, APLs. Tais arranjos, igualmente alcunhados de sistemas produtivos locais ou *clusters* industriais locais, tinham foco na capacitação produtiva de fornecedores cadastrados da Petrobras na fabricação de equipamentos, bens e componentes antes importados (FUINI, 2013; ROSSI *et al.*, 2015).[18] São aglomerações de pequenas e médias firmas cooperando institucionalmente com outros atores territoriais de modo a proverem e acessarem serviços complementares e especializados (FUINI, 2013).

Ao final de 2012, em conjunto com o Banco Nacional de Desenvolvimento Econômico e Social (BNDES) e com o Ministério do Desenvolvimento, Indústria e Comércio Exterior (MDIC), em consonância com outros entes, foi lançado pelo Prominp uma nova rodada de projetos-piloto por meio do Projeto "Ind P&G 75 — Propostas de Política para Mobilização e Desenvolvimento de APLs para o Setor de Petróleo, Gás e Naval".[19] Por intermédio do mesmo, previsto para iniciar em 2013 e ser finalizado em cinco anos, reiterava-se a ênfase no governo no fortalecimento de *clusters* industriais previamente estabelecidos. Eram eles: 1) o Complexo Petroquímico do Rio de Janeiro (COMPERJ), centrado em *Itaboraí* (RJ) e seu entorno; 2) o polo metalomecânico e siderúrgico do Vale do Aço, centrado

[18] É válido frisar que, a partir do governo PT, os APLs foram acrescidos aos Planos Plurianuais do governo federal como eixos de política industrial e desenvolvimento regional (Fuini, 2013).

[19] Outras instituições envolvidas foram o Serviço de Apoio à Micro e Pequena Empresa (SEBRAE) e a Federação das Indústrias do Estado de São Paulo ou FIESP (Fuini, 2013).

em *Ipatinga* (MG) e entorno[20]; 3) o pertinente aos estaleiros navais localizados em *Rio Grande* (RS); 4) o Complexo Industrial e Portuário de Suape, integrando *Ipojuca* (PE), *Cabo de Santo Agostinho* (PE) e municípios adjacentes[21]; e, enfim, 5) no Polo Industrial naval e de exploração *offshore* centrado em *Maragogipe* (BA) e seu entorno (Valor Econômico, 2012; Rossi *et al.*, 2015).[22]

Esses *clusters* irão constituir o principal eixo geográfico a nortear nossa análise e operacionalização de indicadores empíricos. Por constituírem localidades marcadas de forma pronunciada pela densa cadeia produtiva centrada na Petrobras, e imbricando segmentos de construção civil, naval, entre outros, são localidades bastante férteis para avaliarmos de forma mais fidedigna o impacto imediato da paralisação das obras e projetos e que desdobramentos esses impactos dos potenciais choques econômicos tiveram em termos político-eleitorais. Assim sendo, a próxima seção enfim traz o nosso desenho metodológico de forma mais detalhada e que evidências logramos a partir do tratamento dos dados arrolados.

3.4 Os contornos do desenho de pesquisa e as evidências empíricas

Caracterizada a Lava Jato como choque econômico exógeno com impactos locais diferenciados, procederemos com a apresentação do nosso desenho de pesquisa: nossas variáveis, fontes de dados, municípios selecionados etc. A partir dos indicadores mobilizados, aqui analisados descritivamente e em caráter exploratório, veremos o que as evidências nos facultam afirmar acerca do debate sobre voto econômico, choques econômicos e o processo eleitoral de 2018.

Como *variáveis independentes*, operamos com três indicadores principais auxiliares à mensuração dos impactos econômicos da crise e da Operação sobre as localidades selecionadas: 1) a participação da indústria no PIB respectivo; 2) a trajetória do PIB per capita; 3) a evolução do saldo entre contratações e demissões, tanto a nível geral quanto nos

[20] A despeito da chamada Região Metropolitana do Vale do Aço compreender um total de 28 municípios, o APL centrou-se nos quatro principais (Ipatinga, Timóteo, Coronel Fabriciano e Santana do Paraíso), conforme o site oficial do próprio arranjo: https://aplvaledoaco.com.br.

[21] Junto ao Complexo Industrial e Portuário de Suape, encontram-se a Petroquímica Suape, a Refinaria Abreu e Lima (RNEST) e os estaleiros Vard Promar e Atlântico Sul.

[22] Em tal polo produtivo baiano, localizam-se o Centro Industrial e Portuário de Aratu, a Refinaria Landulpho Alves (RLAM) e os estaleiros Enseada e São Roque de Paraguaçu.

segmentos da indústria de transformação e construção civil (CC). As duas primeiras variáveis foram compiladas a partir do Instituto Brasileiro de Geografia e Estatística (IBGE) por meio de seu portal estatístico e suas Pesquisas Nacionais por Amostra de Domicílios (PNADs) contínuas.[23] Já o terceiro indicador teve como fonte o Cadastro Geral de Empregados e Desempregados do Ministério do Trabalho e do Emprego (CAGED-MTE).[24] Como *variável dependente*, conforme já elucidado, utilizamos os resultados eleitorais do PT, em termos de votação no candidato presidenciável da legenda no primeiro turno das eleições; resultados estes reunidos do Atlas das Eleições no Brasil.[25]

Munidos dos dados relativos às variáveis pontuadas, operamos com um *recorte temporal* compreendendo enfaticamente o interregno 2014–2016, por permitir avaliar como o padrão de votação em tais localidades se relaciona diretamente ao período mais agudo da crise e das consequências da Lava Jato, além de findar no último ano de experiência de governo petista. Essa operacionalização está em linha com nossa *hipótese*, aqui reiterada: os potenciais choques econômicos causados pela Operação Lava Jato em termos de renda e emprego, em particular no que tange à indústria de transformação e construção civil, contribuíram para a perda de votos do PT e posterior inflexão à direita. Por fim, o nosso *recorte espacial* trouxe os seguintes municípios selecionados:

- Rio Grande (RS);
- São José do Norte (RS) (mesma microrregião geográfica que Rio Grande);
- Pelotas (RS) (mesma microrregião geográfica que Rio Grande);
- Itaboraí (RJ);
- Niterói (RJ) (mesma microrregião geográfica que Itaboraí);
- São Gonçalo (RJ) (mesma microrregião geográfica que Itaboraí);
- Tanguá (RJ) (mesma microrregião geográfica que Itaboraí);
- Magé (RJ) (mesma microrregião geográfica que Itaboraí);
- Maragogipe (BA);
- Nazaré (BA) (mesma microrregião geográfica que Maragogipe);
- São Felipe (BA) (mesma microrregião geográfica que Maragogipe);
- Cachoeira (BA) (mesma microrregião geográfica que Maragogipe);
- Muritiba (BA) (mesma microrregião geográfica que Maragogipe);
- Saubara (BA) (mesma microrregião geográfica que Maragogipe);

[23] Disponíveis em: https://www.ibge.gov.br/estatisticas/sociais/trabalho/9171-pesquisa-nacional-por-amostra-de-domicilios-continua-mensal.html?=&t=destaques.

[24] Disponível em: https://bi.mte.gov.br/bgcaged/caged_perfil_municipio/index.php.

[25] Disponível em: https://sites.google.com/site/atlaseleicoespresidenciais/.

- São Francisco do Conde (BA) (mesma microrregião geográfica que Maragogipe);
- Candeias (BA) (mesma microrregião geográfica que Maragogipe);
- Ipatinga (MG);
- Coronel Fabriciano (MG) (mesma microrregião geográfica que Ipatinga/Vale do Aço);
- Santana do Paraíso (MG) (mesma microrregião geográfica que Ipatinga/Vale do Aço);
- Timóteo (MG) (mesma microrregião geográfica que Ipatinga/Vale do Aço);
- Ipojuca (PE);
- Cabo de Santo Agostinho (PE) (mesma microrregião geográfica que Ipojuca/onde fica o Complexo Industrial-Portuário de Suape).

Com base nesse desenho de pesquisa, as evidências encontradas a partir dos dados permitem observações preliminares, no que tange a um dos principais fatores explicativos do resultado eleitoral de 2018: a manutenção do padrão de votação na região Nordeste concomitante à sua alteração na região Sudeste, fato este garantidor da eleição de Jair Bolsonaro (NICOLAU, 2020). Na região Sul, embora seu padrão de votação em termos estaduais (Rio Grande do Sul, Santa Catarina e Paraná) tenha também se mantido em oposição ao candidato petista, nossos dados mostram que nos três municípios do *cluster* de Rio Grande e entorno também se deu alteração no perfil do voto; variação esta que acentuou a diferença a favor de Bolsonaro no território gaúcho.

Nossos achados abrem uma agenda de pesquisa que permite avaliar como o resultado nos *clusters* industriais das regiões Sul e Sudeste pode ser explicado pelos choques econômicos provocados pela Lava Jato. Buscando explicitar como chegamos a essa conclusão, trazemos a seguir, em primeiro lugar, gráficos e indicadores pertinentes aos efeitos econômicos sobre os municípios selecionados. Em seguida, tratamos da relação entre choques econômicos e resultado eleitoral na região Nordeste; e, por último, apresentamos como os casos das regiões Sul e Sudeste, no que tange aos municípios selecionados dos estados do Rio Grande do Sul, Rio de Janeiro e Minas Gerais, permitem explorar a principal hipótese apresentada nesse trabalho. Sendo assim, os gráficos 4, 5 e 6 abaixo trazem uma perspectiva sobre nossas variáveis previamente apontadas:

Gráfico 4 Perda da participação (%) da indústria no PIB, 2013–2016

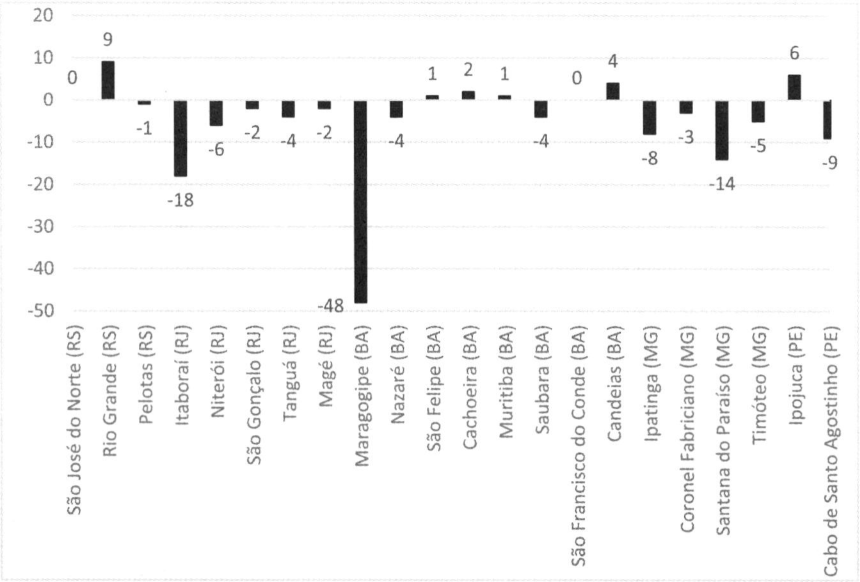

Fonte: IBGE, elaboração dos autores.

Gráfico 5 Variação (%) no PIB *per capita*, 2014–2016

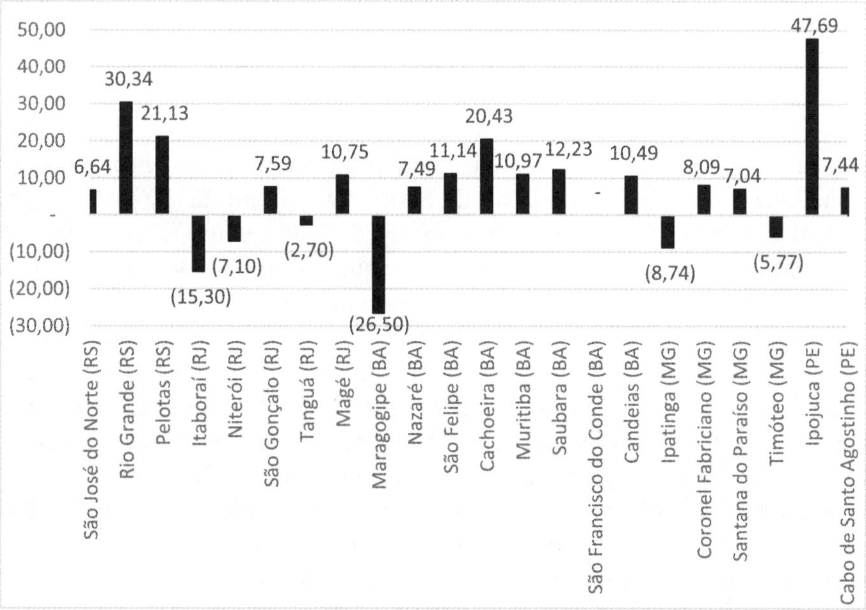

Fonte: IBGE, elaboração dos autores.

Gráfico 6 Saldo acumulado (%) de trabalhadores nos segmentos de CC e indústria da transformação no recorte 2014–2016 com relação à população[26]

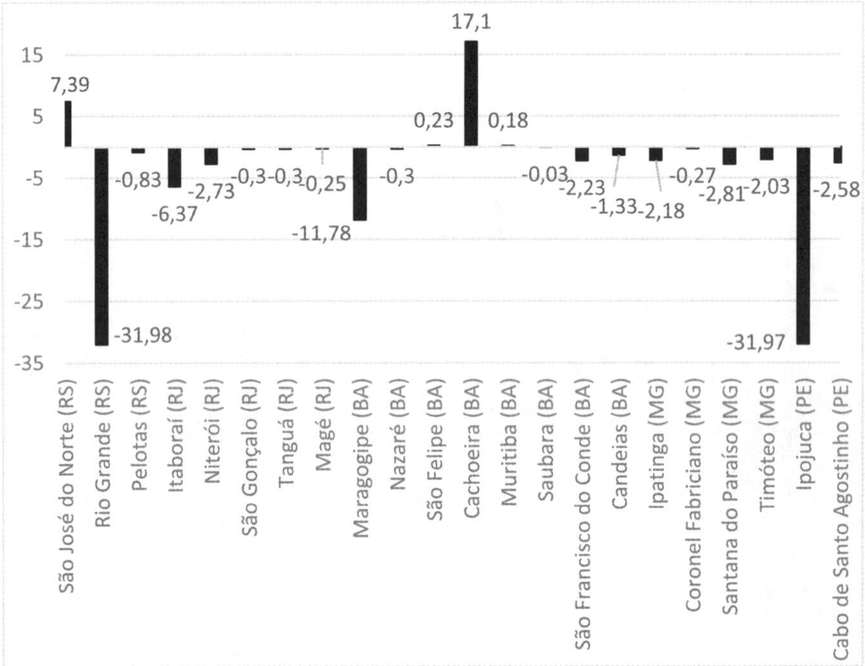

Fonte: CAGED-MTE, elaboração dos autores.

No Nordeste, com exceção de Nazaré-BA (onde declinou míseros 3%, de 73,25% em Dilma para 70,09% em Haddad), a votação no presidenciável petista não só não caiu, como se ampliou *em todos os demais casos* (Maragogipe, São Felipe, Cachoeira, Muritiba, Saubara, São Francisco do Conde, Candeias, Ipojuca e Cabo de Santo Agostinho). Esta manutenção, inclusive, também abrange os municípios de Maragogipe (BA) e Cabo de Santo Agostinho (PE), integrantes APLs e que foram afetados pelos impactos econômicos da Lava Jato, o primeiro em proporção bem maior.

O município de Maragogipe foi *o mais prejudicado* em termos de perda na participação da indústria no PIB, que regrediu colossais 48% entre 2013 (ano anterior à eclosão da Operação) e 2016. No contexto da cidade, essa perda de densidade industrial se repercutiu também no PIB per capita, que recuou estrondosos 26,5% no triênio 2014–2016, o período mais intenso da crise. Mesmo assim, não impediu que Haddad tivesse 76,82% de votos no primeiro turno na cidade, 1,60 p.p. a mais que em 2014. Já em Cabo de Santo Agostinho, a perda de participação da indústria no PIB também foi grande (9% de queda entre 2013 e 2016, sendo o quarto com maior

[26] População aqui estimada para o ano de referência de 2016.

perda industrial em termos produtivos, atrás de Maragogipe, Itaboraí com 18% e Santana do Paraíso com 14%, mas o PIB per capita não decaiu como no caso anterior, logrando uma variação média positiva de 7,44% no recorte temporal 2014–2016. Ainda em Cabo de Santo Agostinho, a votação em Haddad no 1º turno das eleições de 2018 foi de 50,94%, contra 39,67% de Dilma no 1º turno do pleito de 2014.[27]

Já no caso dos municípios de Rio Grande, São José do Norte e Pelotas, todos do RS, a perda de votos do PT foi de -26,87%, -23,51% e -25,4%, respectivamente, culminando na derrota de Haddad nas duas últimas cidades. Se a vitória em Rio Grande (núcleo do *cluster*/APL gaúcho) seguiu em linha com os pleitos anteriores, as derrotas em São José do Norte e Pelotas representaram a perda de dois municípios nos quais o Partido dos Trabalhadores havia conseguido conquistar nas eleições de 2014; perda esta contribuinte não só à tendência estadual, como à regional de votação desde 2010, de perda de votos no PT. Na Tabela 1, a seguir, sistematizamos os votos no PT nas últimas três eleições para presidente no 1º turno, seguida de um gráfico mostrando visualmente a média de votos nos municípios arrolados por estado respectivo:

Tabela 1 Votos válidos (%) no candidato do PT em municípios selecionados (1º Turno)

Município	2010	2014	2018	2010-2014	2014-2018
São José do Norte (RS)	48,02	54,36	30,85	6,34	**-23,51**
Rio Grande (RS)	51,88	58,19	31,32	6,31	**-26,87**
Pelotas (RS)	41,05	47,07	21,67	6,02	**-25,4**
Itaboraí (RJ)	51,85	53,13	21,9	1,28	**-31,23**
Niterói (RJ)	35,08	28,54	14,38	-6,54	-14,16
São Gonçalo (RJ)	49,51	47,21	17,34	**-2,3**	**-29,87**
Tanguá (RJ)	53,84	54,77	26,25	0,93	**-28,52**
Magé (RJ)	53,85	47,21	19,53	**-6,64**	**-27,68**
Maragogipe (BA)	67,06	74,32	76,92	7,26	2,6
Nazaré (BA)	75,49	73,25	70,09	**-2,24**	**-3,16**
São Felipe (BA	69,94	58,96	67,18	**-10,98**	8,22

»

[27] Há de se destacar, contudo, que em 2014 Dilma disputou o 1º turno das eleições presidenciais tendo como um dos candidatos concorrentes Eduardo Campos do Partido Socialista Brasileiro (PSB), então governador de Pernambuco e bem avaliado no estado. Dilma, inclusive, perdeu para Marina Silva (da coalizão de Campos e que assumiu a cabeça de chapa na esteira de seu falecimento) em Pernambuco (44,22% x 48,05%) e no próprio município de Cabo de Santo Agostinho (39,67% x 54,39%) na primeira etapa do pleito.

Município	2010	2014	2018	2010-2014	2014-2018
São Felipe (BA)	71,84	64,02	75,3	**-7,82**	11,28
Cachoeira (BA)	66,43	68,94	70,1	2,51	1,16
Muritiba (BA)	65,55	71	71,61	5,45	0,61
Saubara (BA)	72,21	59,93	74,34	**-12,28**	14,41
São Francisco do Conde (BA)	69,48	69,86	71,21	0,38	1,35
Candeias (BA)	39,37	35,06	15,52	**-4,31**	**-19,54**
Ipatinga (MG)	45,91	39,32	22,12	**-6,59**	**-17,2**
Coronel Fabriciano (MG)	50,81	48,37	23,06	**-2,44**	**-25,31**
Santana do Paraíso (MG)	42,91	36,59	18,55	**-6,32**	**-18,04**
Timóteo (MG)	65,58	54,21	61,79	**-11,37**	7,58
Ipojuca (PE)	64,54	39,67	50,94	**-24,87**	11,27
Cabo de Santo Agostinho (PE)	48,02	54,36	30,85	6,34	**-23,51**

Fonte: Atlas das Eleições do Brasil, elaboração dos autores.

Gráfico 7 Média (%) de votação no candidato do PT nos municípios selecionados dos estados (1º turno)

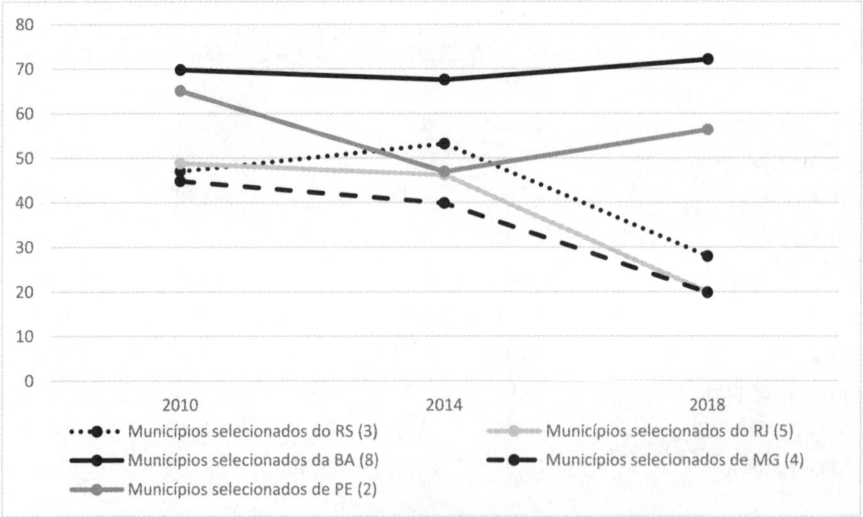

Fonte: Atlas das Eleições no Brasil, elaboração dos autores.

Desse modo, em 2018, os municípios analisados refletem o padrão regional do voto encontrado por Nicolau (2020) nas regiões Nordeste e Sul, comparando com as eleições presidenciais de 2010 e 2014. Isto é, enquanto na primeira o PT manteve seu padrão de votação das eleições presidenciais anteriores, a segunda apresentou tendência de perda de votos no PT para o adversário à direita (no caso das eleições anteriores, o PSDB).

O caso da região Sudeste, por outro lado, parece corroborar a hipótese de que os choques econômicos, provenientes da Operação Lava Jato, podem constituir um dos diversos fatores explicativos do resultado eleitoral no Rio de Janeiro e em Minas Gerais, únicos estados, de acordo com Nicolau (2020), nos quais houve inversão considerável nas posições entre o PT e o adversário. Conforme o autor, no caso do Rio de Janeiro, de 1994 a 2014, nenhum partido de direita ganhou a eleição presidencial; em Minas Gerais, por sua vez, o PT foi o mais votado nas eleições presidenciais entre 2002 e 2014.

Considerando apenas os resultados eleitorais de 1º turno, dentre os 22 municípios analisados, aqueles onde o candidato presidenciável petista mais *perdeu* votos em 2018 vis-à-vis a 2014 foram, em ordem decrescente: Itaboraí, RJ (-31,23%); São Gonçalo, RJ (-29,87%); Tanguá, RJ (-28,52%); Magé, RJ (-27,68%); Rio Grande, RS (-26,87%); Pelotas, RS (-25,4%); Santana do Paraíso, MG (-25,31%); Ipatinga, MG (-19,54%); Timóteo, MG (-18,04%); e Coronel Fabriciano, MG (-17,2%). Isto é, *todos* os municípios fora da Região Nordeste.

Considerando apenas os núcleos constitutivos dos APLs, os choques econômicos ocasionados pelas consequências da Operação se confirmaram — ainda que com distintas intensidades — para os municípios de Itaboraí, Ipatinga, Ipojuca (este, contudo, apresentando eventual recuperação) e Maragogipe, que chegaram a perder de 20% a mais de 40% da participação da indústria no PIB apenas entre 2013 e 2016, conforme aponta o Gráfico 8:

Gráfico 8 Evolução da participação (%) da Indústria sobre o PIB nos municípios nucleares dos APLs

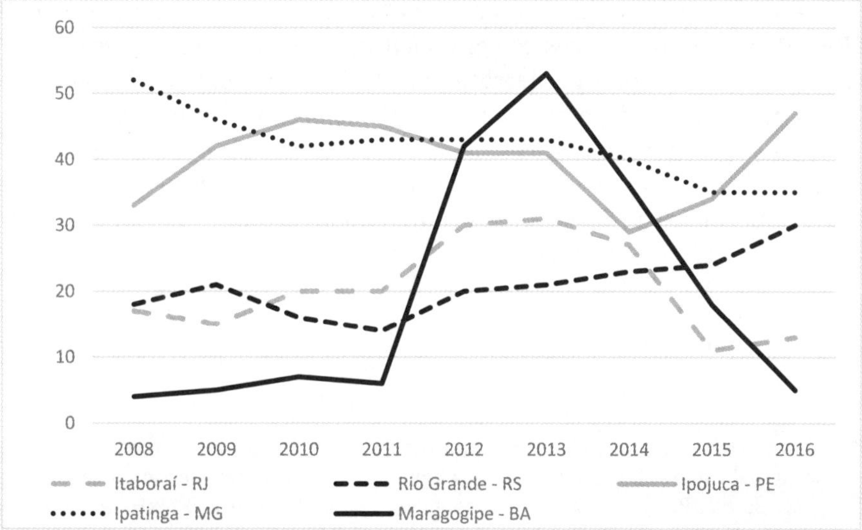

Fonte: IBGE, elaboração dos autores.

Em termos dos efeitos da Lava Jato sobre o padrão de voto, estes se mostram desprezíveis no Nordeste, mesmo naquelas localidades onde a indústria, em termos de produção e de emprego, foi tremendamente afetada. Esse resultado, por sua vez, corrobora que houve um *componente regional do voto* referente à manutenção do padrão de votação para o candidato petista no Nordeste (NICOLAU, 2020).

O município de São Gonçalo (RJ), por sua vez, é um caso que chama a atenção por ter apresentado uma viragem drástica no padrão de votos, mesmo sem ter sido particularmente afetado com maior intensidade vis-à-vis os demais, tanto em termos de valor adicionado da indústria sobre o PIB quanto na oscilação negativa do PIB per capita e nos empregos na indústria de transformação e construção civil. *Esse e outros elementos nos permitem postular que, embora os choques econômicos causados pela Lava Jato* (corroborados pelos dados referentes aos municípios nucleares dos APLs, como apontado) *e a literatura do voto econômico, por si só, não são explicativos para a totalidade da geografia do voto*; estes podem ser um dos fatores que contribuíram para o resultado eleitoral de 2018.

De toda forma, a despeito da já aludida manutenção do componente regional no que tange ao Nordeste, a maior inclinação à mudança no padrão de voto nos municípios das demais regiões, com destaque para Rio de Janeiro e Minas Gerais em particular, contribuíram para a decisiva virada (a favor do candidato opositor, no caso Bolsonaro) nos respectivos estados, onde o PT havia vencido nos sucessivos pleitos até 2018.

Em outras palavras: de forma preliminar, é possível considerar que, embora os efeitos econômicos da crise e dos choques gerados pela Lava Jato não tenham apresentado desdobramentos políticos nos *clusters* da Bahia e de Pernambuco, encontraram maior sensibilidade eleitoral na região Sudeste, ocasionando na "novidade" da perda de dois estados do país (RJ e MG) com gigantescos colégios eleitorais, novidade esta que se mostrou determinante para a derrota petista. Tais diferentes sensibilidades locais ou regionais à performance econômica requerem uma explanação político-sociológica, embora estejam longe de constituir um fenômeno específico do caso brasileiro, como o exemplo dos *swing states* nos Estados Unidos da América (EUA) bem permitem demonstrar.[28] Sendo assim, na próxima e última Seção tecemos nossas considerações finais.

[28] "Swing states" seriam estados dos EUA cuja trajetória de votação como um todo seria mais volátil, menos ossificada e mais sensível a câmbios econômicos, demográficos etc. Para uma discussão sobre os *swing states* no contexto das eleições estadunidenses, ver Duquette *et al.* (2013).

3.5 Conclusões: discussão e considerações finais a partir dos resultados encontrados

Este capítulo arvorou-se numa discussão e investigação acerca de possíveis e potenciais desdobramentos políticos, mensurados pelo padrão local de voto em municípios selecionados, da Operação Lava Jato. Como mostramos na Seção 3, o episódio se revelou crítico à desestruturação de diversas cadeias produtivas e prejuízo aos segmentos de construção civil, indústria naval e de petróleo e gás, a partir do momento que, pelo seu *modus operandi*, interditou a Petrobras (demandante-mor de inúmeros bens e serviços de produtores industriais a ela vinculados mediante a política de conteúdo local e outros contratos) e as maiores empreiteiras domésticas. Se a Lava Jato não foi o elemento causal de ignição da grave crise econômica brasileira entre 2014 e 2016, é inegável que teve uma contribuição forte para acentuar seus efeitos e causar danos no regime produtivo brasileiro.

Ao focarmos em *clusters* ou centros industriais com fortes arranjos produtivos e parcerias público-privadas centradas na estatal, representando objetos de análise perfeitos ao escrutínio dos efeitos políticos e econômicos, identificamos que a crise brasileira e a desestruturação aludida atingiram os municípios selecionados com distintas intensidades; uns com mais gravidade e outros com menos. Alguns, como os do Rio Grande do Sul (Rio Grande, Pelotas e São José do Norte), por exemplo, conseguiram uma recuperação econômica pouco após o biênio (2015–2016), enquanto outros, a despeito da perda de empregos ou da participação da indústria sobre a economia local, conseguiram manter seus patamares de renda relativamente incólumes, como é o caso de Ipojuca.

De toda forma, ao compararmos a evolução dos indicadores econômicos e as trajetórias nos padrões de voto das localidades, foram perceptíveis resultados interessantes. Em primeiro lugar, as mudanças nas tendências de votação não encontraram relação direta com o desempenho econômico nos distintos municípios, mesmo nos núcleos dos APLs: alguns, ainda que tremendamente afetados e prejudicados pela crise, mantiveram as preferências políticas assinaladas nos pleitos anteriores, como é o caso de Maragogipe. Isto, por si só, já aponta para limites explicativos da literatura do voto econômico, se tomada isoladamente. Mas, para além disso, como destacado no trabalho, é também imperativo denotar a manutenção de determinados padrões regionais: as regiões Sul e Nordeste reforçaram suas tendências antiPT e pró-PT, respectivamente, ainda que, nos três municípios gaúchos esmiuçados, o candidato petista tenha vencido em um (Rio Grande) e perdido apoio nos outros vis-à-vis o pleito de 2014.

Essa "ossificação" do suporte ao Partido dos Trabalhadores no Nordeste tem relevância analítica por dialogar diretamente com o texto clássico de Singer (2009), de onde sugeria as eleições de 2006 — quando o "lulismo" teria surgido como força política e arregimentado apoio maciço na região — enquanto essenciais por terem realinhado os padrões de preferência dos eleitores e pelo surgimento de um novo polo de poder da legenda. Ao passo que a crise econômica, também afetando de forma dramática o Nordeste, não prejudicou substantivamente o apoio ao PT naquela região, esse fato também aparenta conferir alguma validade à perspectiva de Key Jr. (1955) acerca das eleições críticas, novamente, remetendo ao pleito de 2006. Ou seja, eleições onde ocorre um realinhamento eleitoral acentuado e duradouro entre as forças políticas, porém, sem prognósticos ou mecanismos lineares de manutenção ou erosão desse novo alinhamento eleitoral.

Dessarte, se o perfil da votação nos municípios e estados da região Nordeste se mostrou duradouro a despeito da grave crise que acometeu o Brasil, nas demais partes do país (aqui mapeadas) a sensibilidade ao desempenho econômico se confirmou. É o caso, por exemplo, da região Sudeste, onde dois estados com gigantescos colégios eleitorais (MG e RJ) que em eleições passadas deram vitória a Lula e Dilma, agora mudaram sua votação em desfavor do candidato Fernando Haddad (Nicolau, 2020). A nível micro, os municípios esmiuçados de ambos os estados sudestinos, incluindo aí os núcleos constitutivos dos respectivos APLs (Itaboraí e Ipatinga, no Polo Metalomecânico do Vale do Aço) apresentaram uma perda considerável de votos no Partido dos Trabalhadores. O primeiro caso, inclusive, chega a saltar os olhos: na principal localidade do polo petroquímico do Comperj, o PT teve 31,23% a menos de votos em 2018 vis-à-vis 2014.

Nesse sentido, esse capítulo permite construir a hipótese de que, além dos efeitos políticos a nível macro, discutidos na Seção 2, as consequências econômicas deletérias da Lava Jato a nível micro tiveram efeito nas diversas localidades afetadas por seus choques, alterando o perfil de votação de municípios e contribuindo, no agregado, à viragem antiPT em Minas Gerais e Rio de Janeiro, estados decisivos à eleição de Jair Bolsonaro. O que remanesce como desafio analítico, em nosso entendimento, é tentar mensurar essa relação e entender que outros elementos, além da economia, afetaram o perfil de votação, bem como as razões sociológicas e políticas para a manutenção do suporte ao Partido dos Trabalhadores na região Nordeste. Estas tarefas, contudo, serão de responsabilidade de trabalhos acadêmicos futuros.

REFERÊNCIAS BIBLIOGRÁFICAS

Agência Nacional do Petróleo, Gás Natural e Biocombustíveis (ANP). *Anuário Estatístico Brasileiro de Petróleo, Gás Natural e Biocombustíveis 2021*. Disponível em: https://www.gov.br/anp/pt-br/centrais-de-conteudo/publicacoes/anuario-estatistico/arquivos-anuario-estatistico-2021/anuario-2021.pdf. Acesso em: 28 abr. 2022.

Azevedo, J. S. G. "Especulações sobre a Petrobras depois de um tsunami, além de um dilúvio e terremoto com incêndios. Um desastre". *Mimeo*, 2021.

Borges, B. "Bad Luck or Bad Policy: uma investigação das causas do fraco crescimento da economia brasileira nos últimos anos". In.: BONNELLI, Régis; VELOSO, Fernando (orgs.). *A crise de crescimento do Brasil*. São Paulo: Elsevier, 2016. pp. 19–59.

Bresser-Pereira, L. C. *A construção política do Brasil: Sociedade, economia e Estado desde a Independência*. São Paulo: Editora 34, 2014.

Brook, S.; Kurtz, M. "Natural Resources and Economic Development in Brazil". In.: Schneider, B.R. (Ed.). *New Order and Progress: Development and Democracy in Brazil*. Nova York: Oxford University Press, 2016. pp. 27–51.

Câmara Brasileira de Indústria da Construção (CBIC). *Banco de Dados*, 2022. Disponível em: http://www.cbicdados.com.br/home/. Acesso em: 28 abr. 2022.

Campello, D. *The Politics of Market Discipline in Latin America*. Cambridge: Cambridge University Press, 2015.

Campello, D.; Urdinez, F. Voter and legislator responses to localized trade shocks from China in Brazil. *Comparative Political Studies*, 54(7), 1131–1162, 2021.

Campos Neto, C. A. "Investimentos e Financiamentos na Indústria Naval Brasileira 2000-2013". In.: Campos Neto, C.A.; Pompermayer, F. (eds.). *Ressurgimento da Indústria Naval no Brasil (2000–2013)*. Brasília: IPEA, 2014. pp. 109–150.

Campos, P. (2019). "Os efeitos da crise econômica e da Operação Lava Jato sobre a indústria de construção pesada no Brasil: falências, desnacionalização e desestruturação produtiva". *Mediações*, v. 24, nº 1. pp. 127–153.

Cardoso, A. À beira do abismo: Uma sociologia política do bolsonarismo. Rio de Janeiro: Amazon, 2020.

Consultor Jurídico (Conjur). *Supremo sinaliza que não vai tolerar mais a "farra das preventivas"*. 25 abr. 2017. Disponível em: https://www.conjur.com.br/2017-abr-25/stf-mostra-discorda-prisoes-lava-jato-dizem-advogados2 . Acesso em: 27 abr. 2022.

Costa, F.; Marcantonio, A.; Rocha, R. "Stop Suffering! Economic Downturns and Pentecostal Upsurge". *Ensaios Econômicos EPGE – Escola Brasileira de Economia e*

Finanças, nº 804, dez. 2018. Disponível em: https://bibliotecadigital.fgv.br/dspace/handle/10438/25709. Acesso em: 30 mai. 2022.

Deutsche Welle (DW). (2017). *Justiça dos EUA condena Odebrecht a pagar US$ 2,6 bilhões*. 17 abr. 2017. Disponível em: https://www.dw.com/pt-br/justi%C3%A7a-dos-eua-condena-odebrecht-a-pagar-us-26-bi-por-corrup%C3%A7%C3%A3o/a-38456987. Acesso em: 28 abr. 2022.

Dix-Carneiro, R.; Soares, R.; Ulyssea, G. "Economic Shocks and Crime: Evidence from the Brazilian Trade Liberalization". *American Economic Journal*, v. 10, nº 4. pp. 158–195, 2018.

Duquette, C.; Mixon, F.; Cebula, R. "Swing States, The Winner-Take-All Electoral College, and Fiscal Federalism". *MPRA Paper*, nº 55423, 2013. Disponível em: https://mpra.ub.uni-muenchen.de/55423/1/MPRA_paper_55423.pdf. Acesso em: 19 jun. 2022.

El País. *Petrobras suspende negócios com 23 empresas citadas na Lava Jato*. 30 dez. 2014. Disponível em: https://brasil.elpais.com/brasil/2014/12/30/politica/1419950034_081994.html. Acesso em: 27 abr. 2022.

Estadão. *Em Pernambuco, o símbolo da crise na Petrobras*. 3 jan. 2015. Disponível em: https://economia.estadao.com.br/noticias/geral,em-pernambuco-o-simbolo-da-crise-na-petrobras,1614863. Acesso em: 22 abr. 2022.

Exame. *Angra dos Reis espelha crise da Petrobras*. 17 jan. 2016. Disponível em: https://exame.com/brasil/angra-dos-reis-espelha-crise-da-petrobras/. Acesso em: 22 abr. 2022.

Federação Única dos Petroleiros (FUP). "Estudo No.3 – Os desafios e perspectivas para a campanha de renovação do ACT da Petrobras em 2022". *Contribuições aos congressos regionais e X PlenaFUP*, Rio de Janeiro, abr. 2022.

Ferreira, F.; Gaspar, G. (2021). "A economia política da Lava Jato". In.: Gabrielli, José Sérgio et al. (orgs.). *Operação Lava Jato: Crime, Devastação Econômica e Perseguição Política*. São Paulo: Expressão Popular. pp. 195–222.

Ferreira, R.; Menezes, T. "Mercado de trabalho e construção naval: o caso de Angra dos Reis, Ipojuca e Rio Grande". *Trabalho apresentado no XVIº Encontro Nacional da Associação Brasileira de Estudos do Trabalho (ABET)*. Salvador: UFBA, 2018. pp. 1–27.

Fuks, M.; Ribeiro, E.; Borba, J. "From Antipetismo to Generalized Antipartisanship: The Impact of Rejection of Political Parties on the 2018". *Brazilian Political Science Review*, 15, 2020.

Fuini, L. "Os arranjos produtivos locais (APLs): uma breve explanação sobre o tema". *GeoTextos*, v. 9, nº 2, 2013. pp. 57–83.

Furno, J. C. *Limites e Possibilidades do Desenvolvimento Econômico na Periferia Capitalista: A Política de Conteúdo Local no setor de Petróleo e Gás*. Tese de Doutorado em Desenvolvimento Econômico, Campinas, Instituto de Economia da UNICAMP, 2020.

Kerche, F.; Tanscheit, T. "Operação Lava Jato: o impacto da politização de escândalos de corrupção no sistema partidário". In.: Gabrielli, José Sérgio *et al.* (orgs.). *Operação Lava Jato: Crime, Devastação Econômica e Perseguição Política*. São Paulo: Expressão Popular, 2021. pp. 147–170.

Key Jr., V.O. A Theory of Critical Elections. *The Journal of Politics*, v. 17, nº 1, 1955. pp. 3–18.

Instituto de Pesquisa Econômica Aplicada (IPEA). *IPEADATA – Taxa de desocupação das pessoas de 14 anos ou mais de idade, na semana de referência*. Disponível em: http://www.ipeadata.gov.br/ExibeSerie.aspx?serid=1347352645. Acesso em: 27 de out. 2022.

Lewis-Beck, M. S.; Stegmaier, M. Economic determinants of electoral outcomes. *Annual review of political science*, 3(1), 183–219, 2000.

Margalit, Y. "Political Responses to Economic Shocks". *Annual Review of Political Science*, nº 22, 2019. pp. 277–295.

Nicolau, J. *O Brasil dobrou à direita: uma radiografia da eleição de Bolsonaro em 2018*. Rio de Janeiro: Companhia das Letras, 2020.

OAS Engenharia e Construção Sociedade Anônima. Relatório da Administração. 7 mai. 2020. Disponível em: http://diariooficial.imprensaoficial.com.br/doflash/prototipo/2020/Maio/07/empresarial/pdf/pg_0005.pdf . Acesso em: 28 abr. 2022.

O Fluminense. *Setor naval perde 80% dos empregos*. 29 abr. 2021. Disponível em: https://www.ofluminense.com.br/colunas-e-artigos/panorama-rj/2021/04/1185197-setor-naval-perde-80--dos-empregos.html. Acesso em: 22 abr. 2022.

O Globo (2015a). *Desemprego fica em 4,3% em dezembro de 2014, diz IBGE*. 29 jan. 2015. Disponível em: https://g1.globo.com/economia/noticia/2015/01/desemprego-fica-em-43-em-dezembro-de-2014-diz-ibge.html . Acesso em: 19 jun. 2022.

O Globo (2015b). *Crise na Petrobras reduz pela metade o emprego no polo de Rio Grande*. 4 fev. 2015. Disponível em: https://g1.globo.com/rs/rio-grande-do-sul/noticia/2015/02/crise-na-petrobras-reduz-pela-metade-o-emprego-no-polo-de-rio-grande.html. Acesso em: 22 abr. 2022.

O Globo (2015c). *Propina chega a R$ 10 bilhões, estima procurador da Lava Jato*. 9 out. 2015. Disponível em: https://oglobo.globo.com/politica/propina-chega-r-10-bilhoes-estima-procurador-da-lava-jato-17737910. Acesso em: 27 abr. 2022.

O Globo (2015d). *Há um ano, empreiteiros eram presos na 7ª fase da Operação Lava Jato*. 14 nov. 2015. Disponível em: https://g1.globo.com/pr/parana/noticia/2015/11/ha-um-ano-empreiteiros-eram-presos-na-7-fase-da-operacao-lava-jato.html. Acesso em: 27 abr. 2022.

O Globo. *Em 4 anos, PT perde mais da metade das prefeituras*. 2 out. 2016. Disponível em: https://g1.globo.com/politica/eleicoes/2016/blog/eleicao-2016-em-numeros/post/em-4-anos-pt-perde-mais-da-metade-das-prefeituras.html. Acesso em: 27 abr. 2022.

Paula, L. F.; Moura, R. "A Operação Lava Jato e as mudanças na gestão da Petrobras: uma avaliação dos impactos econômicos gerais e locais". In.: Gabrielli, José Sérgio *et al.* (orgs.). *Operação Lava Jato: Crime, Devastação Econômica e Perseguição Política.* São Paulo: Expressão Popular, 2021. pp. 115–145.

Petrobras. *Plano de Negócios e Gestão: PNG 2014-2018 Investimentos de US$ 220,6 bilhões.* 11 de março de 2014. Disponível em: https://petrobras.com.br/fatos-e-dados/plano-de-negocios-e-gestao-png-2014-2018-investimentos-de-us-220-6-bilhoes.htm. Acesso em: 22 abr. 2022.

Petrobras. *Relatórios Anuais – Vários Anos.* 2022. Disponível em: https://www.investidorpetrobras.com.br/apresentacoes-relatorios-e-eventos/relatorios-anuais/. Acesso em: 28 abr. 2022.

Pinto, E. C. "Nacionalismo energético, Petrobras e desenvolvimento brasileiro: a retomada interditada". *Revista Oikos*, vol. 19, nº 1, 2020. pp. 142–163.

Poder 360. *Alvos da Lava Jato, 11 construtoras têm queda de 89% em 4 anos.* 7 jul. 2021. Disponível em: https://www.poder360.com.br/justica/alvos- da-lava-jato-11-construtoras-tem-queda-de-89-em-4-anos/. Acesso em: 29 abr. 2022.

Poder 360. *Petrobras reduz em 12,4% número de funcionários em 2021.* 1 fev. 2022. Disponível em: https://www.poder360.com.br/economia/petrobras-reduz-em-124-numero-de-funcionarios-em-2021/. Acesso em: 28 abr. 2022.

Rennó, L. R. "The Bolsonaro voter: issue positions and vote choice in the 2018 Brazilian presidential elections". *Latin American Politics and Society*, 62(4), 1–23, 2020.

Rossi, J.L. *et al.* "Oportunidades e desafios do desenvolvimento de APLs e territórios no setor de petróleo, gás e naval". In.: Leal, C.F. *et al.* (orgs.). *Um Olhar Territorial para o Desenvolvimento – Sudeste.* Rio de Janeiro: BNDES, 2015. pp. 346–367.

Santos, F.; Moura, R. "Tensões entre Democracia e Desenvolvimento no Brasil Contemporâneo: condicionantes externos e internos de uma economia política em crise". In.: Paula, Luiz Fernando de *et al.* (orgs.). *Repensar o Brasil.* Rio de Janeiro: AMFG, 2020. pp. 150–191.

Sindicato Nacional da Indústria da Construção e Reparação Naval e Offshore (SINAVAL). *Empregos nos estaleiros brasileiros.* Disponível em: http://sinaval.org.br/empregos/. Acesso em: 21 abr. 2022.

Singer, A. Raízes sociais e ideológicas do lulismo. *Novos Estudos*, nº 85, 2009. pp. 83–102.

UOL. *Cidade em PE visitada por Lula e Dilma foi do céu ao inferno nas gestões do PT.* 26 ago. 2017. Disponível em: https://noticias.uol.com.br/politica/ultimas-noticias/2017/08/26/visitada-por-lula-e-dilma-cidade-em-pe-foi-do-ceu-ao-inferno-nas-gestoes-do-pt.htm. Acesso em: 22 abr. 2022.

Valor Econômico. *Petrobras reforça planos para fortalecer fornecedores locais.* 7 dez. 2012. Disponível em: https://valor.globo.com/empresas/coluna/petrobras -reforca-plano-para-fortalecer-fornecedores-locais.ghtml. Acesso em: 27 abr. 2022.

Valor Econômico. *Credores pedem falência da OAS*. 20 out. 2021. Disponível em: https://valor.globo.com/legislacao/valor-juridico/post/2021/10/credores-pedem-falencia-da-oas.ghtml. Acesso em: 28 abr. 2022.

Veiga, L. F.; Dutt-Ross, S.; Martins, F. Os efeitos da economia e da Operação Lava-Jato na popularidade da Presidente. *Revista de Sociologia e Política,* v. 27, nº 72, 2019.

World Bank. *World Development Indicators,* 2022. Disponível em: https://data.worldbank.org/indicator/NE.GDI.FTOT.CD?locations=BR.

CAPÍTULO

4

O "regime internacional anticorrupção" e suas implicações para a instrumentalização política da anticorrupção no Brasil

Pedro de Araújo Fernandes

A corrupção — e o combate à corrupção — se tornou um tema muito estudado atualmente no Brasil, o que reflete a relevância adquirida pelo assunto nos últimos anos (MACEDO e VALADARES, 2021). Desde pelo menos o escândalo do mensalão, o tema tem grande influência na dinâmica política, ocupa parcela considerável do noticiário, e se tornou um dos principais problemas públicos na visão de boa parte da população brasileira.

O tema da corrupção foi central em momentos-chave da política brasileira recente. Nas eleições de 2006, 2010 e 2014, o tópico foi muito mobilizado na disputa eleitoral, assim como em 2016, na crise do impeachment.

Embora não tenha sofrido o impedimento por acusações de corrupção, a presidente Dilma Rousseff enfrentou uma grande insatisfação da opinião pública em relação ao tema, possivelmente alimentada pela grave crise econômica, cuja principal causa foi identificada por muitos brasileiros como sendo a corrupção — e sofreu grande desgaste por isso. O gráfico a seguir, feito com dados de pesquisa do Datafolha sobre o principal problema do país na visão dos brasileiros, evidencia a grande saliência do assunto no momento do impeachment da ex-presidente.

Gráfico 1 Porcentagem dos brasileiros que consideram a corrupção como o principal problema do país.

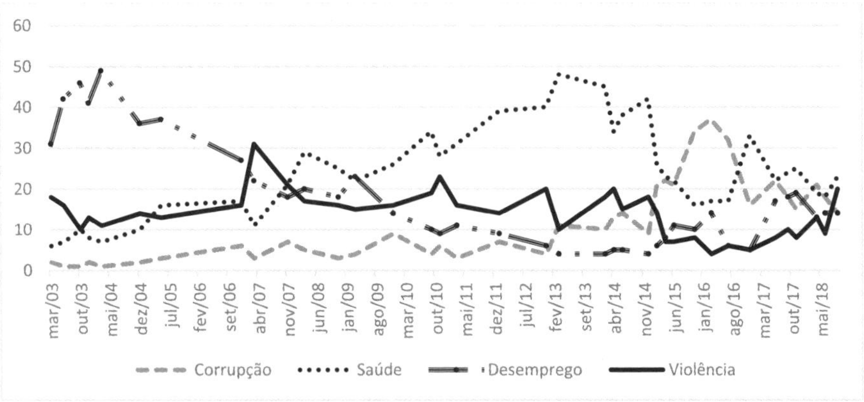

Fonte: elaboração própria com base em pesquisa do Datafolha.

Em 2018, o vencedor das eleições, Jair Bolsonaro, teve como um dos seus principais motes de campanha o combate à corrupção, embora, como mostrado na pesquisa acima, a centralidade da corrupção enquanto problema público diminuíra um pouco em relação ao período do impeachment.

Além disso, enquanto um candidato *antiestablishment*, Bolsonaro ocupou o vazio deixado pelo forte descrédito dos partidos e dos políticos tradicionais, abalados pelo escândalo da Lava Jato, e conseguiu capitalizar politicamente a insatisfação gerada pela crise econômica e social do país, em parte um produto do desmonte da indústria nacional gerado pela Operação.

Diante do exposto, não é surpreendente que o número de artigos científicos sobre a matéria tenha crescido, como se observa nos gráficos a seguir, produzidos com a base de dados SciELO.

A produção bibliográfica aumenta muito com o escândalo do mensalão e, principalmente, com o desenrolar da Operação Lava Jato, no qual há uma convergência de diversas agendas de pesquisa das ciências sociais sobre o tema (LIMA e PILAU, 2022; ARMANI, 2022). Entre elas, há estudos sobre o papel da mídia (BULLA e NEWELL, 2021; CAMPELLO *et al.*, 2021; FERES, MELO e BARBARELA, 2020), sobre instituições e atores do sistema de justiça (RODRIGUES, 2019; ARANTES e MOREIRA, 2019; KERCHE e MARONA, 2018; KERCHE, 2018; AVRITZER e MARONA, 2017), sobre *accountability* (DA ROS e TAYLOR, 2022; ARANHA, 2020; PRADO e CORNELIUS, 2020) e sobre a sua relação com a dinâmica política ou com a democracia (KERCHE e MARONA, 2022; LIMONGI, 2021; LIMA, 2021; SÁ E SILVA, 2019; ALMEIDA, 2019; KERCHE e FERES JÚNIOR, 2018).

Gráfico 2 Número de artigos com a palavra "corrupção" no título ou nas palavras-chave em todos os periódicos.

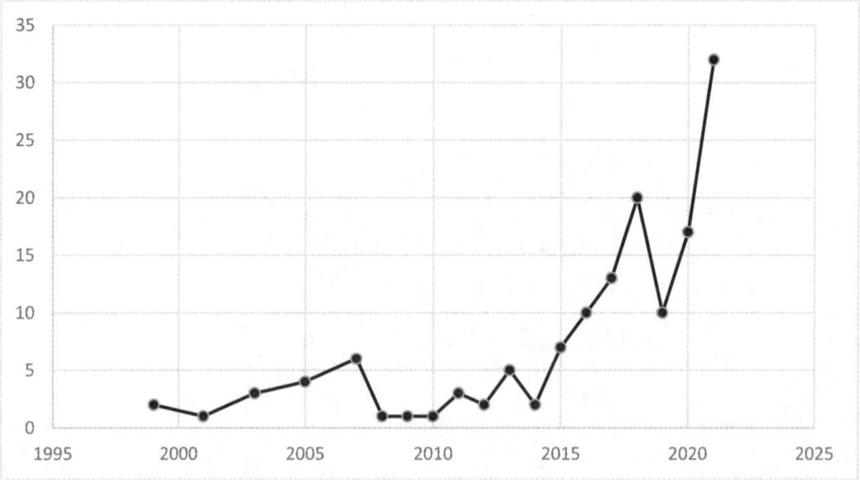

Fonte: elaboração própria com dados da SciELO.

Gráfico 3 Nº de artigos com a palavra "corrupção" no título ou nas palavras-chave dos periódicos de Ciências Humanas.

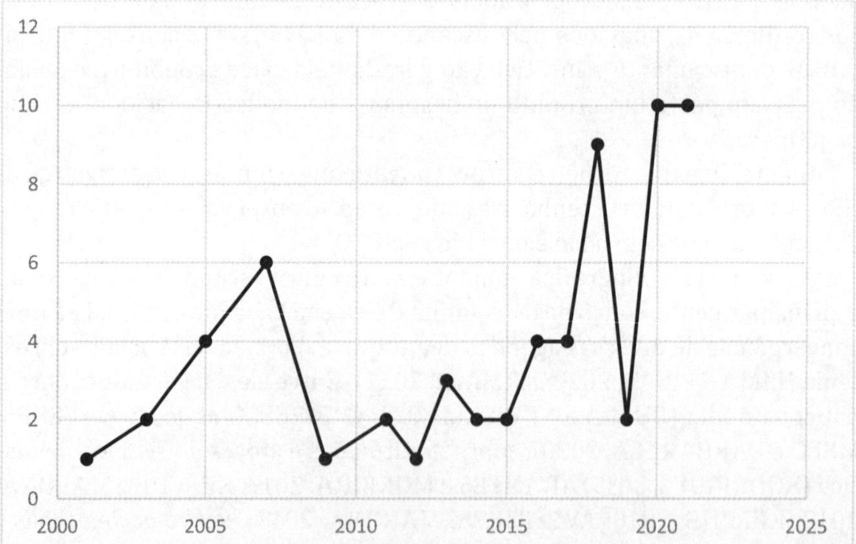

Fonte: elaboração própria com dados da SciELO.

Seria um erro, contudo, tomar a recente explosão no interesse pelo tema como uma evidência de que ele se tornou central para a política apenas recentemente. O fato é que a história do país conta com vários episódios nos quais escândalos de corrupção e a instrumentalização da anticorrupção estão associados à deflagração de agudas crises políticas. Tal instrumentalização não começou com a Operação Lava Jato, e nem mesmo com o escândalo do mensalão. Neste sentido, a Lava Jato — apesar das suas singularidades — pode ser pensada como parte de um padrão histórico mais amplo de instrumentalização da anticorrupção que acompanha a política brasileira desde pelo menos o governo Vargas. Tal instrumentalização foi operada principalmente — mas não só — por forças políticas liberais-conservadoras, como se verá a seguir.

4.1 A recorrência do uso político da anticorrupção contra governos de inclinação popular no Brasil

Durante a Terceira República (1945-1964), marcada pelo desequilíbrio político institucional e pela ameaça recorrente de quarteladas militares, o tema foi central em momentos críticos, e mobilizado especialmente pela União Democrática Nacional (UDN), partido criado em 1945 e principal representante do liberalismo conservador na época.

O componente moralista da mobilização do discurso anticorrupção pela UDN é tão marcante que o termo "udenismo" veio a significar — em geral com conotação negativa — a adesão a pautas moralistas e a priorização do tema da corrupção no debate público.

A anticorrupção passou a ser muito mobilizada depois da vitória de Getúlio Vargas nas eleições de 1950, concorrendo pelo Partido Trabalhista Brasileiro (PTB). Vargas voltava à presidência pela via eleitoral, com uma agenda nacionalista e social. Ele venceu por larga vantagem o segundo colocado, o brigadeiro Eduardo Gomes, candidato da UDN, que preconizava medidas econômicas deflacionárias e estabilizadoras.

O governo de Vargas enfrentou oposição forte e sistemática da UDN, que tinha como principal porta-voz Carlos Lacerda. A UDN evocava continuamente o discurso anticorrupção no seu enfrentamento do governo Vargas. Foi neste período que se cunhou a expressão "mar de lamas", lançada por Aliomar Baleeiro, para transmitir a ideia de que o governo estava tomado pela corrupção (BENEVIDES, 1981).

A oposição da UDN foi implacável desde o início. Frustrados pela derrota eleitoral, integrantes do partido tentaram impedir a posse de Getúlio sob a alegação de que ele não tinha obtido maioria absoluta dos votos.[1] Por iniciativa de Aliomar Baleeiro, a UDN tentou, pela via judicial, que novas

[1] Getúlio teve 48% dos votos.

eleições fossem realizadas. A tentativa fracassou e a UDN passou a "caçar escândalos" para enfraquecer o governo.

Três grandes escândalos de corrupção envolvendo órgãos e agentes do governo marcaram o segundo governo Vargas: o inquérito do Banco do Brasil, o Escândalo da Carteira de Exportação e Importação do Banco do Brasil (CEXIM) e o Caso Última Hora (BEZERRA e SILVA, 2021).

O primeiro é fruto de um inquérito instalado pelo próprio governo, no início do mandato, para investigar irregularidades no Banco do Brasil durante o governo Dutra. O inquérito acabou se voltando contra o próprio Vargas e atingindo o seu ministro da fazenda. Políticos da UDN passaram a questionar a conduta do governo no inquérito. Carlos Lacerda usava o seu jornal Tribuna da Imprensa para atacar continuamente o governo, afirmando que o inquérito apontava negociatas para favorecer o PSD, então base do governo.

Outro grande escândalo de corrupção foi o da CEXIM, órgão criado no Estado Novo para estimular e amparar a exportação de produtos nacionais e assegurar condições favoráveis à importação de produtos estrangeiros. A partir de um flagrante de suborno pago por uma empresa a um funcionário do Banco do Brasil, em troca de uma licença de importação, o órgão passou a ser alvo dos adversários do governo e da imprensa. O jornal Correio da Manhã, um dos maiores da época, denunciou que o órgão concedia licenças de importação de modo discricionário e com base em favoritismo. O órgão passou a ser taxado como corrupto e como uma representação da imoralidade da administração pública no governo Vargas.

Por fim, o caso Última Hora envolvia acusações de favorecimento ao jornal getulista. Os adversários de Getúlio almejavam provar as vinculações diretas dele com o jornal e, assim, abrir a possibilidade de um impeachment do presidente (LEAL, 2009). Carlos Lacerda utilizava seu jornal, Tribuna da Imprensa, para denunciar relações espúrias entre o Última Hora e o governo, denúncias que resultariam na criação de uma Comissão Parlamentar de Inquérito. O Última Hora, praticamente o único veículo de comunicação de massas a favor do governo, passou a ser associado com a corrupção, tema que adquiria cada vez mais espaço no debate público, com a aproximação das eleições parlamentares de 1954.

A já elevada tensão política entra em outro patamar com o atentado da rua Tonelero, ocorrido em agosto de 1954.[2] Neste contexto, a "banda da música" da UDN, formada por bacharéis como Afonso Arinos, Aliomar Baleeiro e Olavo Bilac Pinto, atinge o seu ponto máximo de atuação.

[2] Por conta da morte de um militar no atentado, a Aeronáutica conduziu um inquérito com total autonomia do Poder Judiciário, sem limites de hierarquia ou jurisdição, criando, assim, aquela que ficou conhecida como a "República do Galeão", uma referência à Base Aérea do Galeão, de onde eram conduzidas as investigações.

Os seus membros faziam discursos diários na Câmara pela renúncia do presidente, sintonizados com grande parte das Forças Armadas e com o próprio vice-presidente Café Filho (PSP) (BENEVIDES, 1981). A grave situação política levaria, por fim, ao suicídio de Vargas.

Apesar da oposição enérgica da UDN durante o governo Vargas, e de ser a principal força de sustentação do governo de transição de Café Filho (PSP), o partido saiu novamente derrotado nas eleições presidenciais de 1955. O vencedor foi Juscelino Kubitschek (PSD), com o apoio de seis partidos, entre eles o PTB. Eleito como um continuador de Vargas e com uma agenda desenvolvimentista, Kubitschek superou o udenista Juarez Távora em uma eleição relativamente apertada. O vice-presidente eleito, João Goulart, era da mesma chapa do presidente e era considerado herdeiro do getulismo.

O combate à corrupção continuaria a ser mobilizado pela oposição ao governo Kubitschek que herdou, além do capital político de Vargas, os seus adversários (MOTTA, 2008). Não obstante tenha feito — para os padrões da Terceira República — um governo de relativa estabilidade, Kubitschek foi acusado de práticas corruptas envolvendo o pagamento de propina a empreiteiras, que passaram a ter um papel muito importante na realização de inúmeras obras públicas e na construção de Brasília. Carlos Lacerda era um ferrenho opositor da sua construção e usava a Tribuna da Imprensa para atacar continuamente o governo e a criação da nova capital. Tais acusações, que não chegaram a ter maiores efeitos durante o governo, tiveram consequências graves para Kubitschek após o golpe militar de 1964.

O combate à corrupção foi ainda o tema principal da candidatura de Jânio Quadros, do Partido Trabalhista Nacional (PTN), que adotava a "vassourinha" como símbolo e cujo jingle de campanha utilizava o mote "varre, varre vassourinha, varre a corrupção". Quadros, que vinha de uma trajetória política meteórica desde o final dos anos 1940[3], tinha larga experiência na mobilização política do combate à corrupção e atacava o governo de Juscelino por esta via, em especial em relação à construção de Brasília. Na disputa eleitoral contra o marechal Henrique Lott, líder do contragolpe que havia garantido a posse de Juscelino Kubitschek, Jânio contou com o apoio da UDN e conseguiu uma vitória expressiva.

Diferentemente do que ocorreu com Juscelino, não houve nenhuma ameaça à posse, mas seu governo durou pouco tempo. Sem apoio no Congresso, prejudicado por um estilo excêntrico e imprevisível que afastou rapidamente parte da sua própria base sintonizada com seu discurso moralizador e enfrentado pressões vindas dos militares, Jânio renunciou

[3] Jânio Quadros foi, sucessivamente, vereador de São Paulo (1947–1951), deputado estadual de São Paulo (1951–1953), prefeito de São Paulo (1953–1955), governador de São Paulo (1955–1959) e presidente da república (1961).

depois de sete meses de governo, enquanto o vice-presidente, João Goulart, encontrava-se na China.

No entanto, o tema do combate à corrupção continuaria forte no jogo político, posto que mais um herdeiro de Getúlio assumia o poder, e em condições políticas delicadas. A gestão de Goulart era acusada continuamente de práticas corruptas por seus adversários. Um dos principais escândalos do governo Goulart envolveu acusações de desvios de recursos contra a diretoria da Petrobras[4], que estariam sendo utilizadas para financiamento de grupos de esquerda e enriquecimento pessoal (MOTTA, 2008). O escândalo levou à criação de uma CPI e à demissão do presidente da estatal no início de 1964.

Portanto, não é de surpreender que a anticorrupção tenha sido um dos principais discursos mobilizados pelos golpistas de 1964, em conjunto com o combate ao comunismo (STARLING, 2008).

No governo, os militares mobilizaram o combate à corrupção para perseguir novos e antigos adversários políticos. Por meio da Comissão Geral de Investigações (CGI) — criada dias após o AI-1 —, o regime investigava seus opositores e iniciava processos sumaríssimos, onde os acusados tinham pouca possibilidade de defesa. Com o AI-5, o CGI foi reformulado e se transformou em um organismo especializado no confisco de bens de quem teria enriquecido ilicitamente em função pública (KNACK, 2014). Tanto Juscelino Kubitschek quanto João Goulart foram processados no âmbito do CGI, assim como muitos outros políticos de relevo da Terceira República.

No período final da Ditadura Militar, com o desgaste do regime e com as possibilidades surgidas com a abertura política, o tema da corrupção passou a se voltar contra o governo. Neste contexto, a oposição ao regime buscou associar a corrupção ao autoritarismo e à inexistência da liberdade de imprensa, o que comprometeria a transparência e impediria que os casos de corrupção viessem à luz e fossem investigados e combatidos.

No discurso proferido por Ulysses Guimarães, quando da promulgação da Constituição de 1988, o deputado adota um discurso a um só tempo anticorrupção e moralizador:

[4] O escândalo ocupou várias manchetes de jornais à época. Entre elas, as seguintes manchetes do Jornal O Globo: "O general Albino Silva à CPI do Petróleo. 'Só cego não vê que o que acontece na Petrobras está acontecendo no Brasil'"; "Engenheiro da Petrobras diz em depoimento que empresa está sob ditadura sindical"; "Carlos Meirelles na CPI do Petróleo. Falhas na infraestrutura da empresa, as causas dos escândalos na Petrobras"; "Peri vincula o escândalo na Petrobras ao plano comunista de agitação internacional"; "Milhões de dólares é mistério no superfaturamento da Petrobras".

> A moral é o cerne da pátria. A corrupção é o cupim da república. República suja pela corrupção impune toma nas mãos de demagogos, que a pretexto de salvá-la a tiranizam. Não roubar, não deixar roubar, por na cadeia quem roube, eis o primeiro mandamento da moral pública. Não é a constituição perfeita. Se fosse perfeita seria irreformável (BRASIL, 1987).

O tema voltaria a ser central com a vitória do primeiro presidente eleito por votação direta na Nova República. Fernando Collor de Mello, que havia derrotado Lula prometendo ser um "caçador de marajás", sofreu um impeachment por acusações de corrupção como consequência do escândalo *PC Farias.* Nesse contexto, o discurso anticorrupção serviu ao PT, aos demais partidos de esquerda e aos movimentos sociais progressistas e chegou a ofuscar as críticas feitas à política econômica e social implementada pelo governo federal (MARTUSCELLI, 2010). Em suma, as forças progressistas buscaram acumular capital político com a anticorrupção.

A anticorrupção continuaria a ser muito acionada nos anos seguintes pelo PT, quase apresentado como o partido da ética na política. O partido afirmava, no seu programa de governo de 1994, que:

> Este é finalmente o programa de um partido que se mostrou, em toda sua trajetória, incorruptível nas administrações que dirigiu ou dirige, nos parlamentos em que esteve ou está presente. Intransigente a ponto de ficar por vezes isolado, mas sempre ressurgindo como uma referência ética e moral, dentre outras, na sociedade brasileira (PARTIDO DOS TRABALHADORES, 1994).

Na pré-campanha eleitoral de 2002, o partido lançou a peça "Xô, corrupção. Uma campanha do PT e do povo brasileiro", criada pelo publicitário Duda Mendonça. Na campanha, os políticos são associados a ratos que roem a bandeira do Brasil, e o PT é associado à ratoeira destinada a eliminá-los, uma opção estética impensável para o PT atualmente.[5]

No entanto, logo o tema da corrupção se voltaria contra o governo petista e seria um dos principais motes da oposição até o impeachment de Dilma. Voltava-se, assim, a uma dinâmica mais ou menos similar àquela da Terceira República, na qual a anticorrupção era instrumentalizada principalmente por forças conservadoras contra um governo de orientação popular. A deflagração do escândalo do mensalão foi o principal evento responsável por iniciar este processo, e, como vimos, deu uma espécie de "pontapé inicial" no interesse da academia pelo tema. Durante os anos seguintes, até a eclosão da Lava Jato, o mensalão seria um assunto

[5] O vídeo está disponível no canal de Duda Mendonça no Youtube: https://www.youtube.com/watch?v=0T7fA20S9ss.

recorrentemente acionado para fragilizar o governo, não sendo forte o bastante para derrubá-lo ou mesmo para levá-lo a uma derrota eleitoral, mas capaz de inocular um forte antipetismo em parcela da sociedade.

A oposição teria sucesso finalmente com a Operação Lava Jato, que, associada — e contribuindo para — uma grave crise econômica, criou as condições para o impeachment de Dilma Rousseff.

A Lava Jato, contudo, se diferencia de escândalos anteriores não só pela dimensão dos seus efeitos, mas pelo fato de que estes transcenderam as fronteiras nacionais, como veremos a seguir.

4.2 A Operação Lava Jato e seus efeitos políticos e econômicos

A Operação Lava Jato contribuiu para o enfraquecimento da chamada "onda rosa" de governos progressistas na região e para a crise do setor de óleo e gás e de construção civil brasileiros, setores centrais para o projeto de desenvolvimento econômico e de integração regional almejado pelos governos petistas.

Em relação aos efeitos políticos, a Operação debilitou sobremaneira o governo de Dilma Rousseff, fortaleceu o impeachment e inviabilizou a candidatura do ex-presidente Lula em 2018. Ainda, de acordo com Sá e Silva (2020), os operadores da Lava Jato teriam produzido uma gramática política iliberal que abriu caminho para a eleição de Bolsonaro.

A Operação também abalou boa parte do *establishment* político em vários países do continente. No Equador, Jorge Glas — vice-presidente de Rafael Correa — teve a prisão preventiva decretada em outubro de 2017, acusado de receber US$ 13 milhões em propina da Odebrecht. O mesmo ocorreu com o próprio ex-presidente Rafael Correa em agosto de 2019, que teve a prisão preventiva decretada em um caso que envolveu vinte altos funcionários do seu gabinete. No Peru, as investigações sobre propinas pagas pela Odebrecht envolveram os ex-presidentes Ollanta Humala (2011–2016), detido durante nove meses, Alan García (1985–1990, 2006–2011), que se suicidou em 2019 ao saber que iria ser preso, Pedro Pablo Kuczynski (2016–2018), que renunciou em março de 2018, e também a política Keiko Fujimori, que chegou a ser presa preventivamente por receber dinheiro ilegal da Odebrecht, para a campanha à presidência de 2011. Na Argentina, teve início a "Lava-Jato Argentina"[6], inspirada na original brasileira, em que funcionários vinculados aos governos Kirchner, incluindo a própria

[6] Termo utilizado pelos meios de comunicação argentinos.

Cristina, foram acusados de receber propina de empresários do setor de construção.

Grande parte dos efeitos nos países vizinhos são desdobramentos das investigações sobre o pagamento de propina pelas empreiteiras brasileiras nas suas operações no exterior e, em especial, da divulgação pelo Departamento de Justiça dos EUA (DOJ) do acordo de leniência firmado entre a Odebrecht, então a maior empreiteira da América Latina, e autoridades estadunidenses no final de 2016. Neste acordo, a empresa se comprometeu a pagar R$ 8,5 bilhões como multa por cerca de R$ 3,3 bilhões pagos em propinas para autoridades de vários países, os quais onze eram latino-americanos. Além disso, a empreiteira se comprometeu a enviar informações sensíveis para o (DOJ). Este acordo teve muito impacto nos países vizinhos porque o DOJ tornou público o documento do acordo[7], que faz referência ao pagamento de propina a agentes públicos em doze países entre 2001 e 2016, incluindo Argentina, Equador, México e Peru. A divulgação desse documento impulsionou investigações envolvendo o pagamento de propina pela empreiteira em vários países vizinhos.

Em relação às consequências econômicas para o Brasil, embora seja difícil estimar com precisão os efeitos atribuíveis à Operação, visto que ela ocorreu em meio à crise associada à queda do preço das commodities, vários estudos apontam que ela foi determinante para o enfraquecimento da construção civil, um setor com cadeias de produção complexas. As principais empresas deste setor, que eram internacionalmente competitivas e se expandiam pela América Latina e África, enfrentaram sérias dificuldades. Diversas obras no Brasil foram bloqueadas judicialmente, obras no exterior foram paralisadas por constrangimentos políticos e pela revisão de financiamento do BNDES, o acesso ao crédito se restringiu e proibiu-se a participação em licitações públicas (JUNIOR e NOBRE, 2021).

Santos, De Paula e Moura (2020) apontam que, entre 2014 e 2017, 991.734 vagas de empregos formais no setor foram destruídas e que, entre os anos de 2015 e 2017, as diminuições corresponderam a 21,8% da perda total de postos de trabalho. A crise no setor levou à descapitalização das maiores empresas brasileiras de engenharia e intensificou o processo de desnacionalização do setor de infraestrutura, fazendo com que o processo de desindustrialização existente desde os anos 1990 adquirisse maior vigor a partir de 2014 (CAMPOS, 2019). A maior queda relativa do setor em relação ao PIB, mostrado no gráfico a seguir, explicita a dimensão dos efeitos negativos da Lava Jato sobre a construção civil:

[7] Disponível em: https://www.justice.gov/opa/press-release/file/919916/download.

Gráfico 4 Variação do PIB do Brasil e do PIB da construção civil

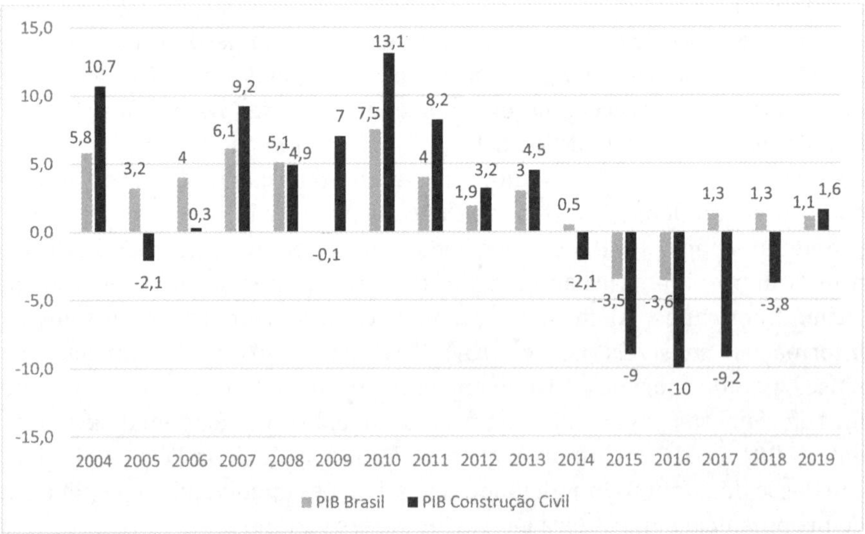

Fonte: reprodução customizada de gráfico produzido pela Câmara Brasileira da Indústria da Construção com dados do IBGE (2020).

Em suma, a Lava Jato contribuiu para implodir um projeto de desenvolvimento e integração regional — que envolveu práticas de corrupção nacional e transnacional — sem que as empresas implicadas fossem preservadas, e foi fundamental para interromper o ciclo de vitórias consecutivas do PT nas eleições presidenciais.

Consideramos que um dos fatores que explica as singularidades da Lava Jato — e em especial a sua amplitude continental — é o fato de que ela ancorou-se em transformação institucional influenciada por compromissos internacionais firmados pelo Brasil e por recomendações de órgãos internacionais como o Grupo de Ação Financeira contra a Lavagem de Dinheiro e o Financiamento do Terrorismo (GAFI). Além disso, os seus operadores fizeram vasto uso de atos de cooperação, possibilitados pela inserção do país em várias redes de cooperação internacional (RODRIGUES, 2019). Ela se articula, assim, com um fenômeno novo, surgido nos anos 1990: a criação de um "regime internacional anticorrupção", do qual trataremos adiante.

4.3 O regime internacional anticorrupção

No começo do capítulo, falamos do crescimento do interesse da academia brasileira pelo tema da corrupção associado à eclosão de escândalos recentes. Contudo, tal crescimento não se restringe ao Brasil. Desde os anos

1990 há um aumento considerável na produção científica global sobre o tema, conforme se verifica no gráfico a seguir com base na quantidade de artigos com referência à corrupção para cada cem artigos em política (dados do *Google Scholar* e *Jstor*).

Gráfico 5 Número de artigos sobre corrupção

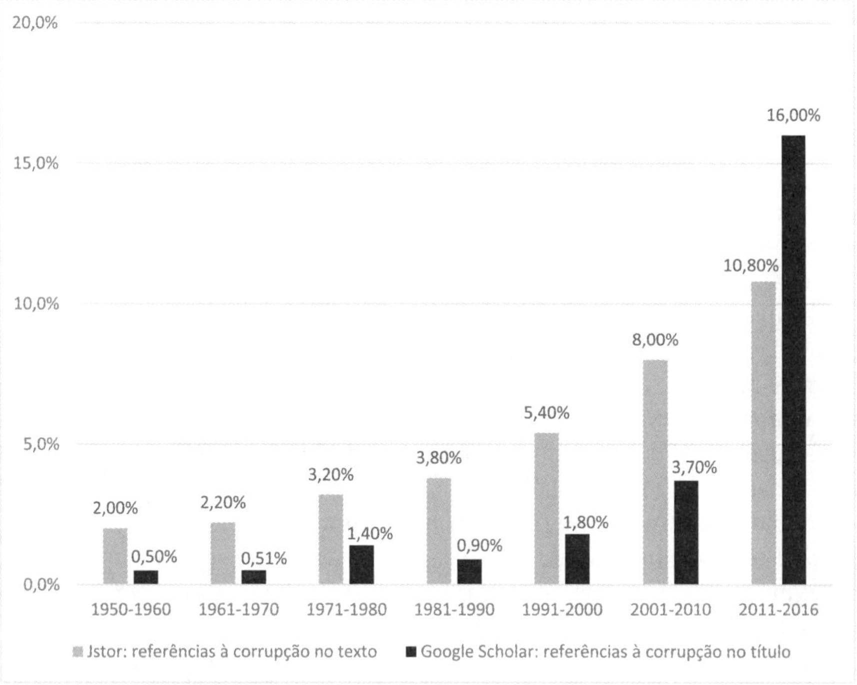

Fonte: reprodução customizada de gráfico produzido por Luigi CURINI (2018, p. 2).

Entendemos que esse aumento, que ocorreu em vários países, é um reflexo do fortalecimento da questão enquanto problema global, o que envolve a estruturação de um "regime internacional anticorrupção" (WOOD, 2013; TOURINHO, 2018).

Essa espécie de "globalização" do combate à corrupção teve início nos anos 1970 e sofreu um salto de qualidade nos anos 1990, quando o tema passou a ser amplamente debatido em organizações internacionais e a ser objeto de vários tratados internacionais. Como se verá mais à frente, a estruturação deste "regime internacional anticorrupção", que se dá pela linguagem da "boa governança" ou "boas práticas", pode apontar para conexões entre a agenda anticorrupção e interesses comerciais e geopolíticos.

A criação de um regime internacional anticorrupção remonta à criação do *Foreign Corrupt Practice Act* (FCPA) em 1977, uma lei estadunidense — dotada de extraterritorialidade — para combater o pagamento de propina no estrangeiro. Por sua vez, a criação do FCPA remonta ao escândalo de *Watergate* (POSADAS, 2000, p. 348).

A administração de Richard Nixon foi acusada de espionar os adversários democratas como parte de um esforço para sua reeleição em 1972, envolvendo a invasão e a instalação de escutas clandestinas no Comitê Nacional do Partido Democrata no *Watergate Hotel*, em Washington. O Congresso dos EUA convocou várias audiências para investigar o caso e as investigações levaram à descoberta de que corporações proeminentes haviam feito doações ilegais para a campanha de reeleição de Richard Nixon.

Em 1975, durante a administração de Gerald Ford, a *Securities and Exchange Commission* (SEC) — agência independente responsável pelo cumprimento das leis de títulos federais e pela regulação do setor de valores mobiliários — abriu uma investigação para examinar pagamentos questionáveis feitos pelas corporações por meio de *slush funds*,[8] fundos não contabilizados ou cujas fontes são ocultadas.

A investigação revelou não apenas o pagamento ilícito a autoridades domésticas, mas o pagamento de propinas para autoridades estrangeiras a fim de manter e ampliar os negócios no exterior. Descobriu-se, inclusive, que o montante do *slush fund* reservado para o pagamento de propinas no exterior era maior que o montante reservado à doação ilegal de campanha nos EUA (MAGNUSON, 2013).

Como o pagamento de propinas para autoridades estrangeiras ocorria fora do território dos EUA, a investigação não era sobre a propina em si, visto que o SEC não teria competência para realizá-la, mas sim sobre inconsistências e fraudes na contabilidade das empresas.

Inicialmente a investigação envolvia poucas — mas importantes — empresas. Três delas do setor de petróleo e uma companhia aeronáutica: *Gulf Oil Corporation, Phillips Petroleum Company, Northrop Corporation* e *Ashland Oil, Inc.* A Norhtop Corporation, na época uma das maiores empresas de aviação e defesa, havia pagado centenas de milhares dólares a generais sauditas para ganhar uma licitação na Arábia Saudita.

O SEC, então, deu início a um programa de anistia para outras empresas que fizessem divulgação voluntária *(voluntary disclosure*). Aproximadamente quinhentas empresas revelaram que pagavam propina no exterior. O caso que ficou mais conhecido foi o da *Lockheed Martin*, que pagou cerca de US$ 38 milhões em propina em vários países.

Este desdobramento do escândalo *Watergate* revelou para os cidadãos estadunidenses que o pagamento de propina no exterior era uma prática sistemática e generalizada. Ela envolveu centenas de empresas e diversos países como Japão, Itália, Honduras, Costa Rica e Holanda.

[8] Termo equivalente a "caixa 2".

A revelação, em um contexto em que a corrupção na gestão de Richard Nixon dominava boa parte do debate público e do noticiário político, gerou uma demanda por normas que reprimissem a prática de corrupção, não só no território nacional dos EUA, mas também em território estrangeiro. Foi essa demanda que levou à criação do *Foreign Corrupt Practice Act* (FCPA), sancionado pelo presidente democrata Jimmy Carter em dezembro de 1977. O apoio à sua criação foi tamanho que ela foi aprovada sem nenhum voto contrário no Senado e na Câmara (MAGNUSON,2013, p. 381).

A lei foi inovadora, pois, até então, não existia no mundo nenhuma lei anticorrupção dotada de extraterritorialidade. Ou seja, o pagamento de propinas em outros países não era criminalizado (LIU, 2019, p. 68). Nessa época, inclusive, vários países europeus permitiam a dedução contábil de gastos com propina internacionais como se fossem despesas (PAGOTTO, 2010, p. 127). O FCPA transformou essa realidade ao criminalizar o pagamento de propina no exterior feito por qualquer empresa estadunidense ou qualquer empresa que negociasse no mercado de valores mobiliários dos EUA.

No entanto, o FCPA contava com considerável resistência por parte de setores empresariais. A resistência vinha principalmente dos setores de defesa, aeroespacial e de infraestrutura, que muitas vezes dependiam da compra governamental nas suas operações estrangeiras (BREWSTER, 2017, 1628). Empresas desse setor passaram a considerar que estavam em desvantagem competitiva em relação às empresas de outros países, que não possuíam normas análogas e que, portanto, não puniam suas próprias empresas pelo pagamento de propina em território estrangeiro. Ainda, as empresas seriam prejudicadas nas suas operações em países que não combatiam com empenho a corrupção doméstica e que, portanto, incorporavam a propina como parte de um jogo comercial que as empresas dos EUA teriam dificuldade de jogar com a vigência da nova lei.

Na política doméstica norte-americana da época, os democratas tendiam a defender o FCPA, ao passo que os republicanos tendiam a criticá-lo. Na década de 1980, com a vitória do republicano Ronald Reagan, os questionamentos domésticos ao FCPA se intensificaram.

Em 1981, o *Government Accountability Office* (GAO), órgão do Legislativo responsável pela auditoria do Governo Federal dos EUA, reportou para o Congresso que a maior parte da comunidade empresarial estadunidense considerava que FCPA produzia um efeito negativo nos negócios no exterior e que as empresas dos EUA não seriam capazes de competir com empresas estrangeiras que não fossem constrangidas por leis semelhantes (SCANTLEBUR, 1981, p. 4). Ainda, o relatório do GAO afirma que as empresas do setor aéreo e do setor de construção seriam as mais atingidas

(Idem, p. 5). No final, o relatório recomenda a internacionalização das provisões antipropina:

> Sem uma proibição internacional eficaz contra a propina, vantagens competitivas injustas poderiam ser dadas a empresas não estadunidenses. [...] Embora o progresso no desenvolvimento de acordos internacionais tem sido pequeno, os Estados Unidos devem continuar a assumir um papel de liderança neste esforço. Nós recomendamos que o Congresso inste o Presidente a buscar ativamente um acordo internacional (IDEM, p. 14–15).[9]

A norma, então, passou a ser objeto de várias tentativas de emendas no Senado e na Câmara. Os representantes republicanos canalizavam, nas casas congressuais, a insatisfação de grande parte dos empresários com a lei e a criticavam por ser contrária aos interesses do país.

A visão predominante passou a ser a de que o FCPA representou uma espécie de "desarmamento" unilateral (MAGNUSON, 2013). No entanto, retroceder em relação a ela era politicamente inoportuno, posto que a norma era popular e quase não era aplicada, de modo que, na prática, prejudicava pouco os negócios do país no exterior. Assim, passou a existir uma pressão para solucionar a suposta desvantagem competitiva por meio de dois movimentos: a internacionalização das prescrições contidas no FCPA e a ampliação do seu alcance extraterritorial.

As primeiras iniciativas dos EUA para internacionalizar os preceitos do FCPA esbarravam em entraves relacionados aos conflitos Leste-Oeste e Sul-Norte dos anos 1970 e 1980, posto que os países em desenvolvimento e do bloco comunista almejavam condicionar a existência de normas internacionais antipropina à criação de um corpo de regras que regulasse as empresas transnacionais (POSADAS, 2000, p. 368).

Nos anos 1970, os países do G77, tendo inicialmente o Chile sob o comando de Salvador Allende como a principal liderança, buscavam atrelar a criação de normas internacionais anticorrupção à criação de normas para diminuir o poder de grandes corporações internacionais. Na época, estava em gestação o Código de Conduta das Corporações Transnacionais, uma tentativa — fracassada — de criar uma estrutura multilateral de regras internacionais sobre os direitos e responsabilidades das corporações nas suas relações com os governos.

[9] Tradução do autor. Original: *Without an effective international ban against bribery, unfair competitive advantage could be given to non-U.S. firms. (...) Although progress in developing an international agreement has been slow, the United States should continue to take a leadership role in this effort. We recommended that the Congress urge the President to actively pursue an international agreement.*

Esse Código, no seu projeto original, iria restringir o poder das corporações e fortalecer a posição dos países em desenvolvimento em um contexto em que menos de 2% dos investimentos estrangeiros diretos vinha de países em desenvolvimento (SAUVANT, 2015, p. 20).

Os países desenvolvidos eram contrários a esse Código, e os EUA operavam no sentido de criar normas antipropina separadas dele, ao passo que os países do G77 queriam condicioná-las à existência do Código e incorporá-las a ele. Este foi, em essência, o conflito que travou a internacionalização de normas antipropina no contexto da Guerra Fria.

O impasse não foi solucionado e o ritmo das negociações sobre o Código diminuiu nos anos seguintes. No fim dos anos 1980, a reconfiguração das relações de poder associada ao fim da Guerra Fria e a intensificação de processo de liberalização econômica inviabilizaram a criação do Código de Condutas das Corporações Transnacionais. Ele finalmente fracassou depois do presidente da Assembleia Geral da ONU reportar, após uma ronda de consultas informais realizadas em 1992, que:

> Na visão das delegações não houve consenso possível sobre o projeto do Código no momento. As delegações consideraram que a mudança no ambiente econômico internacional e a importância atrelada ao encorajamento do investimento estrangeiro exigiam que uma nova abordagem fosse examinada, que poderia incluir a preparação de orientações e/ou outro instrumento internacional sobre investimento estrangeiro na próxima sessão da Comissão de Corporações Transnacionais (UNITED NATIONS, 1992).[10]

Na década de 1990, com a Guerra Fria terminada e o Código de Condutas das Corporações Transnacionais fracassado, os principais entraves haviam desaparecido. Os Estados Unidos, assim, conseguiram avançar na sua agenda de disseminar as disposições do FCPA internacionalmente. Em 1997, os países membros da OCDE assinaram a Convenção Anti-Propina.

Iniciativas semelhantes foram reproduzidas, também, em outras organizações internacionais, como a OEA (Convenção Interamericana contra a Corrupção) e, finalmente, a ONU, em 2003 (Convenção das Nações Unidas contra a Corrupção).

[10] Tradução do autor. Original: *It was the view of delegations that no consensus was possible on the draft code at present. Delegations felt that the changed international economic environment and the importance attached to encouraging foreign investment required that a fresh approach should be examined, which could include the preparation of guidelines and/or any other international instrument on foreign investment at the next session of the Commission on Transnational Corporations.*

Não obstante a importância das demais, a Convenção da OCDE foi o principal marco legal internacional sobre o tema e aquela com maior capacidade de se fazer cumprir pelos países signatários (LIU, 2019, p. 21). A convenção da OCDE, ao assegurar um consenso dos países desenvolvidos em relação à necessidade de investigar e punir o pagamento de propina em território estrangeiro e ao prescrever a cooperação internacional nesse âmbito, forneceu legitimidade e instrumentos às autoridades estadunidenses e permitiu o aumento da aplicação do FCPA sem afetar a competitividade internacional dos EUA. Isso foi intensificado, ainda, por uma expansão da definição legal de propina nos Estados Unidos, um aumento na disposição de vários países de cooperarem após os atentados de 11 de setembro e mudanças trazidas pela lei Sarbanes-Oxle (2002), que aumentou os incentivos para as empresas autorreportarem potenciais violações do FCPA (CHRISTENSEN, MAFFET e RAUTER, 2022).

Assim, um dos efeitos dessa internacionalização foi intensificar a aplicação do FCPA pelos próprios Estados Unidos. Até os anos 2000, poucas empresas haviam sido processadas no âmbito da norma e, dentre elas, apenas duas eram estrangeiras. O FCPA era aplicado de modo restrito, e as punições possuíam valores muito menores que os atuais. A partir de meados dos anos 2000, esse padrão mudou, como se observa no gráfico a seguir.

Gráfico 6 FCPA: Número de empresas punidas X Valor das sanções em bilhões de dólares

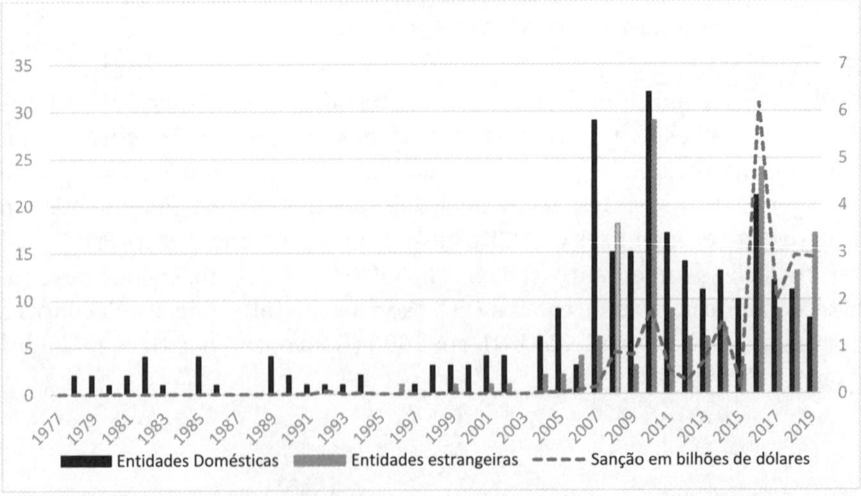

Fonte: elaboração própria com base na database "Foreign Corrupt Practices Act Clearinghouse", organizado pela Stanford Law School em associação com o escritório de advocacia Sullivan & Cromwell LLP. Disponível em: http://fcpa.stanford.edu/index.html.

Verifica-se que houve um aumento no número total de empresas punidas, incluindo empresas estadunidenses, mas o aumento no número de empresas estrangeiras foi proporcionalmente muito maior. O valor das sanções também cresceu bastante. Até 2004, a maior sanção havia sido imposta em 1992, com o valor de US$ 68,5 milhões. Esse valor, inclusive, é um *outlier* em relação aos valores desse período "dormente" do FCPA, visto que as sanções costumavam estar na ordem dos milhares de dólares — não de milhões — e que em muitos anos não houve sanção alguma. Os valores subsequentes são muito mais expressivos, com destaque para 2016, ano em que a Odebrecht firma acordo bilionário com as autoridades dos EUA.

Chama a atenção o fato de que o crescimento da aplicação do FCPA pelos Estados Unidos não foi acompanhado por um crescimento da punição a empresas estadunidenses por outros países. Por mais que vários países da OCDE tenham criado leis análogas ao FCPA, com a possibilidade de punição a empresas estrangeiras pelo pagamento de propina transnacional, o padrão de aplicação do FCPA pelos Estados Unidos continua sendo uma exceção notável (ACORN, 2021), o que aponta para a assimetria de poder associada ao regime internacional anticorrupção.

A hipótese de que existe uma conexão entre esta agenda anticorrupção global e interesses geopolíticos se tornou ainda mais forte com a recente articulação desta agenda com as políticas de sanções internacionais do governo dos EUA — que atinge seus principais adversários geopolíticos — e com o estabelecimento oficial da luta contra a corrupção como um interesse fundamental da segurança nacional dos Estados Unidos.

Em junho de 2021, a Casa Branca publicou um "Memorando sobre o estabelecimento da luta contra a corrupção como um interesse fundamental da segurança nacional dos Estados Unidos",[11] assinado pelo presidente democrata Joe Biden. De acordo com o documento, a corrupção representa uma ameaça para a democracia, o desenvolvimento econômico global e a segurança nacional dos Estados Unidos:

> A corrupção ameaça a segurança nacional dos Estados Unidos, a igualdade econômica, as iniciativas globais de desenvolvimento e combate à pobreza, e a própria democracia. Mas, ao prevenir e combater a corrupção de forma eficaz, e ao demonstrar as vantagens de uma governança transparente e responsável, podemos garantir uma vantagem crítica para os Estados Unidos e outras democracias. Ao publicar este memorando, estabeleço o combate à corrupção como um interesse fundamental de segurança nacional dos Estados Unidos. Minha

[11] Tradução do autor. Original: *Establishing the Fight Against Corruption as a Core United States National Security Interest.*

> administração vai liderar os esforços para promover a boa governança; trazer transparência aos Estados Unidos e aos sistemas financeiros globais; prevenir e combater a corrupção no país e no exterior; e tornar cada vez mais difícil que atores protejam suas atividades[12] (WHITE HOUSE, 2021a).

Fruto dessa iniciativa, foi criada, em dezembro de 2021, a primeira Estratégia de Combate à Corrupção dos Estados Unidos, delineada em um documento de 38 páginas que contou com a contribuição de 15 departamentos e agências do Governo Federal dos EUA.

O foco da Estratégia é o combate à corrupção na sua dimensão internacional/transnacional, e não o combate no plano doméstico. Isso aparece nas seções "Introdução" e "Abordagem" do documento:

> A Estratégia atribui especial ênfase nas dimensões transacionais dos desafios colocados pela corrupção, incluindo o reconhecimento de como os atores corruptos têm utilizado o sistema financeiro dos EUA e outros sistemas baseados no estado de direito para lavar seus ganhos ilícitos[13] (WHITE HOUSE, 2021b).
>
> Embora o governo dos EUA tenha reconhecido há muito tempo que o combate à corrupção é um importante objetivo da política externa, a crescente compreensão dos impactos estratégicos da corrupção e a crescente interconexão da economia global ressaltam a necessidade de uma nova abordagem. Para o governo dos EUA efetivamente combaterem a corrupção, nós precisamos reconhecer as dimensões transnacionais do desafio, e responder de uma maneira que seja ao mesmo tempo sistemática e adaptada às condições locais. Isso exigirá tratar das vulnerabilidades dos sistemas financeiros dos EUA e internacionais; fortalecer as regulações, aplicações e melhores práticas internacionais; apoiar o papel dos atores não-governamentais; construir vontade política e reconhecer quando ela é

[12] Tradução do autor. Original: *Corruption threatens United States national security, economic equity, global anti-poverty and development efforts, and democracy itself. But by effectively preventing and countering corruption and demonstrating the advantages of transparent and accountable governance, we can secure a critical advantage for the United States and other democracies. In issuing this National Security Study Memorandum, I establish countering corruption as a core United States national security interest. My Administration will lead efforts to promote good governance; bring transparency to the United States and global financial systems; prevent and combat corruption at home and abroad; and make it increasingly difficult for corrupt actors to shield their activities.*

[13] Tradução do autor. Original: *The Strategy places special emphasis on the transnational dimensions of the challenges posed by corruption, including by recognizing the ways in which corrupt actors have used the U.S. financial system and other rule-of-law based systems to launder their ill-gotten gains.*

> ausente; e continuamente buscar *accountability* através da combinação de engajamento diplomático, assistência estrangeira, e ações de fiscalização[14] (WHITE HOUSE, 2021b).

A Estratégia identifica a transformação da corrupção em uma arma por parte de regimes autoritários.[15] Tais regimes, por meio do pagamento de propinas e outras atividades corruptas, buscariam influenciar as eleições e as políticas públicas de Estados democráticos, produzindo um efeito corrosivo nas instituições democráticas de países em desenvolvimento, nos padrões de governança e de Direitos Humanos e prejudicando o cenário competitivo dos mercados financeiros.

A agenda anticorrupção, portanto, passa a se articular com o enfrentamento desta suposta tentativa, por parte de governos autoritários, de utilizar meios corruptos para influenciar a política doméstica de países democráticos. A categoria "países autoritários" engloba Rússia e China, os principais adversários geopolíticos dos EUA. Isso fica evidente em recente projeto de lei de iniciativa bipartidária nos EUA chamado *Countering Russian and Other Overseas Kleptocracy Act (CROOK ACT).* O texto do projeto faz várias referências à Rússia e à China, supostamente líderes de um modelo de governo cleptocrático que se espalha pelo mundo:

> (4) O governo da Federação Russa é um modelo deste tipo de sistema cleptocrático, utilizando corrupção sancionada pelo Estado para erodir a governança democrática por dentro e desacreditar democracias estrangeiras, fortalecendo, assim, o governo autoritário de Vladimir Putin. (5) Indivíduos e entidades corruptas da Federação Russa, muitas vezes com o apoio e encorajamento da liderança política, usam dinheiro roubado para: (A) comprarem ativos chaves em outros países; (B) ganhar acesso e influenciar políticas de outros países; e (C) avançar os interesses da Rússia em outros países, particularmente aqueles

[14] Tradução do autor. Original: *While the U.S. Government has long recognized countering corruption as an important foreign policy goal, a growing understanding of corruption's strategic impact and the increasing interconnectedness of the global economy underscores the need for a new approach. For the U.S. Government to effectively counter contemporary corruption, we must recognize the transnational dimensions of the challenge, and respond in a manner that is both systemic and tailored to local conditions. Doing so will require addressing vulnerabilities in the U.S. and international financial systems; bolstering international best practices, regulations, and enforcement efforts; supporting the role of non-governmental actors; building political will and recognizing when it is absent; and consistently pursuing accountability through a combination of diplomatic engagement, foreign assistance, and enforcement actions.*

[15] No documento, o termo em inglês é "*weaponization of corruption*".

> que minam a confiança nos sistemas democráticos. (6) A corrupção sistêmica na República Popular da China, muitas vezes ligadas, dirigidas, ou apoiadas pelo Partido Comunista Chinês e pelo governo chinês, é usada para: (A) fornecer vantagem injusta a certas entidades econômicas da República Popular da China; (B) aumentar a dependência econômica de outros países à República Popular da China, para garantir uma maior deferência aos objetivos diplomáticos e estratégicos da República Popular da China; e (C) explorar a corrupção em governos estrangeiros e nas elites políticas para permitir que as empresas apoiadas pelo Estado da República Popular da China busquem práticas econômicas predatórias e exploradoras. (7) Para frustrar essas táticas da Rússia, da China e de outros atores cleptocráticos, é necessário que a comunidade internacional fortaleça a governança democrática e o Estado de Direito. A cooperação internacional no combate à corrupção e ao financiamento ilícito é vital para esses esforços, especialmente ao capacitar reformadores em países estrangeiros, durante aberturas políticas históricas, para o estabelecimento do Estado de Direito nesses países (H. R. 402, 2021).[16]

O projeto prevê a criação de um fundo anticorrupção financiado pelas multas do FCPA. Para toda multa superior a US$ 50 milhões, US$ 5 milhões deverão ser destinados ao *Anti-Corruption Action Fund*, e todos os valores devem ser empregados fora dos Estados Unidos. Os propósitos do fundo são fortalecer a capacidade de combate à corrupção dos Estados

[16] Tradução do autor. Original: *(4) The Government of the Russian Federation is a leading model of this type of kleptocratic system, using state sanctioned corruption to both erode democratic governance from within and discredit democracy abroad, thereby strengthening the authoritarian rule of Vladimir Putin. (5) Corrupt individuals and entities in the Russian Federation, often with the backing and encouragement of political leadership, use stolen money — (A) to purchase key assets in other countries, often with a goal of attaining monopolistic control of a sector; (B) to gain access to and influence the policies of other countries; and (C) to advance Russian interests in other countries, particularly those that undermine confidence and trust in democratic systems. (6) Systemic corruption in the People's Republic of China, often tied to, directed by, or backed by the leadership of the Chinese Communist Party and the Chinese Government is used — (A) to provide unfair advantage to certain People's Republic of China economic entities; (B) to increase other countries' economic dependence on the People's Republic of China to secure greater deference to the People's Republic of China's diplomatic and strategic goals; and (C) to exploit corruption in foreign governments and among other political elites to enable People's Republic of China state-backed firms to pursue predatory and exploitative economic practices. (7) Thwarting these tactics by Russian, Chinese, and other kleptocratic actors requires the international community to strengthen democratic governance and the rule of law. International cooperation in combating corruption and illicit finance is vital to such efforts, especially by empowering reformers in foreign countries during historic political openings for the establishment of the rule of law in those countries.*

estrangeiros, assistir no desenvolvimento de estruturas de governança baseadas no Estado de Direito e fortalecer o arcabouço legal e regulatório de combate à corrupção de outros países, incluindo a adoção das "melhores práticas" do direito internacional.

Em suma, uma breve análise da estruturação do regime internacional do combate à corrupção, associada a uma reflexão sobre as atuais iniciativas do governo dos EUA neste âmbito, evidenciam os interesses comerciais e geopolíticos associados à agenda global anticorrupção

A consideração desses interesses se torna um imperativo quando levamos em conta os efeitos da Operação Lava Jato, um dos maiores — senão o maior — escândalos de corrupção do país e, como vimos, o que catapultou o interesse da academia pelo tema no Brasil.

4.4 Conclusão

A instrumentalização da anticorrupção na disputa política não é algo novo e nem exclusiva dos conservadores. Denúncias de corrupção são, em alguma medida, parte do "jogo". No entanto, quando se considera a história brasileira, observa-se que crises com denúncias de corrupção e apelos a governos éticos na maioria das vezes atinge governos de inclinação popular (SANTOS, 2017). Como visto, desde pelo menos o retorno de Vargas, projetos mais ou menos desenvolvimentistas, nacionalistas e populares são golpeados pela via da corrupção, um problema inegavelmente real, mas também inegavelmente complexo e sem solução mágica ou fácil.

O discurso anticorrupção acionado contra esses projetos — muitas vezes se aproximando de uma cruzada moral — opera no sentido de colocar a moralidade no centro da agenda pública e de traçar uma separação absoluta entre o público e privado, atribuindo ao primeiro o lugar do vício e ao segundo o da virtude. Trata-se, em última instância, de uma negação da política funcionando como uma estratégia política.

Assim, não é fortuito que as "cruzadas" anticorrupção tenham produzido uma série de efeitos não intencionados pelos "cruzados" originais, muitas vezes desaguando em alternativas autoritárias ou protoautoritárias. Tanto os udenistas quanto os "lavajatistas" não conseguiram chegar ao poder depois das "cruzadas" que lideraram. Depois de 1964, alguns udenistas — como o próprio Carlos Lacerda — foram perseguidos pelo regime militar, enquanto outros tiveram que ingressar na ARENA para continuar no jogo político. Recentemente, a direita "moderada", ao enfatizar o tema da corrupção e apostar na Lava Jato, perdeu espaço para a direita radical, que se sagrou vitoriosa nas eleições de 2018 (SANTOS e TANSCHEIT, 2019).

A recente internacionalização do tema, associada a interesses geopolíticos e comerciais, abre novos desafios e tem o condão de torná-lo ainda mais suscetível a explorações políticas, com consequências difíceis de prever. Afinal, os projetos contra os quais o discurso anticorrupção se volta costumam possuir uma dimensão nacionalista e contra-hegemônica, relacionada aos dilemas do desenvolvimento de um grande país periférico. Tendem, portanto, a produzir atritos com o *hegemon* global. Há, assim, um terreno fértil para alianças ou aproximações, pela via da anticorrupção, entre forças forâneas e domésticas avessas a projetos nacionalistas e desenvolvimentistas.

O fim da Lava Jato e os seus efeitos quase traumáticos podem, no curto prazo, blindar a política da instrumentalização da anticorrupção. Nesse sentido, nas eleições de 2022, o tema não teve a mesma centralidade como em eleições anteriores, apesar de não ter faltado material para isso. No entanto, com o retorno do PT ao poder, e considerando o padrão da política brasileira por um lado, e a crescente importância internacional do tema por outro, o mais provável é que isso seja apenas um hiato. Compreender o tema tanto na dimensão doméstica como na dimensão internacional é uma necessidade.

Apesar do recente crescimento do interesse da academia pelo tema da corrupção ainda há, no Brasil, uma escassez de estudos que abordem com profundidade essa dimensão internacional.[17] Estudos deste tipo são indispensáveis não só para compreender a articulação do combate à corrupção, levado a cabo no país com as dinâmicas internacionais desse combate, mas também para refletir sobre os possíveis sentidos políticos dessa articulação.

[17] Já existe uma produção incipiente. Destaca-se, em especial, o que foi produzido por Fabiano Engelmann e Luis Eduardo Fernandes. Engelmann (2020 e 2021) focam na relação entre a circulação das elites jurídicas em espaços internacionais e a agenda anticorrupção, e Luis Eduardo Fernandes (2022) estuda a Lava Jato sob a ótica do conceito leninista de imperialismo.

REFERÊNCIAS BIBLIOGRÁFICAS

ACORN, Elizabeth. "Law and Politicsin FCPA Prosecutions of Foreign Corporations." *Revista Direito GV*, v. 17, nº 2, 2021.

ALMEIDA, Frederico. "Os juristas e a crise: a Operação Lava Jato e a conjuntura política brasileira (2014–2016)." *Revista Plural,* São Paulo, v. 26, nº 2, p. 96–128, ago.-dez. 2019.

ARANHA, Ana Luiza."Lava Jato and Brazil's web of accountability institutions: a turning point for corruption control." In: LAGUNES, Paul; ODILLA, Fernanda; SVEJNAR, Jan. (orgs.). *Corrupção e o escândalo da Lava Jato na América Latina.* Rio de Janeiro: FGV, 2021.

ARANTES, Rogério Bastos; MOREIRA, Thiago. "Democracia, instituições de controle e justiça sob a ótica do pluralismo estatal." *Revista Opinião Pública,* v. 25, nº 1, pp. 97–135, 2019.

ARMANI, Gabriela Fischer. "Operação Lava Jato: entre caminhos e usos do direito na Justiça Federal." *Revista de Ciências Sociais,* v. 52, nº 2, 2022.

AVRITZER, Leonardo; MARONA, Marjorie. "A Tensão entre Soberania e Instituições de Controle na Democracia Brasileira." *Dados,* v. 60, nº 2, 2017.

BENEVIDES, Maria Victoria. *A UDN e o udenismo: Ambiguidades do Liberalismo Brasileiro.* São Paulo: Paz e Terra, 1981.

BEZERRA, Marcos Otávio; SILVA, Giuliana Monteiro da. "Denúncias de 'corrupção governamental' e conflitos políticos no segundo governo Vargas (1951–1954)". *Dilemas,* v. 14. nº 1, 2021.

BRASIL. Íntegra do discurso presidente da Assembleia Nacional Constituinte, Dr. Ulysses Guimarães. 1987.

BREWSTER, Rachel; ORTIZ, Andres. "Never Waste a Crisis: Anticorruption Reforms in South America." *Virginia Journal of International Law,* v. 60, nº 3, pp. 532–570, 2020.

BULLA, Beatriz; NEWELL, Courtney. "O sol é o melhor desinfetante: o jornalismo investigativo na era da Lava Jato." In: LAGUNES, Paul; ODILLA, Fernanda; SVEJNAR, Jan. (orgs.). *Corrupção e o escândalo da Lava Jato na América Latina.* Rio de Janeiro: FGV, 2021;

CAMPELLO, Daniela *et al.* "Mídia capturada? Um exame da cobertura brasileira da Lava Jato." In: LAGUNES, Paul; ODILLA, Fernanda; SVEJNAR, Jan. (orgs.). *Corrupção e o escândalo da Lava Jato na América Latina.* Rio de Janeiro: FGV, 2021.

CAMPOS, Pedro Henrique. "Os efeitos da crise econômica e da operação Lava Jato sobre a indústria da construção pesada no Brasil: falências, desnacionalização e desestruturação produtiva." *Mediações,* v. 24, nº 1, pp. 127–153, 2019.

CHRISTENSEN, Hans B.; MAFFET, Mark; RAUTER, Thomas. "Policeman for the World: The Impact of Extraterritorial FCPA Enforcement on Foreign Investment and Internal Controls." *The Accounting Review,* v. 97 (5), pp. 189–219, 2022.

CURINI, Luigi. *Corruption, Ideology, and Populism.* Cham: Springer Nature, 2018.

DA ROS, Luciano; TAYLOR, Matthew. *Brazilian politics on trial: corruption and reform under democracy.* Boulder: Lynne Rienner Publishers, 2022.

ENGELMANN, Fabiano; PILAU, Lucas (orgs). *Justiça e poder político: elites jurídicas, internacionalização e luta anticorrupção.* Porto Alegre: Editora da UFRGS/CEGOV, 2021.

ENGELMANN, Fabiano. "The fight against corruption in Brazil from the 2000s: a political crusade through judicial activism." *Journal Of Law and Society,* v. 47, 2020.

EVELYN, Amanda; PILAU, Lucas. "Os usos da Vaza Jato: entre enquadramentos e lutas políticas." *Revista de Ciências Sociais,* v. 52, nº 2, 2022.

FERES, João; MELO, Patrícia Bandeira de; BARBABELA, Eduardo. "A judicialização foi televisionada: a relação entre mídia e sistema judiciário". *Caderno CRH,* v. 33, pp. 1–20, 2020.

FERNANDES, Luis Eduardo. *O imperialismo legal: os elos entre o Imperialismo Tardio e a Lava Jato no Brasil.* Tese (Doutorado), Escola de Serviço Social: UFRJ, 2022.

FONTAINHA, Fernando; EVELYN, Amanda. "Judiciário e crise política no Brasil hoje: do Mensalão à Lava Jato". *Revista da Associação dos Antigos Alunos de Direito da Universidade Federal do Rio de Janeiro* (online), v.1, nº 1, 2019.

JUNIOR, Fausto Augusto; NOBRE, Sérgio. "Lava Jato e implicações intersetoriais". In: JUNIOR, Fausto Augusto; GANRIELLI, José Sergio; ALONSO JR., Antônio (orgs.). *Operação Lava Jato: crime, devastação econômica e perseguição política.* Ed: Expressão Populuar (online), 2021.

KERCHE, Fábio. "Ministério Público, Lava Jato e mãos limpas: uma abordagem institucional". *Lua Nova,* nº 105, p. 255–286, 2018.

KERCHE, Fábio; MARONA, Marjorie. "O Ministério Público na Operação Lava Jato: como eles chegaram até aqui?" In: KERCHE, Fábio; FERES, João. (orgs.). *Operação Lava Jato e a democracia brasileira.* São Paulo: Editora Contracorrente, 2018. p. 69–101.

KERCHE, Fábio; MARONA, Marjorie. *A Política no Banco dos Réus: a operação Lava Jato e a erosão da democracia no Brasil.* Belo Horizonte: Autêntica, 2022.

KERCHE, Fábio; FERES, João (orgs.). *Operação Lava Jato e a democracia brasileira.* São Paulo: Editora Contracorrente, 2018.

KNACK, Diego. *"O combate à corrupção durante a ditadura militar por meio da comissão geral de investigações (1968–1978)".* Tese (Mestrado), Instituto de História, UFRJ, 2014.

LEAL, Carlos Eduardo. *"ÚLTIMA HORA."* Dicionário Histórico Biográfico Brasileiro, CPDOC/FGV, Verbete, 2009.

LIMA, Amanda Evelyn Cavalcanti de. *"Entre parábolas e teoremas: uma sociologia política de Lava Jato e Mani Pulite."* Tese (Doutorado), Universidade Estado do Rio de Janeiro, Instituto de Estudos Sociais e Políticos, Rio de Janeiro, 2021.

LIMONGI, Fernando. "From birth to agony: the political life of Car Wash (Lava Jato)." *University of Toronto Law Journal,* Toronto, 2021.

LIU, Lianlian. *The Global Collaboration against Transnational Corruption*. Singapura: Springer Nature Singapore, 2019.

MACEDO, Suélem Viana; VALADARES, Josiel Lopes. "A produção acadêmica brasileira sobre corrupção: uma revisão sistemática." Revista Eletrônica de Administração, v. 27(2), pp. 400–429, 2021.

MAGNUSON, William. "International Corporate Bribery and Unilateral Enforcement." *Columbia Journal of Transnational Law*, v. 51, nº 360, 2013.

MARTUSCELLI, Danilo Enrico. "O PT e o impeachment de Collor". *Opinião Pública*, v. 16, nº 2, 2010.

MOTTA, Rodrigo Patto Sá. "Corrupção no Brasil republicano, 1954–1964". In: AVRITZER, Leonardo; BIGNOTTO, Newton; GUIMARÃES, Juarez; STARLING, Heloisa Maria Murgel (orgs). *Corrupção: Ensaios e críticas*. Belo Horizonte: Editora da UFMG, 2008. pp. 243–250.

PAGOTTO, Leopoldo. *O combate à corrupção: a contribuição do direito econômico*. Tese (Doutorado), Faculdade de Direito, USP, 2010.

PARTIDO DOS TRABALHADORES. Programa de Governo: Lula presidente uma revolução democrática no Brasil. 1994.

POSADAS, Alejandro. "Combating Corruption Under International Law." *Duke Journal of Comparative & International Law*, nº 10, pp. 345–414, 2000.

PRADO, Mariana Mota; CORNELIUS, Eduardo. "Institutional multiplicity and the fight against corruption: a research agenda for the brazilian accountability network." *Revista Direito GV*, São Paulo, v. 16, nº 3, p. 1–32, 2020.

RODRIGUES, Fabiana Alves. *"Operação Lava-Jato: aprendizado institucional e ação estratégica na Justiça Criminal."* Tese (Mestrado), Faculdade de Ciência Política, USP, 2019.

SÁ E SILVA, Fábio de. "From Car Wash to Bolsonaro: Law and Lawyers in Brazil's Illiberal Turn (2014–2018)." *Journal of Law and Society*, v. 47, Issue S1, pp. 90–110, 2020.

SANTOS, Fabiano; PAULA, Luiz Fernando de; MOURA, Rafael. "The Developmentalist Project of the PT Governments: An Economic and Political Assessment." *Latin American Perspectives*, v. 47, Issue 2, 2020.

SANTOS, Fabiano; TANSCHEIT, Talita. "Quando velhos atores saem de cena: a ascensão da nova direita política no Brasil." *Colombia Internacional*, nº 99, pp. 151–186, 2019.

SANTOS, Wanderley Guilherme dos. *A democracia impedida: o Brasil no século XXI*. Rio de Janeiro: FGV Editora, 2017.

SAUVANT, Karl. "The negotiations of the United Nations code of conduct on transnational corporations: experience and lessons learned." *The Journal of World Investment & Trade*, nº 16, pp. 11–87, 2015.

SCANTLEBURY, Donald. *Statement of Donald l.* United States General Accounting Office, 1981.

STARLING, Heloisa Maria. "Ditadura Militar". In: AVRITZER, Leonardo; BIGNOTTO, Newton; GUIMARÃES, Juarez; STARLING, Heloisa Maria Murgel (orgs.). *Corrupção: Ensaios e críticas*. Belo Horizonte: Editora da UFMG, 2008. pp. 251–260.

TOURINHO, Marcos. "Brazil in the global anticorruption regime". *Revista Brasileira de Política Internacional*, v. 61, nº1, 2018.

UNITED NATIONS. *Report of the ECOSOC: Note by the Secretary-General.* 1992.

WHITE HOUSE. *Memorandum on Establishing the Fight Against Corruption as a Core United States National Security Interest.* 2021a.

WHITE HOUSE. *United States Strategy on Countering Corruption.* 2021b.

WOOD, Danyelle. "A construção do regime internacional de combate à corrupção: o papel OCDE". Tese (Programa de Pós-Graduação em Direito, Relações Internacionais e Desenvolvimento), PUC-GO, 2013.

CAPÍTULO

5

De Dilma a Temer e de Kirchner a Macri: reflexões sobre o papel das agências de *rating* no ocaso da "maré rosa"

Pedro Lange Netto Machado

5.1 Introdução

As recentes vitórias eleitorais de governos de esquerda na América Latina sugerem a configuração de uma segunda maré rosa na região[1]. No alvorecer do século XXI, o termo foi cunhado para designar o ciclo progressista que contemplou a maior parte do subcontinente. Na década de 2010, porém, esses governos experimentaram crises que sinalizaram o esgotamento do fenômeno. Em alguns casos, isso resultou na ascensão de governos de direita, que revitalizaram a agenda neoliberal em países onde ela parecia superada, como Brasil e Argentina (Da Silva, 2018; Lavinas, 2019). Essa trajetória foi marcada por turbulências entre os governos representantes da maré rosa e atores oriundos do sistema financeiro internacional. Disso

[1] Desde 2018, governos de esquerda se elegeram no México, Argentina, Bolívia, Peru, Honduras, Chile e Colômbia. Nas eleições de 2022, a tendência abarcou também o Brasil.

decorre que a compreensão desse processo, bem como das perspectivas para uma nova maré rosa, demanda esclarecer sua interação com agentes do mundo financeiro.

Este artigo aborda o tema a partir da atuação das agências de *rating*. No contexto de globalização financeira, S&P Global, Moody's e Fitch Ratings funcionam como *gatekeepers* do acesso de Estados nacionais aos recursos financeiros disponíveis nos mercados de capitais. Isso porque o *rating* soberano que lhes atribuem, que informa a investidores sobre a capacidade e vontade de seus governos para honrar seus compromissos de dívida[2], orienta as condições de financiamento estatal e o fluxo de capitais no país. Em outras palavras, as ações dessas três agências, que constituem um oligopólio no setor, são altamente consequenciais para suas economias (Cash, 2019).

Entretanto, a literatura vem observando uma série de problemas em seu *modus operandi*, dotado de um viés político que se manifesta de diversas maneiras, mas sempre em desfavor de governos que rejeitam a agenda neoliberal. Enquanto pesquisas quantitativas e trabalhos teóricos convergem nesse diagnóstico, há uma lacuna referente aos meandros desse processo, que se pretende ajudar a preencher com este artigo (Sinclair, 2005; Paudyn, 2014; Barta; Johston, 2017; Vaaler, Schrage e Block, 2006). Disso decorrem as questões que orientam esta pesquisa: como as agências se comportaram frente a governos de esquerda de economias emergentes? Que papel desempenharam no declínio da maré rosa? Quais são as implicações de seus atos para processos políticos e econômicos nacionais pretensamente democráticos?

Daí que o objetivo da pesquisa consiste em examinar seu comportamento no processo de colapso da maré rosa. A hipótese de trabalho é que as ações das agências contribuíram para o desmonte, em benefício político e eleitoral de governos de direita e neoliberais ortodoxos. Isso é respaldado por teorias críticas à atuação das agências na ordem da globalização financeira, que as entendem como vetores de interesses de investidores que operam no circuito financeiro global (Sinclair, 2005; Paudyn, 2014).

A metodologia da pesquisa consiste nos estudos dos casos de Brasil e Argentina, durante a transição dos governos de Dilma Rousseff e de Cristina Fernández de Kirchner (CFK) para os de Michel Temer e Mauricio Macri, respectivamente. A análise se dá com base nos *ratings*, relatórios e *press releases* da S&P, Moody's e Fitch, referentes aos dois países nesse período. Esses materiais são analisados à luz dos referidos aportes teóricos e confrontados com os processos políticos então ocorridos.

[2] Tal é a definição oficial de *rating* soberano segundo as agências de *rating* (Fitch, 2020; Moody's, 2019; S&P, 2017).

O artigo faz duas contribuições à literatura. Por um lado, avança a agenda de pesquisa em torno do *modus operandi* das agências de *rating* a partir da análise crítica de seus relatórios sobre os países avaliados, que ainda são pouco usados academicamente. Por outro lado, oferece um novo prisma de observação de processos críticos nas trajetórias políticas recentes do Brasil e da Argentina, que se tornam mais compreensíveis tendo em vista a participação das agências nos mesmos.

O artigo se estrutura em quatro seções, além desta introdução. A segunda seção explora a dimensão política da atuação das agências de *rating*, apresentando a literatura sobre o assunto e as teorias que embasam a análise a ser desenvolvida. A terceira seção se volta ao exame narrativo dos casos do Brasil e da Argentina. A quarta seção reflete sobre a hipótese de trabalho, com especial foco nas tensões entre capitalismo e democracia que se apresentam a partir dos casos analisados. A última seção conclui o artigo.

5.2 A política das agências de *rating*

Uma condição para o desenvolvimento da hipótese de trabalho é compreender a dimensão política das ações das agências de *rating*. Com base na literatura, há três formas de percebê-la. Em primeiro lugar, à luz da ideologia subjacente ao método da S&P, Moody's e Fitch. Em segundo, a partir de sua atuação frente à política partidária e processos eleitorais. Em terceiro, com base no papel que desempenham em sua interação com governos nacionais. Esses três pontos serão desenvolvidos nas subseções a seguir.

5.2.1 O neoliberalismo como substrato ideológico

O primeiro aspecto a se observar é que o processo de formulação do *rating* soberano é orientado por uma visão de mundo identificável, que inevitavelmente descredencia outras perspectivas concorrentes de organização socioeconômica. Ao longo do século XXI, S&P, Moody's e Fitch vêm conferindo maior transparência a suas metodologias de avaliação do *creditworthiness*[3] de países. Nos documentos em que as divulgam (Fitch, 2020; Moody's, 2019; S&P, 2017), uma série de variáveis são elencadas, bem como os parâmetros que balizam sua mensuração e as conclusões a serem extraídas.

[3] Não há tradução adequada de tal palavra para a língua portuguesa. Uma aproximação seria "credibilidade", que não possui precisamente a mesma conotação. Por isso, este artigo continuará usando a palavra em inglês.

A literatura converge no diagnóstico de que esse processo é informado por preceitos neoliberais[4] (Paudyn, 2015; Sinclair, 2005; Ywata, 2012). Como consequência, ele parte do imperativo de estabilidade monetária e controle inflacionário, de modo a atribuir perspectiva positiva, por exemplo, a uma agenda de austeridade fiscal e redução do tamanho do Estado, que se constrói sobre a implementação de iniciativas pró-mercado e pró-despolitização da política econômica[5]. Isso se reflete na escolha das variáveis e das métricas que originam um dos conceitos do *rating* soberano apresentados na tabela a seguir[6].

Tabela Escala de notas da S&P, Moody's e Fitch.

Investment Grade		
S&P	**Moody's**	**Fitch**
AAA	Aaa	AAA
AA+	Aa1	AA+
AA	Aa2	AA
AA-	Aa3	AA-
A+	A1	A+
A	A2	A
A-	A3	A-
BBB+	Baa1	BBB+
BBB	Baa2	BBB
BBB-	Baa3	BBB-

Speculative Grade		
S&P	**Moody's**	**Fitch**
BB+	Ba1	BB+
BB	Ba2	BB
BB-	Ba3	BB-
B+	B1	B+
B	B2	B
B-	B3	B-
CCC+	Caa1	CCC-D
CCC	Caa2	-
CCC-	Caa3	-
CC	Ca	-
C	C	-
SD	-	-
D	-	-

Fonte: Elaboração do autor com base em dados da *Trading Economics* (2022).

[4] Este estudo não aborda o denso debate em torno da conceitualização de "neoliberalismo", que será aqui concebido como definido por Duménil e Levy (2005): um modo de organização socioeconômica voltado a fazer prevalecer os interesses das classes superiores, o que ocorre predominantemente por meio de canais e instituições financeiras. Isso é respaldado por um substrato ideológico que enaltece as virtudes da autorregulação dos mercados e da mercantilização de áreas diversas como via de otimizar os recursos econômicos.

[5] Por despolitização da política econômica, faz-se referência à delegação do processo decisório concernente à política econômica a atores não eleitos. Sobre o tema, ver Krippner (2011, p. 145).

[6] Como sugerido pela tabela, uma distinção relevante é a entre os *ratings* categorizados como "grau de investimento", que sugere menor risco de *default*, e os classificados como "grau especulativo", que indica que tal risco é mais saliente. Essa diferenciação é particularmente importante para fundos de investimentos que são legalmente obrigados a manter em seus portfólios apenas ativos classificados como grau de investimento (Cash, 2019).

O efeito disso é que governos que adotam agendas distintas do receituário neoliberal tendem a obter *ratings* piores para seus países. Por exemplo, uma estratégia desenvolvimentista, que consista em gastos e endividamento públicos e alinhe a política monetária e cambial aos objetivos por ela estabelecidos, é penalizada pela avaliação das agências. Como o *rating* soberano orienta as condições de financiamento estatal nos mercados de capitais (Cash, 2019), o desincentivo a qualquer agenda alternativa à ortodoxia neoliberal se evidencia. No limite, um governo que insista em confrontá-la pode ter que buscar fontes de financiamento alternativas ao mercado de capitais, para concretizar seus objetivos de política econômica, bem como sofrer com uma fuga de capitais decorrente de *downgrades* e os efeitos deletérios a ela associados.

5.2.2 Discriminação político-partidária

Um desdobramento do ponto anterior é que as agências de *rating* vêm discriminando países em função do rótulo partidário de seus governos. Como o *rating* é uma avaliação prospectiva de longo prazo, S&P, Moody's e Fitch buscam se prevenir de ter que promover mudanças frequentes em suas avaliações. Com essa finalidade, atribuem de antemão notas piores a países governados por partidos de esquerda em função da ideologia partidária, como uma espécie de "seguro" contra possíveis políticas menos "*credit-friendly*" que venham a ser implementadas — o que ocorre tanto em economias avançadas (Barta; Johston, 2017) quanto nas emergentes (Vaaler, Schrage e Block, 2006).

As consequências dessa prática são graves para os países avaliados. Em primeiro lugar, torna-se mais caro governar sob a bandeira da esquerda, na medida em que, *ceteris paribus*, investidores acabam por demandar juros mais altos para adquirir os títulos públicos em questão. Em segundo, isso faz com que o *rating* possa ser considerado um instrumento de voto das agências em processos eleitorais, por meio do qual elas demonstram suas preferências e precificam escolhas democráticas de cidadãos (Vaaler; Schrage; Block, 2005). Em terceiro, a opinião pública também é afetada pelo *rating*, que, para além de sua função informativa para investidores, funciona como um indicador de performance do governo na gestão da política econômica (Buenfil, 2017; Paudyn, 2014). Como resultado, isso tende a fazer com que governos de esquerda (direita) sejam vistos pela população como menos (mais) competentes nesse quesito.

Esses efeitos tendem a ser ainda mais dramáticos para economias emergentes, cuja qualidade duvidosa das informações disponíveis fazem com que investidores atribuam maior relevância às opiniões das agências de *rating* para embasar suas decisões (Block; Vaaler, 2004). Isso se associa a um cenário já restritivo ao *policy space* desses países no contexto de globalização financeira, na medida em que são monitorados com maior cautela por atores do mercado financeiro, os quais atribuem a eles um maior risco de *default* (Mosley, 2003). Daí que suas possibilidades de implementação de uma agenda alternativa à ortodoxia neoliberal acabam sujeitas às vicissitudes da conjuntura internacional (Campello, 2015).

Cabe ainda observar que não apenas os *ratings* sinalizam as preferências políticas de S&P, Moody's e Fitch, mas também os relatórios que divulgam sobre o país e suas declarações em canais de mídia (Barta; Markszin, 2020). De fato, é nessa dimensão discursiva que críticas e pressões ao governo se evidenciam, bem como as ingerências sobre o processo político e econômico nacional. As motivações das agências para tanto podem ser esclarecidas na subseção a seguir.

5.2.3 As agências como vetores dos interesses do mercado financeiro

Uma perspectiva mais crítica atribui às agências o papel de porta-voz dos interesses de investidores que operam no sistema financeiro globalizado. Ao exercer essa função, fazem uso do *rating* e relatórios para promover a agenda ortodoxa nos países integrados à globalização financeira. Em outras palavras, as agências não podem ser vistas como meramente técnicas ou politicamente neutras, estando suas ações orientadas a difundir uma visão de mundo específica e favorável aos interesses de investidores que operam nos mercados de capitais. Mais do que isso, a expansão dos mercados financeiros se confunde com a expansão das atividades das agências, o que faz com que isso seja de seu interesse também enquanto empresas que perseguem o lucro. Essa perspectiva é respaldada pela teoria de Sinclair (2005).

Um ponto relevante de sua análise é a percepção das agências como *embedded knowledge networks* nos mercados de capitais. Isso se deve a suas origens, que remontam ao começo do século XX, quando S&P, Moody's e Fitch foram criadas em função de demandas internas do incipiente mercado de capitais dos Estados Unidos. A partir de então, evoluíram conforme a própria expansão dos mercados de capitais estadunidenses, do qual são vistas por agentes financeiros como partes constitutivas e geradoras de informações úteis a tomadas de decisões de investimento — daí a condição de *embedded knowledge network* reconhecida por Sinclair (2005). Com a globalização financeira e a projeção de normas, práticas e instituições financeiras estadunidenses mundo afora, as agências também se viram operando em escala global. Entretanto, fora da realidade anglo-americana, passaram a exercer também a função de organizar o contexto em que se dá a expansão dos mercados de capitais, orientando e difundindo as práticas e normas a serem seguidas. Nesse processo, atuam para homogeneizar arcabouços institucionais dos países integrados à globalização financeira em linha com preceitos neoliberais.

Para tanto, lançam mão de três formas de poder que têm a seu dispor. Em primeiro lugar, uma forma de poder relacional pode ser vista quando governos, por exemplo, são punidos pelas agências ao receber piores *ratings* ao não adotarem as políticas recomendadas por elas. Em segundo, uma forma de poder estrutural decorre da antecipação, pelo governo, da implementação de uma determinada política, sabendo que será punido caso não o faça. Em terceiro, as agências também exercem poder a partir de sua autoridade epistêmica no mercado financeiro. Isso porque os *ratings* emitidos por S&P, Moody's e Fitch despontam como fatos sociais nos mercados de capitais, o que faz com que incidam sobre o comportamento dos demais agentes, mesmo se sabidamente equivocados. Desse modo, um eventual governo de esquerda, ainda que discordando das notas de risco obtidas por seu país, acaba inevitavelmente constrangido a incorporá-lo ao seu cálculo racional para a gestão da economia, porque sabe que os agentes financeiros assim o farão.

Diante disso, convém observar que o capitalismo contemporâneo experimenta um processo de "*the increasing role of financial motives, financial markets, financial actors and financial institutions in the operation of the domestic and international economies*" (Epstein 2005, p. 3) — em uma definição abrangente do que a literatura entende por "financeirização". Em uma de suas dimensões políticas, o fenômeno se caracteriza pelo superdimensionamento da agenda de interesse do mercado financeiro no processo político nacional e por sua predominância na política econômica do governo (Palley, 2013; Pagliari; Young, 2020). Isso é facilitado pelo tamanho do setor financeiro e de suas instituições, sua estrutura em rede e sua complexidade técnica (Nölke, 2020) — aspectos estes ilustrados pelo *modus operandi* das agências de *rating*.

No limite, as agências contribuem para a crise da democracia que vem sendo estudada pela literatura acadêmica. Um de seus sintomas é a dificuldade que governos nacionais encontram para implementar as medidas demandadas por seus eleitores, frente às pressões de investidores que operam no circuito financeiro global pela agenda ortodoxa neoliberal (Rodrik, 2012; Streeck, 2014). No caso de economias emergentes, tal realidade é ainda mais dramática, dada sua vulnerabilidade diante da dinâmica financeira global (Paula; Fritz; Prates, 2015). Tal é o que se poderá observar no colapso da maré rosa no Brasil e na Argentina, a ser analisado a seguir.

5.3 Agências de *rating* versus "maré rosa"

Uma vez identificado o viés político do *modus operandi* das agências de *rating*, seu antagonismo aos governos de esquerda vigentes na América Latina nas duas primeiras décadas do século XXI pode ser esclarecido. Isso posto, esta seção tem o objetivo de explorar as experiências do Brasil e da Argentina à luz da hipótese de trabalho. Nos dois casos, o ocaso da maré rosa se deu em meio a turbulências com o sistema financeiro internacional. Nesse contexto, as agências desempenharam papel proeminente na crise dos governos de Dilma Rousseff e de Cristina Fernández de Kirchner (CFK), bem como na ascensão dos presidentes de direita que as sucederam, Michel Temer e Mauricio Macri.

Deve-se observar que essas transições ocorreram em uma conjuntura internacional adversa para os dois países, que amplificou as restrições do mercado financeiro sobre seu *policy space*, em desfavor de governos ideologicamente desalinhados à agenda neoliberal. Como teorizado por Campello (2015), a primeira década do século XXI, quando da vigência de altos preços das commodities e alta liquidez no mercado financeiro, reduziu sobremaneira a capacidade de disciplina de investidores em relação aos governos latino-americanos. Isso, contudo, se reverteu ao começo dos anos 2010, o que coincide com o declínio da maré rosa.

Para os dois casos estudados nas subseções a seguir, o exame narrativo se inicia anos antes da transição dos governos de esquerda para os governos de direita em questão, para que se possa observar o comportamento das agências no processo. Desse modo, em linha com a hipótese de trabalho, busca-se mostrar como as agências atuaram de forma antagônica aos primeiros e promovendo os segundos. Isso é feito a partir do instrumental de que dispõem para interagir com o processo político nacional, a saber, os *ratings*, relatórios e *press releases*, que se beneficiam da posição estratégica que ocupam no sistema financeiro internacional.

5.3.1 Brasil: chancela ao controverso impeachment de Dilma

A interação das agências de *rating* com o processo de crise do governo Dilma pode ser dividida em três etapas. A primeira diz respeito ao ano eleitoral de 2014, quando elas se posicionaram contrárias à reeleição da presidente. A segunda se situa em 2015, quando uma crise econômica e política se instaurou no país, e S&P, Moody's e Fitch pressionaram pela implementação da agenda neoliberal. A terceira, por sua vez, contempla o processo de impeachment, que se estende de dezembro de 2015 até agosto de 2016. Neste contexto, as três agências seguiram se posicionando de forma crítica à presidente do Partido dos Trabalhadores (PT), enquanto se mostraram simpáticas à ascensão de seu vice, Michel Temer, à presidência. Os parágrafos a seguir oferecem um exame narrativo dessas três etapas.

Com relação à primeira, deve-se observar que o ano de 2014 representou um divisor de águas para os *ratings* recebidos pelo Brasil ao longo dos governos do PT. Após uma trajetória ascendente de mais uma década, que resultou na obtenção do grau de investimento, o país ingressou em uma fase de *downgrades* em sequência. O gráfico a seguir retrata essa inflexão.

Figura 1 *Ratings* atribuídos por S&P, Moody's e Fitch ao Brasil (2013–2017).

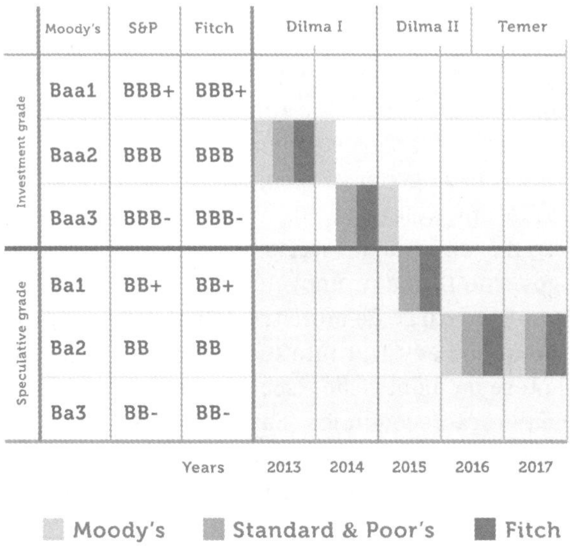

Fonte: Elaboração do autor com base em dados da *Trading Economics* (2022).

Em março e julho de 2014, dois *downgrades* da nota brasileira foram promovidos pela S&P. No primeiro caso, a agência chamou atenção para o quadro de deterioração fiscal em curso no país. No segundo, em relatório em que justificou a ação, para além de considerações sobre a economia, manifestou sua preferência frente à corrida presidencial de outubro (S&P, 2014a):

> Acreditamos que o perfil das políticas de um segundo mandato de Dilma seria similar ao seu atual governo, no qual a presidente continuaria supervisionando intensamente as decisões políticas. Embora esperemos certas mudanças na equipe e nas políticas econômicas, em geral estimamos "mais do mesmo" em termos de política desigual. Acreditamos que um governo de Aécio ou Campos poderia buscar uma política econômica mais consistente e orientada ao mercado, com um maior direcionamento inicial para a confiança do investidor doméstico e internacional.

Nos meses seguintes, o perfil de *creditworthiness* brasileiro seguiu se deteriorando. Em setembro, por exemplo, a Moody's anunciou uma perspectiva negativa para o *rating* soberano, atribuída, em parte, à política econômica intervencionista do governo. Uma vez confirmada a reeleição de Dilma, a agência divulgou relatório lembrando que o resultado não fora a preferência do mercado financeiro: "*In the run-up to the final vote, both stock and currency markets signaled a clear preference for regime change, and the immediate aftermath of the election has seen a significant correction in both the Ibovespa index and the Brazilian real*" (Moody's, 2014a).

Ao longo do segundo mandato da presidente, o Brasil experimentou uma das piores recessões de sua história, o que se somou a — e foi potencializada por — uma grave crise política (Carvalho, 2018). Nesse período, como demonstra a Figura 1, o *rating* brasileiro sofreu uma série de *downgrades* e retrocedeu ao grau especulativo. Essas pioras foram acompanhadas por críticas ao governo no plano discursivo das manifestações das agências, que aproveitaram sua vulnerabilidade para promover a agenda ortodoxa na condução da economia nacional.

De fato, o governo Dilma promoveu uma guinada à direita na política econômica, alçando ao cargo de ministro da Fazenda um prócer do mercado financeiro, Joaquim Levy. Durante sua turbulenta gestão, Levy orientou suas ações pela tese da "contração fiscal expansionista"[7], que se mostrou ineficaz na recuperação econômica (Saad-Filho; Morais, 2018). Ainda assim, as agências de *rating* o isentaram de críticas, com a Fitch chegando a ameaçar o país com um *downgrade,* caso Levy fosse removido da função (Valor, 2015).

Nessa segunda etapa da interação das agências com o processo de crise do governo Dilma, a estratégia de S&P, Moody's e Fitch consistiu em colocar em xeque, de forma recorrente, a disposição e competência do governo para reverter o quadro de deterioração fiscal. Em agosto, por exemplo, a Moody's (2015a) piorou a nota brasileira alegando que "há uma falta de consenso político no Brasil sobre a possibilidade de enfrentar de forma mais agressiva a rigidez orçamentária, promovendo reformas que abordem o aumento dos gastos obrigatórios". Já a S&P (2015), em setembro, retirou o grau de investimento do país declarando que havia "uma redução na convicção quanto à política fiscal no gabinete da presidente". Paralelamente, a tentativa de ingerência das agências no curso da política econômica se evidenciou em meio ao debate nacional em torno da recriação da CPMF (Contribuição Provisória sobre Movimentação Financeira) no

[7] A tese da contração fiscal expansionista aparece como um primeiro substrato teórico para a austeridade fiscal como estratégia de crescimento econômico. Entretanto, caiu em descrédito depois que falhas em seu embasamento empírico foram reveladas. Sobre o tema, ver Blyth (2013).

país. Na ocasião, segundo a Moody's, sem a recriação da CPMF, "o cenário fica muito ruim" (Folha, 2015).

Enquanto o cenário de crise se agravava e as articulações pelo impeachment de Dilma se iniciavam, seu vice-presidente, Michel Temer, divulgou, por meio de seu partido político, um programa de governo de caráter marcadamente neoliberal[8] (Carvalho, 2018). Diante disso, a partir de dezembro de 2015, quando o processo de destituição da presidente se iniciou, as críticas ao governo logo passaram a se somar referências positivas a Temer. Em outras palavras, nessa terceira etapa do processo, o alinhamento ideológico entre as agências e o possível sucessor de Dilma condicionou as manifestações de S&P, Moody's e Fitch.

Nessa direção, enquanto o *rating* brasileiro sofreu *downgrades* em profusão, novas críticas às decisões políticas de Dilma eram feitas. Por exemplo, na esteira da escolha de Nelson Barbosa para substituir Levy no Ministério da Fazenda, a Fitch (2015) declarou que "*the appointment of Barbosa likely signals compromises by the Rousseff administration on its fiscal agenda and to move away from severe austerity measures, given the minister's prior support of expansionary fiscal measures*". Em fevereiro de 2016, após um novo *downgrade*, a S&P (2016a) manifestou seu diagnóstico de que "o gabinete da presidência tem menos certeza quanto à política fiscal". Em seguida, defendeu o legado da gestão de Levy:

> Assim que isso [conclusão do processo de impeachment] ocorrer, a restauração do equilíbrio macroeconômico e o avanço nas reformas microeconômicas serão fatores-chaves [sic] para fomentar investimento e crescimento. Em 2015, o governo reduziu gastos fora do orçamento e removeu várias distorções econômicas, incluindo os preços administrados artificialmente contidos.

No dia 16 de maio, em desdobramento do processo de impeachment, Dilma foi afastada do cargo e Temer assumiu a função de presidente interino. Imediatamente, a S&P (2016b) se manifestou favoravelmente ao novo mandatário:

> O novo governo interino deve se beneficiar de um voto de confiança inicial do setor privado, dada a força da equipe econômica, que inclui o ex-presidente do Banco Central, Henrique Meirelles, como ministro da Fazenda, e o ex-diretor do Banco Central, Ilan Goldfajn, como presidente do Banco Central, além da sinalização política já enviada pelo vice-presidente Temer.

[8] Batizado como "Uma Ponte para o Futuro", o programa ressaltava a necessidade de realização de reformas liberais e o imperativo da austeridade fiscal, indo ao encontro de preceitos neoliberais de organização socioeconômica.

Após a oficialização da destituição da petista, ao final de agosto, a S&P (2016c) voltou a se manifestar respondendo a "Perguntas mais frequentes: desafios do Brasil após o impeachment de Dilma Rousseff". Nesse relatório, voltou a lembrar que uma importante diferença do governo Temer em relação ao de Dilma era "que a equipe econômica de Temer se beneficia de maior credibilidade nos mercados financeiros, o que lhe proporciona certo tempo para manobra". A partir de então, a percepção das agências sobre o governo brasileiro se tornaria menos hostil, mas tais desdobramentos fogem ao escopo deste trabalho.

5.3.2 Argentina: aliança com os fundos abutres às vésperas das eleições

No caso argentino, o papel das agências de *rating* no processo de crise do kirchnerismo se evidenciou quando o governo CFK, face à deterioração da conjuntura internacional, tentou retornar aos mercados de capitais como emissor de dívida soberana, em 2012. A ação significaria romper com a estratégia de desendividamento e de autoisolamento do sistema financeiro internacional que até então compunha a política econômica kirchnerista (Kulfas, 2016). Mas isso foi frustrado pelo conflito com os fundos abutres, que contou com a proeminente participação da S&P, Moody's e Fitch. Na sequência, em meio ao desgaste causado pelo agravamento da crise socioeconômica, Mauricio Macri foi eleito presidente, com uma plataforma de governo marcadamente neoliberal (Vommaro, 2019).

O gráfico a seguir apresenta a trajetória do *rating* argentino ao longo desse período. Como se pode observar, em 2014, o país foi classificado como em situação de *default* pelas três agências, permanecendo assim até o final do período a ser analisado. Isso confere à dimensão discursiva das manifestações da S&P, Moody's e Fitch ainda mais relevância, na medida em que as alterações no *rating* deixaram de ser um instrumento à sua disposição para pressionar o governo ou interferir no processo político nacional.

O litígio com os fundos abutres se iniciou em 2012, quando o juiz estadunidense de primeira instância, Thomas Griesa, deu ganho de causa aos *holdouts* detentores de títulos argentinos em *default* desde 2001, que cobravam a remuneração integral pelos mesmos. Segundo sua sentença, a Argentina também ficaria impedida de honrar os contratos com demais credores até que os fundos abutres recebessem o valor demandado (Guzmán, 2016). O governo argentino imediatamente recorreu à instâncias judiciais superiores, mas a questão passou a pautar as manifestações das agências de *rating* a partir de então.

Figura 2 *Ratings* atribuídos por S&P, Moody's e Fitch à Argentina (2012–2016).

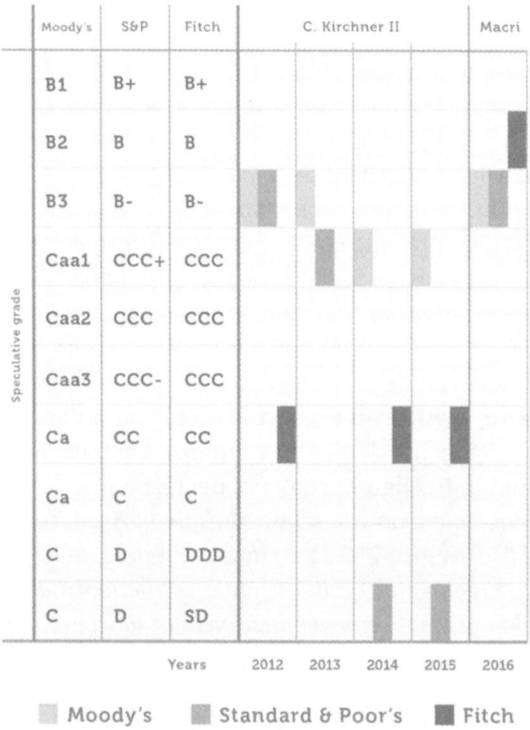

Fonte: Elaboração do autor com base em dados da *Trading Economics* (2022).

Em outubro de 2012, por exemplo, a Fitch (2012a) mencionou que a decisão do juiz Griesa, ainda a ser chancelada ou não por cortes superiores dos Estados Unidos, poderia repercutir negativamente sobre o *rating* argentino. Já a S&P (2012), dois meses depois, se antecipou a esses possíveis efeitos e promoveu seu efetivo *downgrade*, alegando que:

> *The downgrade reflects our view that the government of Argentina could face increasing debt management risks. This follows the ruling by the Second Circuit Court of Appeals of the U.S. affirming the judgment of the New York District Court granting summary judgment to plaintiffs on their claims for breach of an equal treatment provision in the terms of the bonds.*

Na mesma direção, ao final de novembro, a Fitch (2012b) promoveu um *downgrade* do *rating* argentino para CC, atrelando a ação diretamente à decisão judicial, que tornaria mais provável um *default* pelo país.

De fato, no restante do segundo mandato de CFK, as agências seguiram fundamentando as pioras no *rating* com o risco de *default* decorrente da sentença de Griesa. Ao mesmo tempo, criticaram a política econômica heterodoxa então implementada, bem como a deterioração dos indicadores macroeconômicos do país. Em abril de 2013, por exemplo, a S&P (2013a) declarou que "*the rating reflects Argentina's limited access to funding, the lack of predictability in economic policies in the context of high inflation, and growing rigidities in government spending*". Em setembro, justificou o *downgrade* para CCC+ dizendo que "*we are lowering our ratings on Argentina because of increased risks to debt service stemming from a lawsuit over the debt the government of Argentina still maintains in default*" (S&P, 2013b). Já em dezembro, voltou a se manifestar observando a acentuação da escalada inflacionária e da perda de reservas internacionais do país (S&P, 2013c).

Paralelamente, o governo argentino começou a denunciar um suposto conluio entre agências de *rating* e fundos abutres. Já em 2012, o ministro da Economia, Hernán Lorenzino, declarou que "*las calificadoras de riesgo y los fondos buitre no van a impedir que la Argentina cumpla con sus compromisos*" (Rio Negro, 2012). Semanas depois, afirmou que "*algunos están apostando mucha plata a que alguna calificadora diga que Argentina incumplió sus obligaciones, independientemente de si eso sucede o no, y que eso gatille el pago de un seguro que compraron en el mercado*" (2012, p. 12).

O ápice do embate entre agências e governo ocorreu em meados de 2014, quando a Suprema Corte dos Estados Unidos decidiu pela manutenção da sentença de Griesa. Isso impediu judicialmente a Argentina de seguir remunerando seus credores até que regularizasse os pagamentos exigidos pelos fundos abutres. Nas palavras de Stiglitz e Guzmán (2014), "*it was the first time in history that a country was willing and able to pay its creditors, but was blocked by a judge from doing so*". Imediatamente, apesar de todas as controvérsias que cercaram o caso, as agências iniciaram uma nova rodada de *downgrades*, logo classificando a Argentina como em *default*.

Nesse sentido, ao promover um primeiro *downgrade* para CCC-, a S&P (2014b) observou que: "*the downgrade reflects the heightened risk of default on foreign currency debt following a recent decision by the U.S. Supreme Court not to hear the Argentine government's appeal against a previous decision by the U.S*". Em outra abordagem, a Moody's (2014b) sugeriu que o não pagamento seria uma opção política do governo: "*Moody's says that Argentina has the financial means to meet its legal obligation to litigating bondholders, which the creditors put at roughly $1.5 billion when past due interest is included.*"

O *default* foi oficializado pelas agências tão logo que se encerrou o período de graça, ao final de julho. Com as três situando o país em *default*, o governo dobrou a aposta em sua estratégia de denunciar o conluio entre agências e fundos abutres. Nas palavras do ministro da Economia, Axel Kicillof (2014a, p. 12):

> *Se habla de engendros: default técnico, default Griesa. Griefault. Nadie sabe caracterizarlo porque es nuevo. No existe. A nadie se le ocurrió esta situación. Esta situación no está definida como default. Argentina pagó. Tiene plata. Va a seguir pagando los próximos vencimientos. Responsabilizamos a Griesa.*

Em outra ocasião, o ministro afirmou que *"esto no es un default. Es una pavada (tontería) atómica decir que hoy entramos en default. [...] Argentina tiene reservas y quiere seguir pagando. Esa plata (bloqueada en Nueva York) no es de Argentina, es de los bonistas y la tienen que cobrar"*. Já a presidente CFK declarou que *"el default selectivo no existe, impedir que alguien pague no es default"* (RFI, 2014). Para o chefe de gabinete do governo, Jorge Capitanich, a ação evidenciava o antagonismo das agências ao governo: *"Lo que a ellos les importa es ser un ariete para cuestionar permanentemente a este gobierno"* (2014b, p. 12).

Entretanto, perante o sistema financeiro internacional, o *default* era uma realidade. Isso serviu ao agravamento da crise socioeconômica que vinha se desenrolando no país, em prejuízo político para o governo CFK (Kulfas, 2016). Assim, no ano eleitoral de 2015, as agências seguiram criticando a política econômica do governo e responsabilizando-a pelos desequilíbrios econômicos experimentados. Por exemplo, a Moody's (2015b) assim avaliou a situação do país:

> *Argentina's institutional weakness and expansionary fiscal policy have increasingly led to its reliance on central bank money printing and affected the ability to pay its debts. Manipulation of the country's official economic data, specifically the underreporting of inflation data, has significantly decreased the debt payments bondholders have been able to receive. Moody's said the lack of certainty about the country's economic indicators, coupled with broad government intervention in the private sector, has deterred investment and hurt the profitability of Argentine companies.*

Esse cenário criou as condições para que, nas eleições presidenciais de 2015, um governo ideologicamente alinhado às agências saísse vitorioso, pondo fim ao ciclo kirchnerista que perdurou por mais de uma década. A vitória de Macri foi celebrada pelas agências, que manifestaram expectativas positivas acerca de seu programa neoliberal. A Moody's (2015c), por exemplo, imediatamente colocou a perspectiva do *rating* argentino como positiva. Em relatório intitulado *Election Outcome is Key Driver Behind Changing Outlook to Positive*, apontou esperar a resolução do conflito com os fundos abutres e a reversão da "imprevisibilidade" do *policymaking* kirchnerista. Assim se iniciou um período cordial da relação entre agências e governo argentino, decorrente da convergência ideológica entre ambos. O governo Macri, contudo, lançaria o país em uma crise socioeconômica ainda mais grave, elevando o endividamento público a níveis sem precedentes na história nacional (Santarcángelo; Padín, 2021).

5.4 Agências de *rating* versus democracia

O comportamento das agências de *rating* ao longo das crises dos governos de Dilma Rousseff e CFK mostra que seu *modus operandi* vai bem além da avaliação do *creditworthiness* dos países integrados à ordem da globalização. Nas experiências apresentadas, S&P, Moody's e Fitch desempenharam papel proeminente no colapso desses representantes da maré rosa. Nesse processo, a partir da posição estratégica que ocupam no sistema financeiro internacional, potencializaram as crises então experimentadas por Brasil e Argentina, em favor da ascensão de governos ideologicamente alinhados à agenda neoliberal nos dois países. Para tanto, fizeram uso do instrumental de ação de que dispõem — *ratings*, relatórios e *press releases* — e de sua condição de autoridade epistêmica no mercado financeiro.

No caso brasileiro, o viés político das ações das agências se evidenciou nas eleições de 2014, com um "voto" simbólico na oposição, e durante o processo de impeachment de Dilma, quando S&P, Moody's e Fitch *downgraded* repetidamente o *rating* brasileiro, enquanto faziam referências elogiosas à vindoura gestão de Temer. Além disso, até que a destituição da presidente fosse oficializada, exerceram pressão constante pela implementação da agenda ortodoxa, em linha com as demandas do mundo financeiro.

É verdade que a piora do perfil de *creditworthiness* brasileiro foi, em parte, sustentado pela deterioração de muitas das variáveis macroeconômicas levadas em conta pelas agências no processo de avaliação[9]. Entretanto, dado o caráter endógeno do *rating* ao processo político e econômico nacional, é possível afirmar que a crise foi potencializada pelos *downgrades*, para além de seus efeitos imediatos sobre o fluxo de capitais no país e a precificação dos títulos públicos. Isso porque a condição de autoridade epistêmica das agências e o atributo do *rating* como indicador de performance do governo lhes confere capacidade de influenciar

[9] Para uma análise do processo de crise, ver Carvalho (2018).

— nesse caso, de forma bastante negativa — a opinião pública sobre o mesmo, bem como a dos próprios parlamentares que operacionalizaram o impeachment.

Além disso, dada a convergência ideológica entre S&P, Moody's e Fitch e o então vice-presidente de Dilma, tais quais as ações discursivas observadas, não se pode descartar que as três agências desejavam a ascensão de Temer ao poder e que agiram conscientemente para promovê-la. De fato, à luz da teoria de Sinclair (2005), que as entende como vetores dos interesses de investidores que operam no circuito financeiro global, esse diagnóstico se sustenta. Em outras palavras, para promover os interesses do mercado financeiro no processo político em curso, as agências teriam atuado pela remoção de Dilma do cargo de presidente.

O antagonismo entre agências e governo foi bem mais evidente no caso da Argentina. No Brasil, os governos do PT, sobretudo durante os mandatos de Lula, aderiram à política macroeconômica promovida pelas agências (Prates; Fritz; Paula, 2020) e estabeleceram a melhora do *rating* soberano como um de seus objetivos políticos (Ywata, 2012). Isso teve o efeito colateral de servir à legitimação das agências como avaliadoras técnicas e politicamente isentas do *creditworthiness* no país, o que aumentou a vulnerabilidade do governo Dilma às suas opiniões quando o viés político em questão se escancarou. Mas os governos kirchneristas jamais foram complacentes com interferências de atores oriundos do sistema financeiro internacional sobre o processo político e econômico argentino (Kulfas, 2016), o que lhes deixou em melhor posição para criticar e denunciar o *modus operandi* das agências.

De fato, tão logo as agências indicaram que a decisão de Griesa seria incorporada ao *rating* do país, o conluio entre elas e os fundos abutres ganhou espaço na narrativa governista. Nesse processo, dois elementos são reveladores das motivações ideológicas e das consequências políticas do posicionamento das agências. Primeiro, o alinhamento de S&P, Moody's e Fitch com os fundos abutres e a pressão pelo pagamento aos mesmos, ignorando as controvérsias em torno do caso e se antecipando à decisão da Suprema Corte americana, o que ilustra o bloco ideológico ao qual pertencem. Segundo, em decorrência do item anterior, as agências ignoraram a própria definição de *rating* soberano que consta em suas respectivas metodologias. Isso porque uma ordem judicial estrangeira não consta nas variáveis que condicionam a "capacidade" ou a "vontade" do governo para honrar seus compromissos de dívida. Desse modo, o *default* em que situaram o país decorreu de uma escolha arbitrária, sem respaldo do processo técnico que supostamente orienta a formulação do *rating*.

Paralelamente, críticas frequentes à política econômica heterodoxa implementada pelo governo CFK compuseram o cenário de crise e de desgaste eleitoral do governo perante cidadãos argentinos. Isso levou à derrota kirchnerista na corrida presidencial, que resultou na até então inédita vitória, na história do país, de um candidato com uma plataforma de governo declaradamente neoliberal. Tão logo isso ocorreu, as agências manifestaram aprovação ao resultado, baseando ações positivas sobre o *rating* argentino apenas em expectativas sobre a futura gestão da economia nacional pelo governo Macri.

Essas experiências vão ao encontro do que as pesquisas empíricas e os aportes teóricos apresentados na seção 2 sinalizaram, oferecendo uma nova perspectiva sobre o viés político inerente ao processo das agências. De fato, ao agregar a dimensão discursiva das ações das agências aos eventos apresentados, estes ganham um novo significado. Que implicações isso traz aos processos pretensamente democráticos dos países sobre os quais incide?

Em primeiro lugar, fica claro que as ações das agências elevam os custos para se governar sob a bandeira da esquerda no contexto de globalização financeira. Isso se deve não apenas aos *ratings* piores que o rótulo partidário ou ideológico que o governo acarreta (que por si só influenciam negativamente a capacidade de financiamento estatal nos mercados de capitais), mas também aos embates públicos e midiáticos com atores que, perante a opinião pública ou a do mercado financeiro, se apresentam como técnicos ou politicamente neutros. Nesse sentido, em um cenário no qual o governo ideologicamente desalinhado às agências encontra dificuldades em atingir seus objetivos de política econômica, ele terá que lidar com a oposição política das agências, que se traveste de avaliações técnicas sobre a gestão da economia nacional. Em contextos de crise, isso tende a desgastar ainda mais a popularidade do governo, influenciando negativamente sua interação com outros poderes e atores políticos.

Em segundo lugar, os desequilíbrios que isso causa ao processo político nacional se tornam ainda mais evidentes durante transições presidenciais. Como visto na seção anterior, as agências têm seus mecanismos para "votar", manifestando apoio ou críticas a candidatos. Em outras palavras, trata-se de um canal de interferência direta do sistema financeiro internacional sobre a escolha política de cidadãos.

Em terceiro lugar, mesmo que prevaleça a escolha de um líder ideologicamente desalinhado à agenda defendida pelo mercado financeiro, seu governo estará constantemente constrangido a aderir a preceitos neoliberais. Como apontado, as agências estão sempre disciplinando o governo nesse sentido, lançando mão de seus *ratings* e canais discursivos de manifestação. Com efeito, isso deve ser considerado em conjunto aos demais mecanismos que atores do mercado financeiro possuem para disciplinar governos, já explorados pela literatura acadêmica — como os juros cobrados pela aquisição de títulos públicos.

Em quarto lugar, deve-se ter mente que a progressiva financeirização do capitalismo torna ainda mais complexas essas conclusões. Isso porque, nesse contexto, cidadãos são simultaneamente eleitores e investidores, na medida em que potencialmente detêm portfólios financeiros como fonte de renda. Disso decorrem duas constatações. Por um lado, como observa Streeck (2014), eles tendem a ter interesses contraditórios entre si, provenientes dessas duas condições — a de cidadãos e a de investidores. Por outro lado, isso amplifica a influência das agências de *rating* sobre suas percepções e ações, tendo em vista a posição de autoridade epistêmica que S&P, Moody's e Fitch detêm no mundo financeiro.

Em suma, essas conclusões oferecem uma nova perspectiva para se compreender o declínio da maré rosa, na segunda década do século XXI. Em meio aos conflitos entre capitalismo e democracia, as ações das agências de *rating* não podem ser negligenciadas como engrenagens dessa tensão. Tal constatação aparece como condição para melhorar as perspectivas de governança democrática na região, bem como sustentar seus possíveis novos ciclos progressistas.

5.5 Considerações finais

O artigo analisou o comportamento das agências de *rating* ao longo do declínio da maré rosa. Com base nos casos de Brasil e Argentina, mostrou-se que suas ações contribuíram para o desmonte dos governos de esquerda na América Latina. Isso se deve à posição estratégica que S&P, Moody's e Fitch ocupam no sistema financeiro internacional, que lhes permite influenciar processos nacionais em benefício de interesses do mercado financeiro.

Disso sucedem consequências relevantes para as perspectivas de governança democrática nacional, na medida em que as agências representam canais de interferência do mundo financeiro globalizado sobre a escolha de governos e a implementação de suas agendas programáticas. Essa conclusão concerne não apenas o Brasil e a Argentina ou aos demais países que experimentaram a maré rosa. Com efeito, em certa medida, aplica-se a todos os integrados à globalização financeira, que, em maior ou menor grau, encontram-se sujeitos às ações das agências de *rating*.

Duas contribuições deste trabalho devem, portanto, ser destacadas. De um ângulo, a análise realizada lançou luz ao *modus operandi* das agências, beneficiando-se da conjugação dos materiais que elas produzem a aportes teóricos da literatura que as adota como objetos de pesquisa. De outro ângulo, a partir desse exercício, contribuiu-se também para o *aggionarmento* da literatura sobre a crise dos governos Dilma e CFK, a começar da inserção das ações das agências nesses processos.

Isso abre espaço para outros caminhos de pesquisa a serem percorridos. Por exemplo, a observação do comportamento de outras instituições ou atores do mercado financeiro frente à maré rosa poderia evidenciar outras faces dos constrangimentos impostos pelo capitalismo contemporâneo sobre governos nacionais. Alternativamente, variações metodológicas acerca da interação das agências de *rating* com o processo político e econômico nacional poderiam fortalecer a tese aqui avançada — tal como a partir de entrevistas com atores políticos envolvidos ou da mensuração dos efeitos das ações das agências sobre variáveis econômicas reais. Diante das ameaças que se apresentam à governança democrática estatal, a compreensão desses mecanismos aparece como uma necessidade urgente.

REFERÊNCIAS BIBLIOGRÁFICAS

BARTA, Zsófia; MAKZSIN, Kristin. "The politics of creditworthiness: political and policy commentary in sovereign credit rating reports", *Journal of Public Policy*, 2020.

BARTA, Zófia; JOHNSTON, Alison. "Rating politics? Partisan discrimination in credit ratings in developed economies", *Comparative Political Studies*, 0 (2017), 1–34.

BLOCK, Steven A.; VAALER, Paul M. "The price of democracy: sovereign risk ratings, bond spreads and political business cycles in developing countries", *Journal of International Money and Finance*, 23 (2004), 917–946.

BLYTH, Mark. *Austerity: The History of a Dangerous Idea*. Oxford University Press, 2013.

BUENFIL, Welmar E. R. *Essays on the political economy of subnational public finances*. Tese (PhD), California Institute of Technology, 2017.

CAMPELLO, Daniela. *The Politics of Market Discipline in Latin America: Globalization and Democracy*. Nova York: Cambridge University Press, 2015.

CARVALHO, Laura. *Valsa brasileira: do boom ao caos econômico*. São Paulo: Editora Todavia, 2018.

CASH, Daniel. *Regulation and the credit rating agencies*. Nova York/Londres: Routledge, 2019.

CAVALCANTI, Simone. "Fitch alerta para risco da batalha de Levy", 2015. Acesso em: 19 mar. 2021. Disponível em: https://valor.globo.com/financas/noticia/2015/05/27/fitch-alerta-para-risco-da-batalha-de-levy.ghtml.

DA SILVA, Fabricio P. "La bajada de la marea rosa en América Latina: Una introducción". *Revista de la Red de Intercátedras de Historia de América Latina Contemporánea*, v. 5, nº 8, 2018.

DUMÉNIL, Gérard.; LÉVY, Dominique. "The Neoliberal (Counter)Revolution". In: SAAD-FILHO, Alfredo; JOHNSTON, Deborah (eds.). *Neoliberalism: A Critical Reader*. Londres: Pluto Press, 2005.

EPSTEIN, Gerald A. "Introduction: Financialization and the World Economy". In: EPSTEIN, G. A. (ed.). *Financialization and the World Economy*. Edward Elgar, 2005.

FITCH. "Fitch Places Argentina on Rating Watch Negative", *Fitch Ratings*, 2012a.

_____. "Fitch Downgrades Argentina's FC IDR to 'CC'; LC IDR to 'B-' With a Negative Outlook", *Fitch Ratings*, 2012b.

_____. "Political Risk Analysis — Unifying PT Will Not Bolster Austerity Agenda", *Fitch Ratings*, 2015.

_____. "Sovereign Rating Criteria", *Fitch Ratings*, 2020.

FOLHA de S.Paulo. "Para acalmar agências de risco, governo envia proposta de CPMF", *Folha de S.Paulo*, 2015. Disponível em: https://www1.folha.uol.com.br/fsp/poder/234021-para-acalmar-agencias-de-risco-governo-envia-proposta-de-cpmf.shtml. Acesso em: 10 out. 2020.

GUZMÁN, M. "An analysis of Argentina 2001 default resolution", *CIGI Papers*, nº 110, 2016.

KRIPPNER, Greta. R. *Capitalizing on crisis: the political origins of the rise of finance.* Cambridge: Harvard University Press, 2011.

KULFAS, M. *Los tres kirchnerismos: una historia de la economia argentina*. Editora Siglo Veintiuno, 2016.

LAVINAS, Lena. Conclusions: the end of the pink tide. Now what? In: I DALMASES, F. Badia; COSTA, S. (orgs.) "Condemned to Inequality: from the pink tide to the turn to the right", Democracia Abierta, e-book, 2019.

LUKIN, Tomás. "Cumpliremos con quienes entraron al canje", *Página 12*, 2012. Disponível em: https://www.pagina12.com.ar/diario/economia/2-208092-2012-11-18.html. Acesso em: 3 mar. 2022.

_____."No es un default, no saben ni cómo llamarlo", *Página 12,* 2014a. Disponível em: https://www.pagina12.com.ar/diario/economia/2-251928-2014-07-31.html. Acesso em: 3 mar. 2022.

MOODY'S. "Sovereign Ratings Methodology", *Moody's Investors Service*, 2019.

_____."Political Polarization and Structural Problems to Challenge Re-Elected Rousseff", 2014a. Disponível em: https://www.moodys.com/. Acesso em: 22 abr. 2021.

_____."Rating Action: Moody's Places Argentina's (P)Caa2 Foreign Legislation Debt On Review, Direction Uncertain", *Moody's*, 2014b.

_____."Moody's rebaixa rating do Brasil para Baa3 de Baa2; perspectiva é alterada para estável", *Moody's*, 2015a.

_____."Announcement: Moody's: Limited market access and low growth will pressure Argentina's next administration to adjust policies", *Moody's*, 2015b.

_____."Election Outcome is Key Driver Behind Changing Outlook to Positive", *Moody's*, 2015c.

MOSLEY, Layna. *Global capital and national governments*. Nova York: Cambridge University Press, 2003.

NöLKE, Andreas. "Financialization and the crisis of democracy". In: MADER, P.; MERTENS, D.; ZWAN, Natasha van der (eds.). *The Routledge International Handbook of Financialization.* Routledge, 2020.

PAGLIARI, Stefano; YOUNG, Kevin L. "How financialization is reproduced politically". In: MADER, P.; MERTENS, D.; ZWAN, Natasha van der (eds.). *The Routledge International Handbook of Financialization*. Routledge, 2020.

PALLEY, Thomas I. *Financialization: the economics of finance capital domination.* Palgrave Macmillan, 2013.

PAUDYN, Bartholomew. *Credit ratings and sovereign debt: the political economy of creditworthiness through risk and uncertainty.* Palgrave Macmillan, 2014.

PÁGINA 12. "El equipo de los buitres", 2014b. Disponível em: https://www.pagina12.com.ar/diario/economia/2-253842-2014-08-26.html. Acesso em: 3 mar. 2022.

PRATES, Daniela M.; FRITZ, Barbara; PAULA, Luiz Fernando de. "Center and Periphery in International Monetary Relations Implications for Macroeconomic Policies in Emerging Economies", *DesiguALdades.net*, Working Paper, nº 80, 2015.

_____. "Varieties of Developmentalism: A Critical Assessment of the PT Governments", *Latin American Perspectives*, 47:1 (2020).

RFI. "Cristina Kirchner: "Impedir que alguien pague no es default", 2014. Disponível em: https://www.rfi.fr/es/americas/20140801-cristina-kirchner-impedir-que-alguien-pague-no-es-default. Acesso em: 3 mar. 2022.

RIO Negro. "El gobierno instala sus críticas en el G20", 2012. Disponível em: https://www.rionegro.com.ar/el-gobierno-instala-sus-criticas-en-el-g20-GRRN_999971/. Acesso em: 3 mar. 2022.

RODRIK, Dani. *The globalization paradox: why global markets, states and democracy can't coexist*. Nova York: Oxford University Press, 2012.

SAAD-FILHO, Alfredo; MORAIS, Lecio. *Brazil: Neoliberalism Versus Democracy*. Pluto Press, 2018.

S&P. "Research Update: Unsolicited Ratings On Argentina Lowered To 'B-' On Increasing Risks To Policymaking; Outlook Is Negative", *S&P*, 2012.

_____. "The Republic Of Argentina Unsolicited 'B-' Rating Affirmed; Outlook Remains Negative", *S&P*, 2013a.

_____. "The Republic Of Argentina Unsolicited Ratings Lowered To 'CCC+/C' On Increasing Legal Risks; Outlook Negative", *S&P*, 2013b.

_____. "Supplementary analysis: Republic of Argentina", *S&P*, 2013c.

_____. "Análise Complementar: República Federativa do Brasil", *S&P Global*, 2014a. Disponível em: https://www.spratings.com. Acesso em: 13 abr. 2021.

_____. "The Republic Of Argentina Long-Term Foreign Currency Rating Lowered To 'CCC-' From 'CCC+'; Outlook Is Negative", *S&P*, 2014b.

_____. "Sovereign Rating Methodology", *S&P Global*, 2017.

_____. "Rating soberano em moeda estrangeira do Brasil rebaixado para 'BB+/B'; perspectiva negativa", *S&P*, 2015.

_____. "Ratings de longo prazo do Brasil rebaixados para 'BB', dados os significativos desafios políticos e econômicos; perspectiva negativa", *S&P*, 2016a.

_____. "Como o impeachment da presidente do Brasil afeta seus ratings soberanos", 2016b. Disponível em: https://www.spratings.com/documents/20184/798031/GOV_SOV_Maio13_2016_ComooimpeachmentafetaratingsdoBrasil/15a3a556-d6d1-4ee2-9e98-7e3a1912bf8b. Acesso em: 20 mai. 2021.

_____. "Perguntas Mais Frequentes: Desafios do Brasil após impeachment de Dilma Rousseff", *S&P*, 2016c.

SANTARCÁNGELOo, Juan E.; PADÍN, Juan Manuel. "Reshaping economic structure in Argentina: the role of external debt during Macri administration (2015-2019)", *Review of Radical Political Economics*, 2021.

SINCLAIR, Timothy J. *The new masters of capital: American bond rating agencies and the politics of creditworthiness*. Cornell University Press, 2005.

STIGLITZ, Joseph E.; GUZMÁN, Martín. "Argentina's Griesafault". Project Syndicate, 2014. Disponível em: https://www.project-syndicate.org/commentary/joseph-e--stiglitz-and-martin-guzman-argue-that-the-country-s-default-will-ultimately-harm-america. Acesso em: 2 jun. 2022.

STREECK, Wolgang. *Buying Time: The Delayed Crisis of Democratic Capitalism*. Verso Books, 2014.

TRADING Economics. "Brazil - Credit Rating", 2022. Disponível em: https://tradingeconomics.com/brazil/rating. Acesso em: 13 mar. 2021.

VAALER, Paul M.; SCHRAGEe, Burkhard N.; BLOCK, Steven A. "Counting the investor vote: political business cycle effects on sovereign bond spreads in developing countries", *Journal of International Business Studies*, 36 (2005).

_____."Elections, Opportunism, Partisanship and Sovereign Ratings in Developing Countries", *Review of Developmental Economics*, 1 (2006), 154–170.

VOMMARO, Gabriel. "De la construccion partidaria al Gobierno: Pro-Cambiemos y los límites del "giro a la derecha" en Argentina", *Colombia Internacional*, nº 99, 2019, pp. 91–120.

YWATA, Ricardo. *Ordem Mundial e Agências de Rating: o Brasil e as Agências na Era Global (1996–2010)*. Senac, 2012.

CAPÍTULO

6

Estado de bem-estar no Brasil: uma análise sobre a proteção social das mulheres, 2010–2019

Pedro M. R. Barbosa

Diversos estudos demonstram que nos anos 2000 deu-se um processo de expansão dos Estados de bem-estar, não apenas no Brasil, mas na América Latina como um todo (ARRETCHE, 2018; SALEJ, 2013). Concomitantemente a esse processo, testemunhou-se um movimento de redução da pobreza e da desigualdade nessa região (HUBER; STEPHENS, 2012; KERSTENETZKY, 2012). Mais recentemente, contudo, alguns trabalhos têm apontado uma tendência de retração das políticas sociais no Brasil, associada à severa crise econômica de 2015, ao Novo Regime Fiscal (NRF) estabelecido em 2016 e à reforma trabalhista de 2017. Tais estudos assinalam os impactos sobretudo na educação, saúde e assistência social (ROSSI; DWECK, 2016; SÁTYRO, 2021; VIEIRA, 2021).

O presente capítulo busca se inserir nesse debate, discutindo a hipótese de retração do Estado de bem-estar social no Brasil. Em vez de uma perspectiva geral, todavia, enfatizo a proteção social sobre as mulheres brasileiras, tendo por recorte temporal o período entre 2010 e 2020. Mais especificamente, argumento aqui que tal setor social, sobretudo proveniente das faixas de renda mais baixas, foi o mais afetado em meio a esse período de recessão e de reformas do Estado.

Assim, este capítulo estrutura-se da seguinte maneira: na primeira seção, estabeleço uma breve análise da evolução da proteção social nos anos 2010, avaliando a hipótese mais geral de retração do Estado de bem-estar no Brasil; na segunda seção, enfoco o desenvolvimento das políticas familiares que constituem direitos sociais importantes de mulheres e crianças; na terceira seção, analiso a evolução das desigualdades de acesso aos direitos sociais, por renda e gênero; por fim, examino a distribuição desigual dos riscos sociais, por renda e por gênero, que foi aprofundada a partir de meados da década de 2010.

6.1 Gasto social total e redistribuição no Brasil

Desde a redemocratização no fim dos anos 1980 até 2015, o Brasil foi um dos poucos países da América Latina que desempenhou um ritmo de crescimento constante do gasto social. Por volta de 2010 e 2015, esse país sustentava o maior gasto público per capta em educação e seguridade social, bem como seu sistema de proteção exibia um dos maiores graus de redistribuição de renda da região, junto com o Uruguai[1] (BARBOSA, 2022).

Contudo, pode-se dizer que esse curso de ampliação do bem-estar social no Brasil foi interrompido em meados da década de 2010, em parte pela recessão econômica iniciada em 2015 e, de outra parte, pela adoção de uma agenda de austeridade fiscal. Agenda esta que foi introduzida no segundo governo de Dilma Rousseff em 2014, sob um contexto de crise política cuja intensidade foi agravada pela deterioração do quadro econômico e pela profunda queda de popularidade da presidente. Após o impeachment de Dilma em 2016 e a subsequente ascensão de seu vice, Michel Temer, a agenda de austeridade fiscal foi radicalizada. Nesse contexto, foi constitucionalizado um Novo Regime Fiscal (NRF) que introduziu por um período de vinte anos um limite de crescimento das despesas primárias federais, as quais englobam em grande medida os gastos sociais, podendo ser ajustadas apenas pela inflação. Como observam Rossi e Dweck (2016, p. 1), o NRF "implicou um congelamento das despesas totais do Governo Federal que pressupõe uma redução do gasto público relativamente ao Produto Interno Bruto (PIB) e ao número de habitantes". Para Sátyro (2021), a partir de tal período, deu-se início a um processo de retração do Estado de bem-estar brasileiro que tem se perpetuado desde então.

[1] A redistribuição de renda aqui refere-se à diferença entre Gini de desigualdade de renda antes e depois de impostos e transferências.

Na verdade, conforme os dados da CEPAL (Comissão Econômica para a América Latina e o Caribe)[2], o gasto social total em proporção ao PIB continuou numa trajetória ascendente, mesmo após a instauração da NRF. No entanto, como se nota pela Figura 1, essa trajetória deu-se sobretudo em virtude do crescente gasto em aposentadoria por velhice: por razões demográficas, mais pessoas se aposentaram e, por direito, reivindicaram a pensão. Com efeito, para a manutenção do teto foi preciso subtrair recursos de outras políticas, de modo que a aposentadoria tendeu a ficar dominante no gasto social total. De 26% do gasto público total em 2010, tal rubrica passou a representar 32% em 2019[3].

Figura 1 Gasto social desagregado em políticas sociais selecionadas em proporção ao gasto governamental total no Brasil, 2005–2020

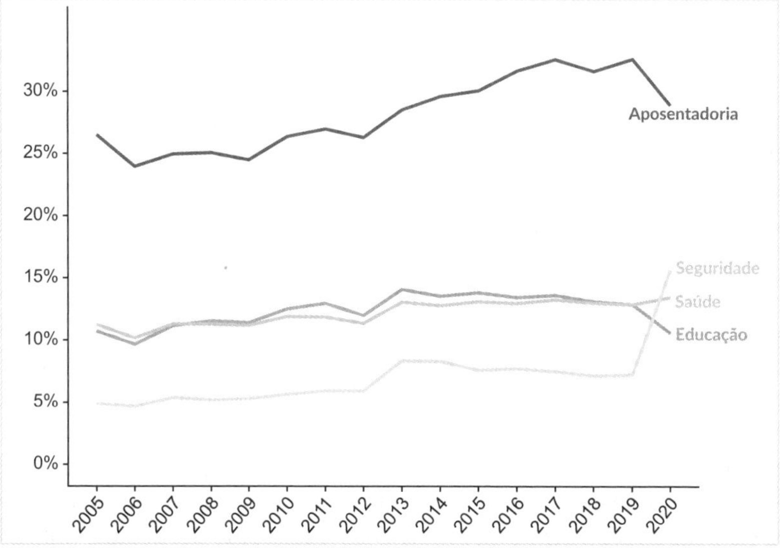

Fonte: elaboração própria a partir de CEPALstat.

As demais políticas parecem ser impactadas pelo mesmo processo iniciado em 2014, na medida em que suas trajetórias de gasto em proporção com o gasto público total se achatam a partir de então (Figura 1). A política mais afetada foi a educação, cuja proporção de investimento decai a partir

[2] Dado observado em: https://statistics.cepal.org/portal/cepalstat/. Por razões de método na classificação das rubricas do gasto social, opto por analisar os dados disponibilizados pela CEPAL, em vez de fontes nacionais. Em especial, o método SOCX, seguido recentemente pela CEPAL, proporciona um exame mais detalhado das políticas sociais que são de interesse central neste capítulo, como as políticas familiares analisadas mais adiante.

[3] Cálculo realizado pelo autor com base nos dados da CEPALstat.

de 2018, tendência que se aprofunda durante a pandemia em 2020[4]. Na saúde, uma trajetória de declínio inicia-se em 2018, embora se encerre em 2020, diante do aumento da demanda em meio a um contexto de crise sanitária. O gasto com a seguridade social ficou estagnado, mas foi impulsionado na pandemia, dado o aumento da demanda por pensões e assistência social. Por essas razões, a participação da aposentadoria no gasto total cai em 2020.

Do ponto de vista do gasto, então, é apropriado dizer que houve um processo mais consistente de retração na política de educação desde 2018. As outras políticas ficaram estagnadas a partir de 2014, mas foram reavivadas pelo choque da pandemia. Tal dinâmica remete à teoria de De Swaan (1988), em cujo trabalho *In care of the state* é demonstrado como políticas sociais foram desenvolvidas em contextos de choques exógenos, como guerras e epidemias. Em tais circunstâncias, indivíduos, classes e grupos sociais tornam-se mais interdependentes; no caso da pandemia, por exemplo, isso é explicitado pelos riscos de transmissibilidade de uma doença. Assim, é necessário mobilizar ação coletiva para lidar com um problema coletivo. De Swaan (1998) analisa, portanto, como o desenvolvimento da intervenção pública (no saneamento básico e por meio dos seguros de saúde) na Europa deu-se após os diversos surtos epidêmicos de cólera em meados e no final do século XIX. Pode-se dizer que durante a pandemia de covid-19 ocorreu um movimento análogo a esse no Brasil, de ampliação da provisão social pública — na saúde e por meio do Auxílio Emergencial (BARBOSA; PRATES, 2020) —, ainda que não protagonizada pelo Executivo Federal.

Do ponto de vista da desigualdade econômica, a Figura 2 expressa um nítido aumento do Gini de renda domiciliar per capita, sobretudo entre 2015 e 2018. Uma vez mais, essa tendência ocorre concomitantemente ao referido processo de achatamento das trajetórias de despesas públicas em educação, saúde e seguridade social (exclusive a aposentadoria por velhice) até 2019. Embora esse processo tenha sido certamente afetado pela recessão econômica em curso, é preciso considerar, por outro lado, que o crescimento do PIB não é condição necessária para a queda da desigualdade. A Figura 2 demonstra que durante o choque pandêmico, cujo impacto sobre o produto resultou na sua contração em 4% em 2020, houve uma relevante redução da desigualdade. Isso se explica em grande medida pela concessão do Auxílio Emergencial (BARBOSA; PRATES, 2020), que se correlaciona ao pico do gasto em seguridade social em 2020 (Figura 1). Com o fim desse auxílio, contudo, a desigualdade econômica revigora subitamente em 2021 (Figura 2).

[4] Há que se considerar que os custos caíram nesse contexto, haja vista que as instituições educacionais foram fechadas.

Em suma, os dados apresentados nesta seção indicam a confluência entre três processos entre 2014 e 2019: o advento de um contexto de austeridade fiscal; a reversão de uma trajetória ascendente dos gastos sociais; e o alavancamento da desigualdade econômica. Nesse sentido, essa análise endossa a hipótese segundo a qual houve uma tendência de retração do Estado de bem-estar brasileiro a partir de meados da década de 2010. Por outro lado, é preciso atentar que essa tendência antecede à instauração da NRF em 2016, embora seja por ela perpetuada. Ela transcorre entre 2014, ainda sob o segundo governo Dilma, e é interrompida em 2020 em meio à eclosão da crise sanitária e do consequente impulsionamento da demanda por proteção social.

Figura 2 Gini de renda domiciliar per capita, contabilizando as transferências sociais 2012–2021

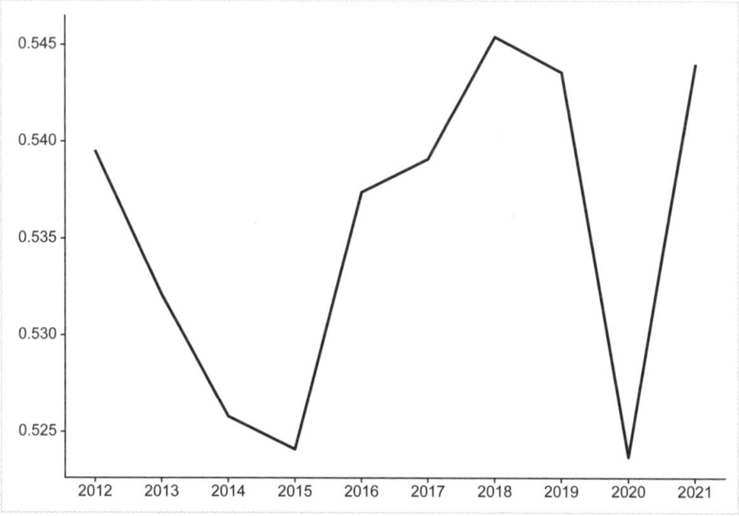

Fonte: elaboração própria a partir do IBGE.

6.2 Políticas familiares

Após 2014, os cortes no financiamento das políticas sociais se deram não apenas em termos proporcionais ao gasto público total, mas em valores absolutos reais. Todas as rubricas analisadas na Figura 3 tiveram os gastos absolutos estagnados ou recuados a partir de 2014 e 2015, a exceção é o gasto com seguro-desemprego, o qual decresce mais tardiamente após a reforma trabalhista de 2017. Embora a série temporal não capte os efeitos da pandemia, muito provavelmente os recursos em assistência social elevaram-se nesse período pelas razões antes mencionadas.

Nota-se que as chamadas políticas familiares sofreram um dos mais expressivos cortes de recursos. Estas compreendem um conjunto abrangente e heterogêneo de políticas, em grande medida descoordenadas, voltadas a auxiliar as famílias com seus dependentes (SARACENO, 2019; SÁTYRO; MIDAGLIA, 2021). A Organização de Cooperação e Desenvolvimento Econômico (OCDE) as divide em dois grandes grupos: os benefícios monetários e os benefícios *in kind,* os quais referem-se às provisões ofertadas como serviços. No primeiro grupo, incluem-se os benefícios familiares que possuem caráter focalizado, seja contributivo para trabalhadores formais com até certo nível salarial (como o salário-família), seja não contributivo, dentro do qual o Bolsa Família poderia ser inserido[5]. Nesse sentido, essas duas frentes atuam de forma interseccional sobre o risco da pobreza. Por último, há ainda as licenças parentais, destinadas aos pais afastados do trabalho em razão do nascimento de filhos ou por adoção. Estas também são de caráter contributivo e reservadas aos trabalhadores formais.

Figura 3 Gasto público absoluto (em milhões de R$ e em valores constantes de 2018) em políticas sociais selecionadas no Brasil, 2010–2018

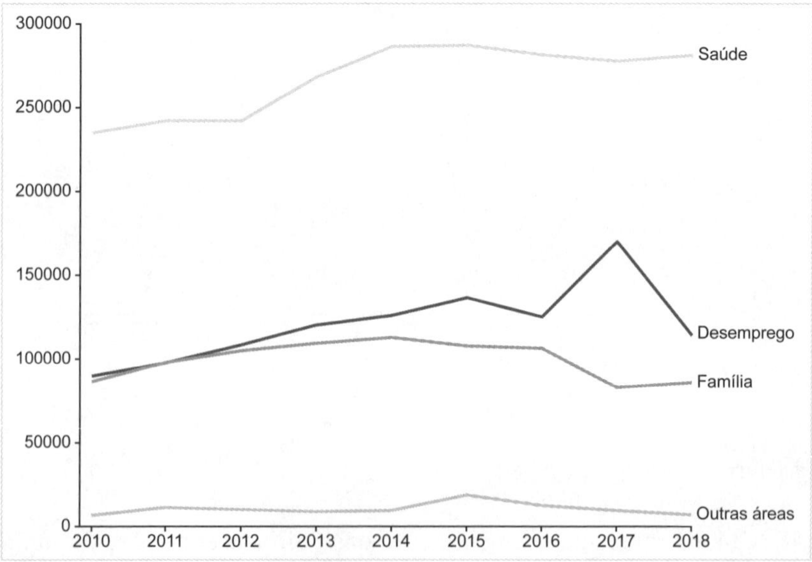

Fonte: elaboração própria a partir de CEPALstat.

[5] Não está claro se a CEPAL contabiliza o Bolsa Família dentro da rubrica de gasto em políticas familiares ou em políticas de assistência social (outras políticas). Em um relatório relativamente recente da CEPAL (TROMBEN; PODESTÁ, 2019), pautado pelo mesmo método de classificação das despesas governamentais, tal política é contabilizada dentro do escopo das políticas familiares.

No grupo das políticas prestadas como serviços (*in kind*), uma das mais importantes é a política de cuidado com crianças de 0 a 5 anos, que envolve a provisão de creches e de instituições escolares no nível pré-primário. Não obstante possuam uma condição de acesso universal, a oferta da provisão pública e a sua cobertura são ainda limitadas no Brasil (PASSOS; MACHADO, 2021).

É instrutivo recordar que as políticas familiares constituíram, historicamente, um dos primeiros mecanismos de reconhecimento de direitos sociais às mulheres e às crianças. Até o fim da Segunda Guerra Mundial, a cidadania social seguia o modelo preconizado por Bismarck na Prússia, no fim do século XIX, em que os direitos sociais estavam vinculados às relações assalariadas e, portanto, circunscreviam-se aos trabalhadores industriais, majoritariamente masculinos. Autoras feministas (ORLOFF, 1993; SAINSBURY, 1994) denominaram esse modelo como "*breadwinner*", uma vez que se inclina à proteção do chefe de família — sintetizado na figura do trabalhador masculino — e pressupõe que este deve guarnecer seus dependentes. Nesse modelo, então, o acesso de mulheres e crianças aos direitos sociais deriva das relações contratuais masculinas. Desenvolvidas a partir dos anos 1950 e 1960, as políticas familiares foram uma das primeiras a romper com tal intermediação, tanto na Europa quanto na América Latina, ainda que não tenham sanado toda a estratificação de gênero provocada pelo sistema de proteção social (HUBER; STEPHENS, 2001; SARACENO, 2021).

É equivocado supor, contudo, que tais políticas atuem necessariamente em prol da maior equidade de gênero. Nesse âmbito, há um extenso debate em meio ao qual aponta-se que algumas delas reforçam a divisão sexual do trabalho doméstico (SARACENO, 2019; SÁTYRO; MIDAGLIA, 2021). Por exemplo, se, por um lado, há indícios de que o Bolsa Família confere mais autonomia às mulheres (CECCHINI; ATUESTA, 2017), por outro lado, argumenta-se que ao destinar às mulheres os recursos ajustados conforme o número de filhos por família, o Estado reforça o papel social do gênero feminino como responsável pelo cuidado dos dependentes. Nesse sentido, o Estado legitimaria a ordem patriarcal da divisão sexual do trabalho (BARTHOLO; PASSOS; FONTOURA, 2019).

Do ponto de vista da redistribuição econômica, sob outra perspectiva, os efeitos do Bolsa Família são amplamente documentados, tanto em termos da redução da pobreza quanto da desigualdade, processo que se deu de forma mais marcante entre 2006 e 2013 (DE SOUZA *et al.*, 2019). Conforme um estudo da Fundação Getulio Vargas (2020), o programa teve reajuste no valor médio dos benefícios até 2018 e a cobertura cresceu até 2014, beneficiando em torno de 14 milhões de famílias. Contudo, a partir de 2019, ocorreu uma queda da cobertura — uma redução de 1 milhão de famílias entre 2019 e 2020 — e o valor do benefício sofreu uma perda real de 21,5% entre 2014 e 2020.

Em 2020, foi implementado o Auxílio Emergencial, cujo valor do benefício concedido era muito superior ao dos programas de transferências de renda implementados até então, porém sob um contexto, como já mencionado, de escalada da demanda por proteção social. Como pontuado anteriormente, tal benefício teve um papel crucial na redução da pobreza e da desigualdade nesse período (BARBOSA; PRATES, 2020), mas ele foi provisório, vigorando até 2021. Ainda assim, segundo uma pesquisa (DE PAULA; ZIMMERMANN, 2021), a proporção de brasileiros sob insegurança alimentar aumentou de 20,37% em 2018 para 34,7% em 2020.

Em 2021, o governo de Jair Bolsonaro encerrou o Bolsa Família, no lugar do qual lançou o Auxílio Brasil, que propunha o aumento do benefício, mas de cuja cobertura se tinha poucas informações. Algumas estimativas apontam que em março de 2022, 1,3 milhões de pessoas aguardavam ainda na fila para acessar o benefício (Folha de S. Paulo, 2022)[6]. Isso expressa um descompasso das salvaguardas públicas providas diante da magnitude do quadro de vulnerabilidade social à época. Ilustra isso a soma da proporção de desempregados e desalentados, que atingiu o nível de 15,6% em 2022 no Brasil, além do cenário de alta da inflação[7].

Concebidas como tendo maior impacto sobre as desigualdades de gênero são as chamadas políticas de conciliação entre trabalho e família, que incluem as licenças parentais e as políticas de cuidado com crianças e idosos (SARACENO, 2019). Nessas políticas, o Estado assume parte da responsabilidade do cuidado (via provisão de creches e instituições de cuidado com idosos) ou legitima a divisão com os pais (via licenças parentais). Ao mesmo tempo, tais políticas possuem um efeito econômico decisivo, pois ao reduzir a carga do trabalho feminino não remunerado, oportunizam não só a inserção das mulheres no mercado de trabalho, mas também o acesso a empregos melhor remunerados de tempo integral. Trata-se de uma medida que contribui para a elevação da renda das mulheres e para formação de famílias com dois assalariados, de modo a se projetar como um importante mecanismo de prevenção contra a pobreza, incluindo a pobreza infantil. Finalmente, outro efeito dessa política é o incentivo ao aumento da taxa de fecundidade, na medida em que atenua o custo da maternidade para as mulheres no mercado de trabalho (HEMERIJCK, 2013; KERSTENETZKY, 2012; SARACENO, 2019).

[6] Disponível: https://www1.folha.uol.com.br/mercado/2022/05/fila-do-auxilio-brasil-chega-a-13-milhao-veja-como-se-inscrever-para-ter-o-beneficio.shtml.

[7] Dado observado em: www.ibge.gov.br/estatisticas.

Figura 4 Gasto desagregado absoluto (valores constantes de 2018), em políticas familiares no Brasil, 2010–2018

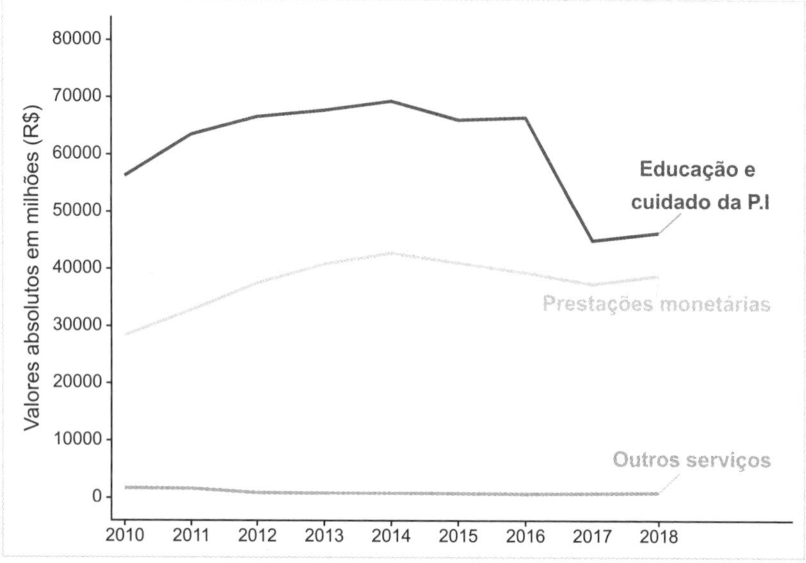

Fonte: elaboração própria a partir de CEPALstat.

Como se verifica na Figura 4, a principal rubrica que pressiona a retração geral dos gastos em políticas familiares, antes referidos, é a "educação e cuidado da primeira infância". Responsável pela maior parcela dos gastos totais nessa política, tal rubrica sofre um corte de recursos substantivo a partir de 2016. Pode-se dizer que este corte afeta principalmente as mulheres mais pobres. De fato, a Pesquisa Nacional por Amostra de Domicílio Contínua (PNAD) de 2019 revela um crescimento em nível nacional de 30,4% a 35,6%[8] de crianças entre 0 a 3 anos matriculadas em creches entre 2016 a 2019. No entanto, do ponto de vista regional, essas matrículas se concentram no Sul e no Sudeste, com média de 42,8 % de crianças matriculadas nessa faixa etária, ao passo que no Norte a cobertura era de apenas 17,6% e no Centro-Oeste 28,2%. Ademais, como observam Passos e Machado (2021), com base na PNAD de 2015, a frequência de crianças nas creches no primeiro decil de renda é de 15%, enquanto que no último é de 42%. Mais do que isso, as autoras destacam a dinâmica da delegação do cuidado, estruturada sobre a desigualdade econômica:

[8] Dado observado em: www.ibge.gov.br/estatisticas

> As mulheres de classe média e rica se valem, portanto, de um modelo de delegação no qual se atribuem, em geral, a outras mulheres as atividades domésticas e de cuidado aos filhos (MELO; DI SABBATO, 2011; BANDEIRA; MELO, 2013; HIRATA, 2015) e, no futuro próximo, os cuidados aos idosos (PASSOS; MACHADO, 2021, p. 19).

Por esse motivo, o corte do orçamento em políticas de cuidado afeta sobretudo as mulheres mais pobres. Muitas delas deixam de trabalhar para cuidar dos filhos, o que, como dito anteriormente, têm implicações diretas sobre a capacidade de prevenção à pobreza da família e a dos filhos. Ao fim e ao cabo, a ausência destas políticas amplia a desigualdade de renda e de gênero.

6.3 Desigualdade no acesso aos direitos sociais

Como já pontuado, um mecanismo de exclusão por gênero e renda de acesso a certos direitos sociais relaciona-se ao fato de que a proteção a alguns riscos se circunscreve aos trabalhadores formais. Mais especificamente, riscos fundamentais como aposentadoria por velhice, desemprego, acidente de trabalho e as licenças parentais — cujo papel sobre a conciliação entre trabalho e família foi enfatizada na seção anterior — são de caráter contributivo.

Em contraste com a tendência de formalização da força de trabalho que ampliou o acesso ao sistema de seguridade social entre os anos 2000 e 2015 (ARENAS DE MESA, 2019), a partir de 2016, houve uma queda das contribuições, sobretudo entre os quintis 1 e 3 de renda[9]. Portanto, os choques econômicos e a alta do desemprego, após 2015, afetaram sobretudo a base econômica, excluindo-a do sistema de proteção social.

Mais do que isso, a efeito de captar as disparidades de acesso aos direitos previdenciários por gênero, calculo a razão entre a proporção de homens e mulheres que contribuem para a seguridade social. A Figura 5 demonstra que essa disparidade se acentua a partir de 2016, de forma mais patente no primeiro quintil. Constatação tal corrobora com o diagnóstico de que as mulheres provenientes da base econômica foram as mais atingidas.

[9] Dado observado em: https://statistics.cepal.org/portal/cepalstat/.

Figura 5 Razão por gênero entre contribuintes para a seguridade social, estratificado por quintil de renda, 2011–2019

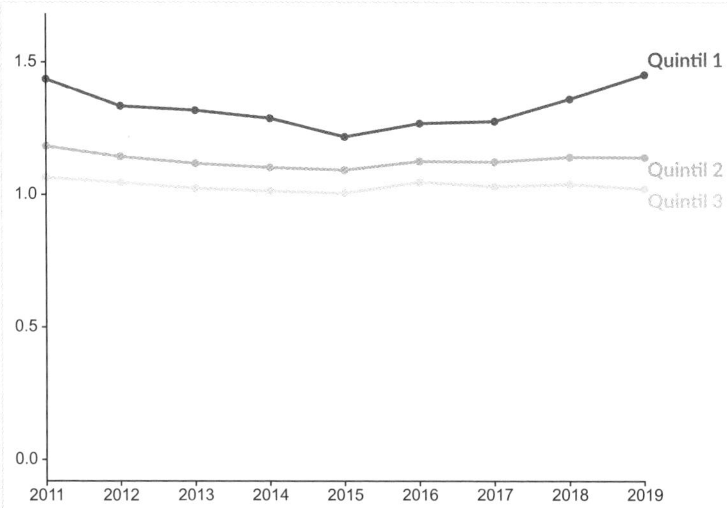

Fonte: elaboração própria a partir de CEPALstat.

6.4 A distribuição dos riscos por gênero e por classe

As seções anteriores destinaram-se a analisar o processo de retração das políticas sociais; processo este que afetou de forma desigual os distintos grupos sociais. Na presente seção, por sua vez, analiso o que na literatura se chama de *welfare outcomes* (GOUGH, 2004), que diz respeito ao desempenho das políticas sociais em lidar com os riscos sociais, como por exemplo, a desigualdade, a pobreza etc. Antes de tudo, é preciso recordar que, mais claramente a partir de 2015, a economia brasileira sofreu uma recessão que ampliou o risco de desemprego e, consequentemente, todos os demais riscos derivados deste como a pobreza e a fome.

Como é de se esperar, a Figura 6, a seguir, explicita que esses riscos foram desigualmente distribuídos, isto é, afetando mais alguns grupos do que outros. Os primeiros quintis, mais nitidamente o primeiro e o segundo, foram de fato muito mais afetados pelo desemprego do que os quintis do topo. Essa tendência se agrava a partir de 2014 e se perpetua até o fim da série. O desemprego entre as mulheres foi maior do que o dos homens em todos os quintis de renda, mas, sobretudo no primeiro quintil, a razão entre as taxas de desemprego por gênero é maior, por volta de 1,4, enquanto que nos demais a razão não se contrasta muito e fica em torno de 0,6[10].

[10] Cálculo realizado pelo autor com base nos dados de desemprego da CEPALstat.

Nesse quintil, a taxa de desemprego entre as mulheres atinge a proporção de 39,5%, enquanto entre os homens figura no patamar de 26,7%.

Figura 6 Taxa de desemprego entre mulheres por quintil de renda, 2011–2020

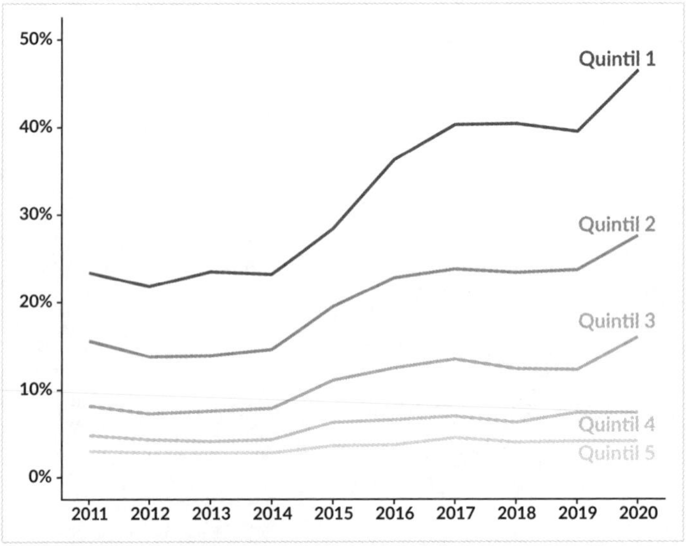

Fonte: elaboração própria a partir de CEPALstat.

Figura 7 Taxa de extrema pobreza por gênero, 2009–2019

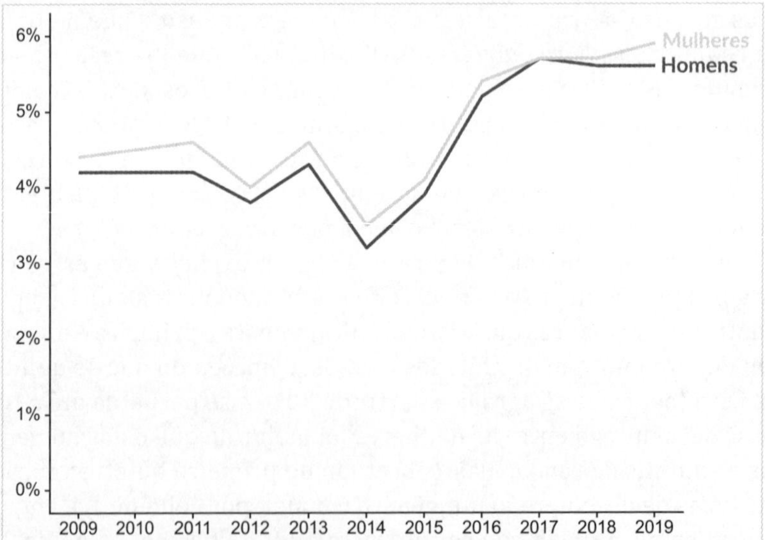

Fonte: elaboração própria a partir de CEPALstat.

Da mesma forma, observa-se na Figura 7 que o avanço da extrema pobreza também se dá a partir de 2014, sem amplo contraste por gênero. A incidência de pobreza entre as mulheres parece se intensificar a partir de 2017, o que se relaciona ao aumento da razão entre as taxas de desemprego por gênero nesse período.

Figura 8 Proporção de tempo gasto em trabalho doméstico não remunerado por gênero e por quintil de renda, 2012–2019

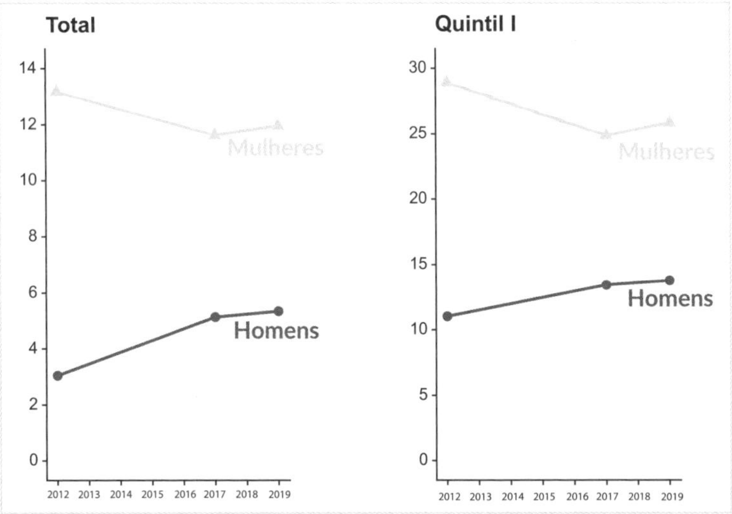

Fonte: elaboração própria a partir de CEPALstat.

Em consonância com estes dados, a Figura 8 demonstra como a diferença entre os gêneros, no que diz respeito ao tempo gasto em trabalhos domésticos não remunerados e serviços de cuidado, vinha caindo desde 2012 e, a partir de 2017, há certa estagnação do ponto de vista total. No entanto, no primeiro quintil, constata-se o aprofundamento da divisão sexual em direção contrária à trajetória delineada até então. Isso indica que, mais afetadas pelo desemprego, como visto anteriormente, as mulheres do primeiro quintil foram incumbidas de abandonar o emprego e, assim, voltaram a exercer tal trabalho não remunerado. Tal tendência expressa certa correlação com a provisão das políticas de cuidado descrita na seção anterior: o período até por volta de 2016, no qual se observou a expansão das políticas de cuidado, percebe-se a queda da diferença entre o trabalho não remunerado. A partir de então, com a redução dos investimentos públicos nessa política, é o período no qual se constata uma tendência de aprofundamento dessa diferença que afeta sobretudo as mulheres dos primeiros quintis de renda, as quais são mais dependentes dessa provisão.

6.5 Conclusão

A presente análise corrobora com a hipótese de que deu-se um processo de retração do Estado de bem-estar no Brasil, além das diversas evidências na literatura da retração na educação, saúde e assistência social (ROSSI; DWECK, 2016; SÁTYRO, 2021; VIEIRA, 2021). Demonstrou-se neste capítulo que, entre 2014 e 2019, houve recuo no investimento público em políticas sociais, aumento da desigualdade social, bem como redução da provisão nas políticas familiares, sobretudo nas políticas de cuidado com a primeira infância. Portanto, mais dados a respeito de diferentes dimensões comprovam a hipótese de retração.

No entanto, é importante pontuar que esse processo não se inicia com a NRF, em 2016, embora seja aprofundado por esse regime, mas já em 2014 com o projeto de ajuste fiscal introduzido pelo governo Dilma. São bastante consistentes os indicadores ao demonstrar uma ruptura, entre 2014 e 2019, com o desenvolvimento da proteção social que vinha ocorrendo até então, desde a redemocratização.

Foi demonstrado, ainda, que por uma conjunção de fatores essa retração de direitos afetou de forma desigual os setores mais pobres da sociedade e principalmente as mulheres. Entre as evidências nesse sentido estão os cortes sucessivos de recursos na política de cuidado, de forma mais intensa comparativamente a outras políticas, o que implica a contração da provisão pública de creches. Essa contração afeta sobretudo as mulheres mais pobres que dependem desse serviço para entrarem no mercado de trabalho, ampliando, por essa via, o seu risco de pobreza, além das implicações no aprofundamento da desigualdade na divisão sexual do trabalho doméstico. Com efeito, o desemprego, a pobreza extrema e o tempo de trabalho doméstico não remunerado aumentaram mais proporcionalmente nas mulheres dos primeiros quintis. Em suma, a parcela social que ficou mais vulnerável em meio ao choque econômico foi a mesma sobre a qual a proteção social pública mais recuou.

REFERÊNCIAS BIBLIOGRÁFICAS

ARENAS DE MESA, A. *Los sistemas de pensiones en la encrucijada: desafíos para la sostenibilidad en América Latina.* [s.l.] CEPAL, 2019.

ARRETCHE, M. "Democracia e redução da desigualdade econômica no Brasil", *Revista Brasileira de Ciências Sociais*, v. 33, nº 96, 5 fev. 2018.

BARBOSA, P. M. R. *A economia política dos Estados de bem-estar tardios: uma comparação entre América Latina e Leste Asiático.* Tese, IESP — Universidade Estadual do Rio de Janeiro, Rio de Janeiro, 2022.

BARBOSA, R.; PRATES, I. "Efeitos do desemprego, do auxílio emergencial e do Programa Emergencial de Preservação do Emprego e da Renda (MP nº 936/2020) sobre a renda, a pobreza e a desigualdade durante e depois da Pandemia". *Instituto de Pesquisa Econômica Aplicada (Ipea),* 2020. Disponível em: https://repositorio.ipea.gov.br/handle/11058/10187.

BARTHOLO, L.; PASSOS, L.; FONTOURA, N. Bolsa Família, autonomia feminina e equidade de gênero: o que indicam as pesquisas nacionais?, *Cadernos Pagu*, 2019.

CECCHINI, S.; ATUESTA, B. *Programas de transferencias condicionadas en América Latina y el Caribe: tendencias de cobertura e inversión.* 2017.

COPPEDGE, M. *et al.* "V-Dem Dataset", *Methodology*, v. 11.1, mar. 2021.

DE PAULA, N. M.; ZIMMERMANN, S. A. "A insegurança alimentar no contexto da pandemia da covid-19 no Brasil", *Revista do Núcleo de Estudos de Economia Catarinense*, v. 10, nº 19, p. 56–67, 2021.

DE SOUZA, P. H. et al. "Os efeitos do Programa Bolsa Família sobre a pobreza e a desigualdade: Um balanço dos primeiros quinze anos". [s.l.] *Texto para discussão,* 2019.

FGV. "FGV Social comenta os cortes no Bolsa Família e o aumento da extrema pobreza no Brasil". Disponível em: https://cps.fgv.br/destaques/fgv-social-comenta-os-cortes-no-bolsa-familia-e-o-aumento-da-extrema-pobreza-no-brasil. Acesso em: 10 mai. 2022.

GOUGH, I. "Welfare Regimes in development contexts: a global and regional analysis". In: GOUGH, I.; WOOD, G. (eds.). *Insecurity and welfare regimes in Asia, Africa and Latin America: social policy in development contexts.* 3ª ed. Cambridge: Cambridge University Press, 2004. p. 15–48.

HEMERIJCK, A. *Changing welfare states.* 1ª ed. Oxford: Oxford University Press, 2013.

HUBER, E.; STEPHENS, J. D. *Democracy and the left: social policy and inequality in Latin America.* Chicago, Ill.: Univesity of Chicago Press, 2012.

KERSTENETZKY, C. L. *O Estado de Bem-estar Social na Idade da Razão.* Rio de Janeiro: Elsevier, 2012.

ORLOFF, A. S. "Gender and the social rights of citizenship: the comparative analysis of gender relations and welfare states", *American Sociological Review*, p. 303–328, 1993.

PASSOS, L.; MACHADO, D. C. "Regime de cuidados no Brasil: uma análise à luz de três tipologias", *Revista Brasileira de Estudos de População*, v. 38, 2021.

ROSSI, P.; DWECK, E. "Impactos do novo regime fiscal na saúde e educação", *Cadernos de Saúde Pública*, v. 32, p. e00194316, 2016.

SAINSBURY, D. "Gendering welfare state — Introduction". In: *Gendering welfare states*. Londres/Thousand Oaks, Califórnia: Sage Publications, 1994. p. p.1–7.

SALEJ, A. P. *O WELFARE STATE NO SÉCULO XXI: recuperando a Teoria da Cidadania para os welfare states latino-americanos*. Tese (Programa de Pósgraduação em Ciência Política), Belo Horizonte, Universidade Federal de Minas Gerais, 2013.

SARACENO, C. "Family policies". In: *The Routledge handbook of the welfare state*. 2ª ed. [s.l.] Routledge, 2019. p. 403–412.

SÁTYRO, N. "The Paradigmatic Radical Reform in Brazil's Social Policies: The Impact of the Temer Administration". In: *Latin American Social Policy Developments in the Twenty-First Century*. [s.l.] Springer, 2021. p. 317–340.

SÁTYRO, N.; MIDAGLIA, C. "Family policies in Latin American countries: re-enforcing familialism". In: *Latin American Social Policy Developments in the Twenty-First Century*. [s.l.] Springer, 2021. p. 287–314.

TROMBEN, V.; PODESTÁ, A. "Las prestaciones familiares públicas en América Latina". *Comissão Econômica para a América Latina e o Caribe (CEPAL)*, p. 80, 2019.

VIEIRA, F. S. "Gasto federal com políticas sociais e os determinantes sociais da saúde: para onde caminhamos?", *Saúde em Debate*, v. 44, p. 947–961, 2021.

CAPÍTULO

7

Teto de gastos: crises, debates e dilemas da política fiscal brasileira

Yago Paiva
Izabelle Camacho

7.1 Introdução

O objetivo deste trabalho é analisar o teto de gastos públicos brasileiro, indo dos debates em torno da proposta em 2016 até os sinais de esgotamento da regra em 2022. Nossa principal hipótese é que o teto de gastos se tornou inviável não por conta da pandemia de covid-19 ou porque a agenda de reformas avançou pouco, mas por causa de problemas de desenho da própria regra já identificados mesmo antes de ela ser instituída. Entre as principais debilidades estão: (i) o excesso de rigidez para a modificação dos limites do próprio teto[1]; (ii) a falta de transparência quanto ao

[1] Como o teto de gastos foi instituído via emenda constitucional, a modificação de suas regras somente se dá mediante a alteração da própria Constituição Federal. Isto é, o teto não pode ser modificado via medida provisória ou por lei ordinária. Ocorre que os custos para a alteração da Carta Magna são muito altos. De acordo com o art. 60 da CF/88, a Constituição pode ser emendada mediante proposta do presidente da república ou por um terço dos membros da Câmara dos Deputados ou do Senado Federal. Assim, se for de iniciativa do Legislativo, a proposta precisará ter o apoio de 171 dos 513 deputados ou de 27 dos 81 senadores. Além disso, a proposta ainda deve ser discutida e votada em dois turnos (duas vezes) em cada

potencial de ajuste fiscal que seria possível alcançar com as reformas; e (iii) a velocidade dos efeitos das reformas frente ao crescimento das despesas obrigatórias.

Regras fiscais são desenvolvidas e implementadas com o propósito de garantir um quadro de previsibilidade para os atores econômicos e evitar a deterioração fiscal. O pressuposto mais geral é que o viés deficitário da classe política tende a provocar degradação fiscal. Mais disseminadas a partir dos anos 1990, essas regras passaram por três ondas (SCHAECHTER, 2012). A primeira ocorreu no início dos anos 1990, principalmente como resposta a crises bancárias e da dívida, e como consolidações necessárias para que países se qualificassem a entrar na Zona do Euro. A segunda onda, movida por economias emergentes no início dos anos 2000, empregou regras para controlar excessos fiscais. A terceira se desenvolveu após a crise de 2008, em que grande número de países, sobretudo da Zona do Euro, complementaram as regras supranacionais, enquanto outras economias acrescentaram mais regras às existentes, de forma a atualizar o quadro. Esta última onda busca corrigir a tendência de pró-ciclicidade apresentada anteriormente, combinando objetivos de sustentabilidade fiscal com flexibilidade, para lidar com choques econômicos.

O teto de gastos brasileiro se enquadra nessa terceira onda de regras fiscais e engendra debates acalorados desde que foi proposto. Instituído em 2016, no governo de Michel Temer, com a Emenda Constitucional 95, a regra limita o aumento do gasto primário do governo à base do exercício do ano anterior corrigido pela inflação acumulada em doze meses. O principal diagnóstico para a implementação, pelo lado de proponentes e entusiastas, foi a identificação de desequilíbrio fiscal crônico, com aumento do gasto primário em relação ao PIB, nas últimas décadas, na casa dos 5%.

A deterioração fiscal é apontada como o principal motivo para crise econômica pela qual o Brasil passa desde 2014 (PAULA; PIRES, 2017). Seguindo essa linha, a receita apresentada para a retomada do crescimento econômico é o estabelecimento de um "Novo Regime Fiscal" que abra um ciclo virtuoso. Todavia, críticos argumentam que o teto de gastos é mal desenhado, muito difícil de cumprir pelo excesso de rigidez e apresenta viés pró-cíclico. Além disso, há questionamentos com relação às consequências econômicas e sociais adversas do novo regime.

---

casa do Congresso Nacional, devendo ser aprovada por três quintos dos membros, nas duas vezes. Ou seja, a proposta deve ter, no mínimo, 308 votos na Câmara e 49 votos no Senado, nas duas plenárias. Se a emenda for uma proposta legislativa, os parlamentares devem conseguir se organizar a ponto de obter um apoio muito grande, tanto para apresentar quanto para aprovar a proposta. De igual modo, se a emenda for uma proposta do Executivo, o presidente tem que ter muita habilidade para articular com o Congresso e conseguir a aprovação.

O governo Bolsonaro, primeiro mandato completo a ter que adequar-se ao teto de gastos, representa a continuidade e o aprofundamento do modelo econômico da gestão de Michel Temer (OREIRO; PAULA, 2019). Paulo Guedes, ministro da economia, concentrou a política econômica no respeito ao teto de gastos e na agenda de "reformas estruturais", consideradas basilares para a promoção de ajuste fiscal. No primeiro ano de governo, foi aprovada a Reforma da Previdência. No segundo, sobreveio a pandemia de covid-19. Embora tenha relutado, o governo adotou medidas que tiveram impactos contracíclicos, como o Auxílio Emergencial (AE), que além de amortecer a queda econômica em 2020, teve forte efeito social, fazendo com que o Índice de Gini, que mede a desigualdade dos países, ficasse abaixo de 0,50 pela primeira vez (ONU, 2020). Os gastos relacionados ao combate à pandemia não ficaram sujeitos ao teto de gastos após a aprovação da PEC do "Orçamento de Guerra" (PEC 10/2020). A dívida pública (Dívida Bruta do Governo Geral – DBGG) atingiu o pico de 89% do PIB em outubro de 2020, maior valor registrado entre janeiro de 2008 e abril de 2022, como é possível ver no Gráfico 1.

Gráfico 1 Dívida bruta do Governo Geral em relação ao PIB: 01/2008 a 04/2022

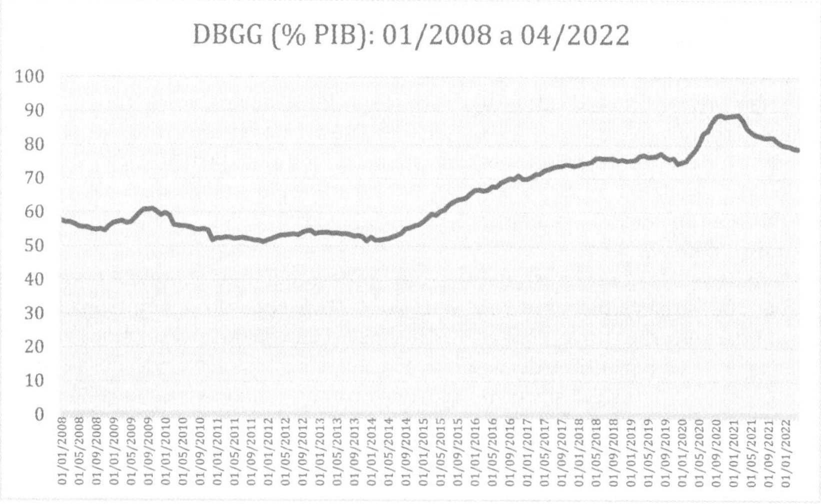

Fonte: elaboração dos autores a partir de dados do Banco Central.

A Emenda Constitucional (EC) nº 106/2020, também conhecida como "Orçamento de Guerra", aprovou a abertura de crédito extraordinário para o enfrentamento da pandemia, possibilitando, assim, a distribuição do Auxílio Emergencial no valor de R$ 600,00 (POZZEBOM, 2020). O "Orçamento de Guerra", no entanto, significou uma obediência puramente formal ao teto de gastos. Antes e, principalmente, durante a pandemia, o teto de gastos passou por uma série de alterações, via emendas constitucionais, que acabaram por contornar a rigidez da regra e abrir espaço fiscal para transferências e gastos do governo.

A EC nº 102, aprovada em 26 de setembro de 2019, abriu um espaço fiscal de R$ 46,1 bilhões ao excluir do teto de gastos o dinheiro decorrente da exploração de petróleo repassado pela União aos estados, Distrito Federal e municípios. A Proposta de Emenda Constitucional (PEC) nº 186/2019, conhecida como PEC Emergencial, foi transformada na EC 109/2021 em 15 de março de 2021. Ela teve por objetivo a criação de um auxílio emergencial para o enfrentamento das "consequências sociais e econômicas da pandemia da covid-19". O auxílio foi implantado durante o exercício financeiro de 2021 como despesa extraordinária, ficando fora do teto de gastos e das limitações orçamentárias até o limite de R$ 44 bilhões. Já as ECs nº 113/21 e 114/21, oriundas das PECs dos Precatórios/PECs do Calote (PECs nº 46/21 e 23/21) e aprovadas em dezembro de 2021, abriram um espaço fiscal de R$ 81,7 bilhões[2]. Por fim, a EC nº 123,

[2] A EC 113/21 determinou a aplicação da taxa SELIC acumulada mensalmente nas condenações que envolvem a Fazenda Pública, independentemente da natureza do precatório. Antes eram aplicados diferentes índices (IPCA-E, IGP-DIP, INPC) às condenações da Fazenda Pública, a depender da matéria, da data e do ente federativo envolvido (DINIZ, 2022). Portanto, com a uniformização do índice, buscou-se diminuir a dívida pública.
Por sua vez, a EC 114/21 alterou o prazo de inclusão de precatórios no orçamento. Antes, os precatórios deveriam ser incluídos no orçamento até o dia 1 de julho, mas passaram a ter que ser apresentados até o dia 2 de abril (art. 100, §5º, da CF/88), diminuindo, dessa forma, o número de precatórios a serem pagos pela Fazenda Pública no ano de 2022. Como consequência, a verba dos precatórios foi destinada a outros setores.
Além disso, a EC 114/21 estabeleceu um limite anual (um "subteto") para o pagamento de verbas judiciais até o ano de 2026. Os precatórios que ultrapassarem o "subteto" deverão entrar, com prioridade, no orçamento do ano seguinte. Ressalta-se que esta EC permitiu o desrespeito ao teto de gastos caso as despesas dos precatórios ultrapassem a margem fiscal após o ano de 2026, e não após 2036, como previa originariamente o teto.
A EC 114/21 também criou um regime de prioridade para o pagamento dos precatórios: (1) Requisições de Pequeno Valor (RPVs), isto é, de até sessenta salários mínimos; (2) precatórios de natureza alimentícia, cujos titulares tenham no mínimo 60 anos de idade ou sejam portadores de doença grave ou pessoas com deficiência; (3) precatórios de natureza alimentícia com valor equivalente ao triplo da obrigação de pequeno valor; (4) demais precatórios de natureza alimentícia; e (5) demais precatórios.
Em razão dessa mudança, os demais precatórios só poderão ser pagos se houver margem fiscal para tanto. Caso não haja, deverão entrar como prioridade no orçamento do ano seguinte.
A EC 114/21 também retirou dos limites do teto de gastos e do "subteto" de pagamento dos precatórios as despesas com o Fundo de Manutenção e Desenvolvimento do Ensino Fundamental e de Valorização do Magistério (FUNDEF).

aprovada em 14 de julho de 2022, abriu um espaço fiscal de R$ 41,25 bilhões[3].

Em suma, vê-se que o teto de gastos não foi suficiente para suportar as medidas necessárias ao enfrentamento da pandemia e à gestão dos recursos do país. O teto resistiu, mas foi extremamente modificado. No final do governo, dada a quantidade de emendas, tornou-se uma colcha de retalhos e praticamente ruiu.

O trabalho está dividido em seis seções, sendo a primeira esta introdução. Na segunda, mostramos quais são os pressupostos teóricos das regras fiscais, as três ondas de disseminação e as especificidades das regras para despesas, que é o caso do teto de gastos brasileiro. Na terceira, contextualizamos brevemente a crise econômica brasileira. Na quarta, apresentamos os argumentos que basearam a implementação do teto de gastos e as críticas ao modelo adotado. Na quinta, analisamos o que ocorreu com o teto de gastos durante o governo Bolsonaro. Na sexta, fazemos a conclusão.

7.2 Regras fiscais: pressupostos teóricos, as três ondas e as especificidades das regras para despesas

7.2.1 Pressupostos teóricos

Horta (2017, p. 263) define regra fiscal como "um mecanismo que introduz, por certo período de tempo (médio ou longo prazo), metas ou limites quantitativos para alguma das principais variáveis fiscais (dívida,

Ademais, as ECs 113/21 e 114/21 também trouxeram o aumento do limite das despesas primárias em R$ 15 bilhões, a serem destinados exclusivamente ao atendimento de despesas de vacinação contra a covid-19 ou relacionadas a ações emergenciais e temporárias de caráter socioeconômico e ao atendimento de despesas de programa de transferência de renda.

[3] Oriunda da PEC 01/2022 (PEC Kamikaze ou PEC do Auxílio), a EC 123/2022 trouxe diversos pontos polêmicos, que consubstanciam o desrespeito tanto ao teto de gastos quanto à legislação eleitoral, tais quais: (1) reconheceu o estado de emergência no ano de 2022, em razão da "elevação extraordinária e imprevisível dos preços do petróleo, combustíveis e seus derivados e dos impactos sociais dela decorrentes"; (2) permitiu a quebra do teto de gastos; (3) aumentou a verba destinada ao Programa Auxílio Brasil; (4) aumentou o valor do Auxílio Gás; (5) criou um auxílio para os caminhoneiros autônomos; (6) criou um auxílio para os taxistas; (7) aumentou a verba destinada ao Programa Alimenta Brasil.
Além de "furar" o teto de gastos com a liberação de R$ 41 bilhões em gastos sociais, a EC 123/2022 criou benefícios sociais, desrespeitando, assim a Lei Eleitoral nº 9504/97, que proíbe a distribuição de valores ou benefícios nos anos de eleição, sob pena de afetar a igualdade de oportunidades entre os candidatos (art. 73, caput e §10).

resultado corrente, gasto, receita)". Segundo o autor, as regras fiscais surgiram, entre outras coisas, com o objetivo de conter o viés deficitário da classe política, que ocorre por três motivos: (1) os agentes econômicos têm informações limitadas sobre a restrição orçamentária do governo. Por isso, tendem a superestimar os benefícios dos gastos correntes e subestimar os custos associados. Os agentes políticos se aproveitam desse fato para gastar mais e colher benefícios eleitorais de curto prazo; (2) a dívida pública pode ser usada como ferramenta de competição política. Governos podem contrair dívidas altas estrategicamente para influenciar a gestão do sucessor; (3) sem limite para gastos, governos fracos estão sujeitos a problemas de *common pool* e podem ser influenciados por grupos de interesse. Estes buscam aumentar suas respectivas fatias do bolo, calculando que os benefícios serão gozados pelo grupo e os custos divididos por toda sociedade.

Essa tendência de viés deficitário afeta os cálculos feitos pelos agentes econômicos. Nesse sentido, regras fiscais são necessárias para limitar a discricionariedade dos agentes políticos e garantir credibilidade à política econômica. Um dos principais pressupostos teóricos da defesa de regras fiscais é o problema de *inconsistência temporal de planos ótimos*. De forma resumida, essa inconsistência se refere à possibilidade de um plano ótimo *ex ante* se tornar subótimo *ex post*, conclusão tirada a partir do instrumental da Teoria dos Jogos. Se não houver um quadro de previsibilidade, os atores econômicos antecipam essa possibilidade do plano se tornar subótimo no médio e longo prazo (HORTA, op. cit.; SADDI, 1994)[4]. Mesmo que o plano econômico e a situação corrente sejam ótimos, o eventual uso oportunista das políticas discricionárias entra no cálculo dos atores que participam do "jogo econômico".

As regras fiscais, portanto, são mecanismos voltados a problemas macroeconômicos de desequilíbrios das contas públicas. Mas estão, também,

[4] Saddi (1994) aponta que as teorias envolvendo a tomada de decisões evoluíram com o passar do tempo. No início, os indivíduos no poder aplicavam políticas sem levar em consideração as expectativas de agentes privados. Depois, com o advento da teoria das expectativas racionais, as expectativas privadas passaram a influenciar a tomada de decisões. Posteriormente, além das expectativas privadas, as informações privilegiadas e o fator da inconsistência temporal também passaram a influenciar na tomada de decisões políticas.

Saddi (1994) argumenta que os autores Kydland e Prescott (1977) identificaram que uma política ótima não se mantém assim ao longo do tempo. Logo, para evitar os problemas de inconsistência temporal, parte da literatura passou a utilizar a Teoria dos Jogos para tratar problemas macroeconômicos afetados pela inconsistência temporal.

No que diz respeito ao escopo deste artigo, a política de teto de gastos foi implementada levando em consideração as expectativas do mercado e as decisões passadas a respeito da economia brasileira. Tudo isso com vistas a garantir a aprovação do mercado no futuro.

relacionadas a modelos teóricos microeconômicos que buscam antecipar as ações dos agentes. Seguindo a lógica desses modelos microeconômicos, regra fiscal é um fim em si mesma. Não obstante, a política econômica seja ótima *ex ante* e não exista desequilíbrio no balanço corrente justificando um ajuste fiscal, a partir da noção de viés deficitário da classe política, parte-se do pressuposto de que os agentes anteciparão um desequilíbrio *ex post*. Essa antecipação pode afetar a confiança e a credibilidade da gestão da economia, ensejando a implementação de regras fiscais.

7.2.2 As três ondas de implementação de regras fiscais

De acordo com Schaechter (2012), a adoção de regras fiscais se tornou mais disseminada a partir dos anos 1990. Desde então, três "ondas" podem ser observadas. A primeira ocorreu no início dos anos 1990, principalmente como respostas a crises bancárias e da dívida e como consolidações necessárias para a entrada na Zona do Euro[5]. A segunda foi movida em grande parte por economias emergentes no início dos anos 2000, que empregaram regras com o objetivo de controlar excessos fiscais. A terceira onda se desenvolveu após a crise de 2008[6], em que grande número de países, principalmente da Zona do Euro, complementaram as regras supranacionais

[5] A primeira onda de adoção de regras fiscais surgiu em um contexto em que a ideologia neoliberal e globalista foi efetivamente consolidada como a política econômica recomendada aos países em desenvolvimento (BRESSER-PEREIRA, 2006). A ideologia neoliberal ganhou grande destaque e reconhecimento principalmente após os Consensos de Washington. O primeiro Consenso teve como principal preocupação a realização de um ajuste macroeconômico para contornar a grande dívida externa dos anos 1980. O segundo Consenso, predominante a partir dos anos 1990, teve por intuito defender o desenvolvimento econômico a partir da abertura da conta capital e do crescimento com poupança externa. De acordo com Bresser-Pereira (2006), os dois formaram um consenso único: "o consenso dos países ricos em relação a seus concorrentes, de desenvolvimento médio".

[6] Para superar os efeitos da crise financeira de 2008, iniciada nos Estados Unidos e repercutida em diversos países, o Brasil adotou uma série de medidas anticíclicas, tais quais: políticas creditícias, monetárias e fiscais, com foco nos setores automotivo, construção civil, móveis e eletrodomésticos (GRAUPEN, 2015).
As principais medidas de combate à crise adotadas no setor automotivo foram a redução do imposto sobre produtos industrializados (IPI) e a expansão do crédito. No setor da construção civil foi adotada uma política monetária de baixa de taxas de juros e uma política de incentivo ao crédito mais barato em bancos públicos. No setor de móveis e eletrodomésticos, também houve a redução do IPI, a expansão do crédito e a mudança da política monetária (GRAUPEN, 2015).
Essas medidas anticíclicas tiveram diferentes efeitos na produção e na geração de empregos em cada setor, mas, de maneira geral, foram eficazes no combate da crise. Em contrapartida, o aumento de gastos do governo ocasionou uma elevação da dívida pública brasileira (GRAUPEN, 2015).

com regras nacionais, enquanto outras economias acrescentaram mais regras às existentes de forma a atualizar o quadro.

Essa última onda de regras fiscais busca corrigir a tendência de pró-ciclicidade — os gastos aumentam quando a economia tem resultados positivos e retraem quando são negativos —, efeito colateral mais comum atribuído a esses mecanismos. Para isso, combinam objetivos de sustentabilidade fiscal com flexibilidade para lidar com choques econômicos via regras de equilíbrio corrigidas de acordo com o ciclo (SCHAECHTER, 2012; HORTA, 2017).

7.2.3 Regras fiscais para limitação das despesas

Algumas variáveis podem ser limitadas por regras com o objetivo de fazer controle fiscal, como dívida, despesa e resultado corrente (HORTA, 2017). Como o teto de gastos brasileiro limita a variável despesa, daremos enfoque nesse tipo de regra fiscal.

Cordes *et al.* (2015) analisaram regras para despesas adotadas por 23 países até 2013. Tipicamente, segundo os autores, elas tomam a forma de um teto para o crescimento nominal ou real dos gastos a médio prazo. Tetos sobre o crescimento real de gastos são mais frequentes em países de economias avançadas, porque estes são mais capazes de estimar os gastos em termos reais. A maioria das regras cobrem o governo central. Dos 23 países, em apenas 8 elas incidem também sobre as esferas estadual e local. Uma cobertura ampla sobre a gestão do total de receitas e gastos tem a vantagem de tornar o alvo da medida mais transparente e fácil de monitorar. Não obstante, frequentemente é desejável excluir do teto alguns tipos de despesas, como gastos com capital que contribuem positivamente para o crescimento econômico de longo prazo, pagamento de juros e despesas cíclicas.

São três os motivos que geralmente levam os países a adotarem regras para limitar gastos, segundo os autores: (1) para conseguir atender a outras regras fiscais supranacionais, como é o caso de muitos países da Zona do Euro; (2) para atingir metas fiscais em período eleitoral; (3) para controlar gastos após crises econômicas.

Do ponto de vista dos efeitos de médio e longo prazo, Cordes *et al.* (*op. cit.*) analisam 33 regras para despesas implementadas entre 1985 e 2013. Os autores chegam a conclusões importantes para a avaliação de mecanismos fiscais desse tipo.

A taxa de cumprimento das regras de despesas é maior do que para as regras de equilíbrio orçamental, especialmente se a regra de despesas estiver diretamente sob o controle do governo e se estiver consagrada na lei ou em acordo de coalizão.

A presença de regras de gastos está associada a um desempenho fiscal mais forte, ou seja, um saldo primário mais elevado — depois de levar em conta os determinantes convencionais — e as políticas contracíclicas.

As regras de gastos estão associadas a níveis mais baixos de investimento público em economias de mercado emergentes, onde sistemas mais fracos de GFP (Gestão das Finanças Públicas) podem ser menos eficazes para evitar que os formuladores de políticas adiem gastos discricionários de alta qualidade em prol do cumprimento da regra (CORDES *et al.*, 2015, p. 17, tradução nossa).

7.3 A crise econômica brasileira: do *stop-and-go* ao *back-and-stop*

Ao longo dos anos 2000, a economia brasileira repetiu o padrão de crescimento que se iniciou nos anos 1980, com a dinâmica *stop-and-go*[7] [8] (PAULA; PIRES, 2017). Como mostram Luiz Fernando de Paula e Manoel Pires (2017, p. 125), em 2000, o PIB cresceu 4,3%; entre 2001 e 2003, houve uma forte desaceleração (nesse período o PIB cresceu a uma taxa média de 1,7% ao ano); entre 2004 e 2008, a economia brasileira cresceu a uma média anual de 4,8%; em 2009, houve uma breve recessão devido ao contágio da crise mundial; em 2010, a economia cresceu 7,6%, vindo a desacelerar em 2011–2014 para 2,4% a.a. em média; e em 2015–2016, a economia entrou em forte e prolongada recessão, com crescimento negativo médio de -3,7% a.a., puxado para baixo, tanto pelo setor de serviços quanto industrial.

O Gráfico 2 ilustra a dimensão da crise. Em 2019, o PIB brasileiro já havia recuado para o patamar próximo ao de dez anos antes. O que explica o Brasil ter saído do padrão de crescimento *stop-and-go*, que alterna desaceleração e aceleração, para o atual *back-and-stop*, oscilando entre recessão e crescimento econômico baixo?

[7] O comportamento econômico de *stop-and-go* se consubstancia na alternância entre pequenos ciclos de desenvolvimento e ciclos de desaceleração econômica. De acordo com Paula e Pires (2017), a economia brasileira apresentou esse padrão no período de 2003 a 2016, com ciclos de desaceleração econômica acontecendo, muitas vezes, de forma abrupta.

[8] A autora Laura Carvalho (2018) faz uma análise aprofundada sobre a "montanha russa" (dinâmica *stop-and-go*) vivida pela economia brasileira entre os anos do segundo mandato de Lula e o impeachment de Dilma Rousseff, no livro intitulado *Valsa brasileira: do boom ao caos econômico.*

Gráfico 2 Evolução do PIB brasileiro em trilhões de dólares (1990–2021)

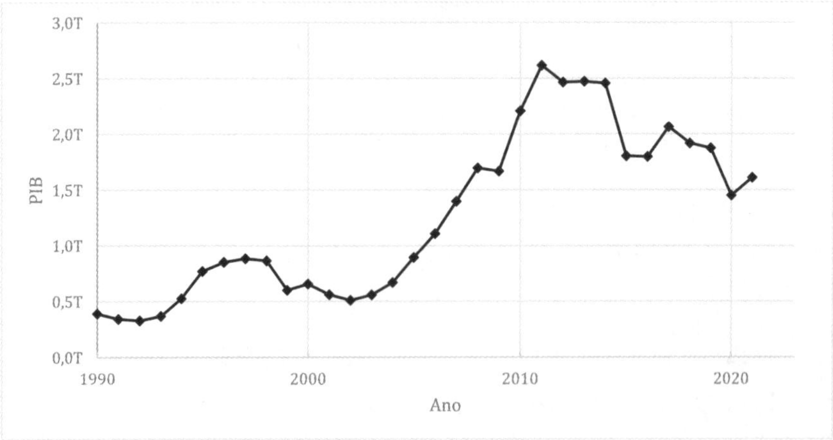

Fonte: elaboração dos autores a partir de dados do Banco Mundial.

Por um lado, há uma corrente que explica a crise pelo gradual "abandono" do tripé macroeconômico (câmbio flutuante, metas de inflação e meta de superávit primário), iniciado no segundo governo Lula, mas aprofundado no primeiro mandato de Dilma Rousseff. Mário Mesquita (2014, p. 3) defende que nesse período prevaleceu "uma heterogeneidade de visões sobre o funcionamento da economia [...] Mas a inovação sob Rousseff foi uma tendência ao hiperativismo, em parte resultante do contexto global, em parte de um certo estilo gerencial". O hiperativismo estatal de Dilma Rousseff promoveu políticas econômicas cambiantes e a volta do "experimentalismo". Mesquita (2014) caracteriza a política econômica de Dilma como um episódio de "populismo macroeconômico latino-americano". Fernando de Holanda Barbosa Filho e Samuel Pessoa (2014) argumentam que a desaceleração da economia brasileira se deve ao padrão de políticas públicas adotado no país, resultado de duas forças: primeiro, do ponto de vista estrutural, um viés deficitário. O equilíbrio político do Brasil depende do crescimento continuado do gasto público a taxas não compensadas pelo crescimento do PIB. Segundo, da alteração das políticas macro e microeconômicas, iniciadas em 2009 e intensificadas em 2011, adotando visão que "entende que o processo de desenvolvimento econômico tem que ser liderado e direcionado pelo Estado" (FILHO; PESSOA, 2014, p. 25).

Sumarizando, de acordo com essa linha, a explicação para a crise é a deterioração da situação fiscal realizada por política econômica "desenvolvimentista" que interrompeu o ciclo exitoso de equilíbrio iniciado nos governos de Fernando Henrique Cardoso.

Por outro lado, a crise é explicada não pelo "desenvolvimentismo" em si, mas pela maneira como o espaço fiscal foi utilizado. Conforme Laura Carvalho (2018), não foi o intervencionismo estatal que provocou a crise, mas o tipo de "desenvolvimentismo" praticado. No segundo mandato de Lula (2006–2010), o Estado foi decisivo para a ampliação do mercado interno brasileiro, com políticas de transferência de renda, aumento do salário mínimo e a expansão dos investimentos em infraestrutura física e social. O erro que começou a ser cometido no final dos governos do petista não foi o aumento de intervenção do Estado, mas a visão equivocada de que a estratégia de crescimento adotada até então era excessivamente focada no consumo. Seguindo essa lógica, empresários do setor industrial defendiam que era necessário reduzir os custos das empresas nacionais para aumentar a competitividade com relação à concorrência. Para atender a essas demandas, Dilma reduziu a taxa de juros, desvalorizou o real e promoveu desonerações tributárias, controle de tarifas energéticas e crédito a juros mais baixos. Ainda que houvesse limites à continuidade da política econômica que produziu o "milagrinho" entre 2006 e 2010, adotar a "Agenda Fiesp", como fez Rousseff, teve alto custo e foi pouco eficaz no estímulo ao crescimento, tendo impacto negativo sobre a arrecadação do governo, o que dificultou a estabilização fiscal.

Prates, Fritz e Paula (2019) defendem de forma ainda mais contundente que o desenvolvimentismo não foi responsável pela crise. Segundo os autores, os governos Lula apresentaram inconsistências que deixaram um legado negativo, principalmente a tolerância com a apreciação do real, a qual, por um lado, foi importante para conter a inflação e melhorar o poder de compra da população, mas, por outro, contribuiu para aprofundar a desindustrialização do país. No contexto de crise financeira global, Dilma tentou enfrentar essas inconsistências, mas adotou estratégia malsucedida. Nesse ponto, como ressaltam Paula e Pires (2017), a política anticíclica adotada no primeiro governo Rousseff se justificava diante do baixo desempenho econômico, mas foi mal coordenada e careceu de consistência por privilegiar isenções fiscais em vez de investimentos públicos. Dessa forma, a falta de coerência da política econômica, a deterioração do cenário internacional e o surgimento de uma coalizão antidesenvolvimentista explicam a desaceleração e a crise de 2015–2016.

Já no segundo governo Dilma, mas principalmente após o impeachment da presidenta em 2016, essa coalizão antidesenvolvimentista se tornou responsável pela implementação de uma nova política econômica de orientação ortodoxa. Fortemente baseada nos pressupostos da primeira linha explicativa para a crise supracitada, essa coalizão via na deterioração fiscal o principal problema a ser sanado para retomar o crescimento econômico no país.

7.4 Teto de gastos: solução fiscal para o *stop-and-go* ou agravamento do *back-and-stop*?

No contexto da terceira onda de regras fiscais e da ascensão de coalizão com orientação econômica ortodoxa, foi promulgada, de forma acelerada — mas não sem conflitos —, a Emenda Constitucional 95, em 15 de dezembro de 2016, instituindo o Novo Regime Fiscal, mais conhecido como teto de gastos. De acordo com o texto da EC 95, os principais pontos da regra são:

- O "Novo Regime Fiscal vigorará por vinte anos, com limites individualizados para Executivo, Legislativo, Judiciário, Ministério Público e Defensoria Pública;
- A despesa primária de 2017 não pode ultrapassar a de 2016 em mais de 7,2% (inflação mais restos a pagar e demais operações que afetam o gasto primário). A partir de 2018, o limite de gastos é dado pelo exercício imediatamente anterior, corrigido pelo IPCA para o período de doze meses encerrado em junho do ano precedente;
- Não estão sujeitas ao teto transferências de recursos da União para estados e municípios, gastos para realização de eleições e verbas para o Fundo de Manutenção e Desenvolvimento da Educação Básica e Valorização dos Profissionais da Educação Básica (Fundeb);
- Proposições legislativas que criem ou alterem despesa obrigatória ou renúncia de receita precisam ser acompanhadas de estimativa de impacto orçamentário e financeiro;
- Caso haja descumprimento do teto, são acionados gatilhos para conter a expansão da despesa até o retorno à regra, como vedação ao reajuste de salários, criação de cargos, admissão ou contratação de pessoal, realização de concursos públicos, entre outros;
- A partir de dez anos de vigência do teto, o Presidente da República poderá propor projeto de lei complementar para alterar o método de correção dos limites de gastos."

A implementação de uma regra fiscal com essa envergadura teve como justificativa o diagnóstico de desequilíbrio fiscal crônico no país, que poderia levar à insustentabilidade da dívida. Por conta disso, um teto que combatesse o problema fundamental — o crescimento de gastos — seria necessário. Todavia, as características do teto de gastos foram contestadas por uma série de analistas. Na sequência, analisaremos com mais detalhes os argumentos em favor do teto de gastos e as debilidades da regra. Como veremos, muitas das fragilidades foram identificadas antes de o teto ser instituído.

7.4.1 Desequilíbrio fiscal crônico e necessidade de ajuste gradual para o crescimento

Relatório publicado em dezembro de 2018 pelo Governo Federal, no final da gestão de Michel Temer, resume bem o diagnóstico que levou à adoção do teto de gastos pela coalizão que assumiu o poder em 2016. O motivo central foi a identificação de desequilíbrio fiscal crônico, provocado pelo crescimento da despesa pública ao longo das últimas décadas (GOVERNO FEDERAL, 2018). Como mostra a Tabela 1, desde o início do segundo governo de Fernando Henrique Cardoso, em 1999, até o fim da gestão Temer, em 2018, todo período de quatro anos de mandato presidencial registrou aumento do gasto primário com relação ao PIB, totalizando crescimento de quase 5% em 20 anos. A variação acumulada de cada período é calculada a partir da diferença entre a despesa acumulada e o efeito acumulado do PIB (quanto menor a despesa e maior o PIB acumulado, menor a variação acumulada de gasto primário)[9]. Esse crescimento crônico do gasto primário levou ao aumento do déficit e da dívida pública, além da expansão da carga tributária, que chegou a 33% do PIB. A dívida bruta do governo geral em 2016 era de 70% do PIB e chegou a 77% em 2018.

Tabela 1 Decomposição do aumento do gasto primário da União em % do PIB

Mandatos presidenciais	Variação acumulada	Efeito despesa acumulada	Efeito PIB acumulado	Variação média anual	Efeito despesa média anual	Efeito PIB média anual
FHC 2 (1999–2002)	1,03	2,38	-1,35	0,26	0,59	-0,34
Lula 1 (2003–2006)	0,87	2,98	-2,11	0,22	0,74	-0,53
Lula 2 (2007–2010)	0,46	3,44	-2,98	0,11	0,86	-0,75
Dilma 1 (2011–2014)	1,13	2,69	-1,56	0,28	0,67	-0,39
Dilma 2 (2015)	0,33	0,35	0,67	0,33	-0,35	0,67
Temer	1,18	1,01	0,17	0,39	0,34	0,06
Total	4,99	12,15	-7,16	0,25	0,61	-0,36
Governos PT (2003–2015)	2,78	8,76	-5,98	0,21	0,67	-0,46
Governos não PT (1999–2002 e 2016–2018)	2,21	3,38	-1,18	0,32	0,48	-0,17

Fonte: Barbosa (2018).

[9] Para mais detalhes sobre o cálculo, ver BARBOSA, Nelson. *Quando e quanto aumentou o gasto primário em proporção ao PIB*. 2018. Disponível em: https://blogdoibre.fgv.br/posts/quando-e-quanto-aumentou-o-gasto-primario-em-proporcao-do-pib.

Marcos Mendes (2016), assessor especial da equipe econômica de Michel Temer, defendia que o país poderia chegar em situação de insustentabilidade da dívida caso essa trajetória fiscal persistisse. Para o economista, o país entrava em um círculo vicioso, em que o desequilíbrio fiscal derruba a economia e o crescimento baixo, assim, ao prejudicar a receita do governo, piora a situação fiscal. Nesse sentido, a opção mais adequada era conter a expansão do gasto federal, instituindo um teto que atuasse na causa fundamental do desequilíbrio: o crescimento acelerado do gasto. Essa medida, na visão de Mendes (2016), possibilitaria o aumento da confiança das empresas, a queda da taxa de juros, a retomada do investimento privado, o crescimento econômico e, consequentemente, a reação das receitas públicas.

Mendes (2016) argumentava, ademais, que o teto de gastos seria benéfico para os mais pobres e para os orçamentos de saúde e educação. Com relação ao primeiro ponto, segundo o autor, por um lado, os mais vulneráveis seriam os mais favorecidos pela diminuição do desemprego (12 milhões de pessoas à época). "A mais importante política social é a recuperação da economia e do emprego" (MENDES, 2016). No que tange aos orçamentos de saúde e educação, Mendes alegava que a mudança de vinculação proposta, com o cálculo do gasto mínimo (piso) deixando de ser realizado com base na receita do governo e passando a ser corrigido pela inflação, não levaria a perda de recursos para as áreas, mas as protegeria durante crises. Quando há baixo crescimento ou retração do PIB, a receita sobe pouco. Portanto, a correção pela inflação é melhor opção. No mais, o teto incide sobre o gasto geral, não sobre áreas específicas. O estabelecimento do piso, segundo o economista, não impede que os recursos para saúde e educação sejam ampliados acima do mínimo — desde que a despesa em outras áreas seja reduzida.

Uma variável importante do "Novo Regime Fiscal" é a gradualidade do ajuste. Tendo em vista que mais de 90% da despesa primária do orçamento federal é formada por gastos obrigatórios, um ajuste fiscal mais abrupto teria que ser realizado pela via das receitas, com o aumento de carga tributária, como ocorrido entre 1998 e 2002, em que o valor de tributos aumentou em cerca de quatro pontos percentuais do PIB (GOVERNO FEDERAL, 2018). Levando em conta a carga tributária de 33% do PIB, considerada alta, a opção foi pelo ajuste em doses homeopáticas de 0,5 ponto do PIB ao ano, para reduzir os gastos primários em 5 pontos percentuais do PIB em 10 anos. A partir disso, como preconiza o texto da EC 95, o presidente da república ganha margem para escolher se modifica ou não o limite de gastos.

"Abre-se, então, um ciclo virtuoso: a redução da despesa leva à queda dos juros e do risco de crise da dívida. Melhoram as expectativas dos empreendedores e amplia-se a oferta de crédito. O investimento aumenta.

Paralelamente, a racionalização tributária gera ganhos significativos de produtividade, que também impulsionam a economia. O maior crescimento ajuda na consolidação do ajuste fiscal, ao melhorar a arrecadação pública" (GOVERNO FEDERAL, 2018, p. 5).

7.4.2 As debilidades do teto de gasto

Mesmo entre aqueles que entendiam o teto de gastos como mecanismo importante havia, nas primeiras avaliações, o diagnóstico de rigidez demasiada, o que dificultaria o cumprimento da regra. Salto e Bolle (2016) argumentavam que o desenho da PEC do teto apresentava uma série de incompatibilidades entre o teto geral e as regras de correção de diversas rubricas do gasto primário. Para Schymura (2017), apesar dos méritos, o teto de gastos abria uma série de indagações, incertezas e riscos, dado o volume alto de despesas obrigatórias ou rígidas, muitas de crescimento em termos reais por determinações constitucionais ou legais, como benefícios previdenciários, seguro-desemprego, abono salarial e o programa Bolsa Família. Caso permanecesse inalterado o cenário de 2017, Schymura (op. cit., p. 8) projetava a necessidade de "se preparar para o momento bastante provável em que o teto de gastos do Executivo Federal será rompido".

Manoel Pires (2016) realizou simulação cujos resultados apontavam que o impacto do teto de gastos sobre o orçamento corrente seria muito grande. Os principais gastos de despesas obrigatórias (previdência, assistência social, saúde, pessoal e Fundo de Amparo ao Trabalhador — FAT) crescem muito acima do limite de gastos. Mesmo em cenário simulado que previa a recuperação econômica, com crescimento de 1,20% em 2017, 3,0% em 2018, 3,5% em 2019, 3,50% em 2020 e 3,50% em 2021, para sustentar o teto e as principais despesas obrigatórias seria necessário reduzir R$ 87 bilhões nas demais despesas entre 2016 e 2021, ou 2.2 p.p. do PIB. Horta (2017), no mesmo sentido, fez uma série de simulações que concluíram ser muito estreito o teto de gastos.

Esse cenário já indicava o que viria a ser uma característica do teto implementado: a alta compressão dos gastos discricionários[10] e mudanças nas regras do teto para flexibilizar o orçamento. Rugitsky (2016) aponta

[10] Na última década, a proporção entre despesas obrigatórias e discricionárias passou por forte mudança. Em 2010, as despesas obrigatórias eram 4,5 vezes maiores que as despesas discricionárias. Em 2019, essa diferença aumentou para 10,6 vezes. Entre 2016 e 2019, a redução das despesas discricionárias foi de 17%. Nos anos seguintes, a tendência de estrangulamento das despesas discricionárias permaneceu. Em 2021, segundo Salto, Couri e Souza (2021), as despesas discricionárias não decorrentes de programações incluídas ou acrescidas por emendas (RP 2) totalizaram R$ 74,6 bilhões, o menor nível da série. Para mais detalhes da evolução histórica das despesas, ver https://tchiluanda.github.io/cronicas-fiscais/obrig-discr/#narrativa.

que, em 2016, os gastos do governo federal representavam 19% do PIB. Destes, despesas com saúde, educação e previdência somavam 12%, restando 7% para as demais. Com o teto de gastos, projetava-se a redução dos gastos totais do governo federal para pouco mais de 12% do PIB em 2036. Os gastos com saúde, educação e previdência, somados, continuariam na casa dos 12%, restando, para as demais despesas, menos de 1%, o que é impraticável. Isso significa que o teto de gastos tornaria a máquina pública inviável muito antes de 2036, por cortes excessivos em despesas discricionárias. Pires (2018) faz a observação importante de que as despesas discricionárias não são irrelevantes. Essa rubrica abarca uma série de investimentos, programas e custeios do governo sem os quais o Estado não funciona.

Diante dessas debilidades, os defensores da regra se apegam aos gatilhos previstos na EC 95 em caso de descumprimento, como a vedação, entre outras coisas, do reajuste de salários acima da inflação, da criação de cargos e da realização de concursos. "As vedações acima listadas ajudarão a conduzir a despesa de volta para dentro do limite" (GOVERNO FEDERAL, 2018, p. 6). O argumento é que o desrespeito aos limites impostos pelo teto não implica em fracasso da política, dado que a própria regra prevê essa possibilidade e oferece soluções. No entanto, como explica Schymura (2017, p. 9), não é tão simples acionar gatilhos automáticos para impulsionar o retorno à regra. Um contexto de descumprimento do teto e de acionamento de vedações pode provocar uma série de conflitos constitucionais.

Para evitar a necessidade de acionar gatilhos e incorrer em conflitos constitucionais, fazia, desde o início, parte da agenda econômica, na qual o teto de gastos se insere na realização de reformas que modifiquem estruturalmente o Estado brasileiro, de modo a tornar os cortes de gastos permanentes. A principal reforma, proposta mesmo antes da implementação do teto no governo Temer, é a Reforma da Previdência, que viria a ser aprovada em 2019 no governo Bolsonaro. Mais à frente, daremos detalhes sobre essa reforma, além de outras que foram submetidas ao Congresso, mas não aprovadas. Por ora, é importante salientar que assim como os gatilhos, reformas não possuem poder reparador automático e incontroverso em termos de ajustes das contas públicas porque podem produzir uma série de consequências que precisam ser levadas em consideração.

Manoel Pires (2016), nesse sentido, fez a constatação fundamental de que "é importante haver transparência sobre as reformas necessárias a serem encaminhadas, para adequar o ritmo de crescimento do gasto ao proposto pela PEC" (PIRES, 2016, p. 2). O autor realizou simulações que previam, além da retomada do crescimento, reformas constitucionais na previdência, no abono salarial e no benefício assistencial da Lei Orgânica da Assistência Social — LOAS. Os resultados mostram que, mesmo com cortes rigorosos nessas políticas, o teto de gastos continuaria produzindo contingenciamento significativo em investimentos e outras políticas sociais.

Os pontos críticos do teto de gastos estão, também, relacionados às consequências do "Novo Regime Fiscal" em termos de crescimento econômico, de sustentabilidade da provisão de serviços públicos e do aumento da desigualdade como efeito do ajuste fiscal.

Prates, Fritz e Paula (2019) defendem que o desmonte das políticas desenvolvimentistas a partir do governo Temer não teve sucesso em termos de promoção de crescimento econômico mais robusto. O teto de gastos, nessa dinâmica, opera como um entrave, por ser muito rígido e não permitir flexibilidade das metas fiscais em relação ao ciclo econômico (BORGES, 2020). Ademais, possui o desvio importante com relação ao padrão da terceira onda das regras fiscais que é não ser anticíclica em todos os estágios dos ciclos. Por um lado, caso o país apresentasse crescimento econômico forte, a regra evitaria o aumento acelerado pró-cíclico das despesas; por outro lado, em cenário de *back-and-stop*, a rigidez do teto impede que medidas anticíclicas sejam adotadas. O teto de gastos não contribui para evitar ciclos *boom-bust* — aceleração excessiva de gastos em ciclo de crescimento e retração fiscal forte em ciclo de estagnação ou recessão —, porque cria uma moldura fiscal que enquadra a política econômica do país em uma dinâmica *bust-bust*, com retração fiscal em todos os estágios dos ciclos.

Outro aspecto crítico do teto de gastos é o entrave da regra à melhora e mesmo à própria manutenção dos serviços públicos em níveis minimamente aceitáveis de qualidade. A despeito do diagnóstico de crescimento acelerado de gasto apresentado pelos proponentes e entusiastas do teto de gastos, o gasto do governo geral per capita do Brasil é baixo se comparado aos países da Organização para a Cooperação e Desenvolvimento Econômico — OCDE, como mostra o Gráfico 3. Os dados do gráfico relativos ao Brasil são de 2017, evidenciando que, mesmo antes dos efeitos do teto de gastos, o país já contava com recursos comparativamente baixos para financiamento de serviços públicos. Gomes *et al.* (2018) demonstram que, em cenário de estagnação da economia, o teto de gastos proporciona, no longo prazo, a deterioração do estoque de capital público. O resultado dessa queda acarreta, principalmente, a redução da oferta de bens públicos.

Gráfico 3 Gasto per capita do governo geral (milhares de dólares)

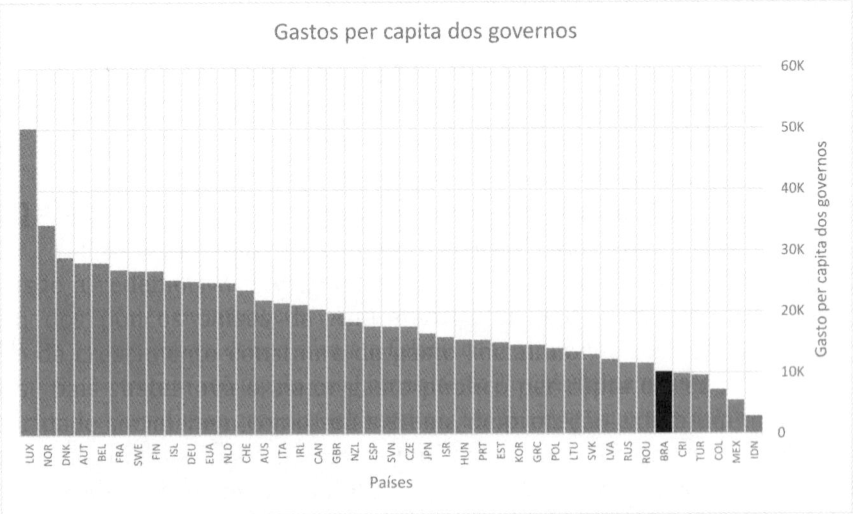

Fonte: elaboração dos autores com base em dados da OCDE.

A educação, por exemplo, teve um aumento pouco significativo de investimentos após a adoção do teto de gastos:

Tabela 2 Gastos com educação no Brasil de 2015 a 2022

Ano	Valor empenhado em bilhões de reais
2015	R$ 103,77 bi
2016	R$ 106,73 bi
2017	R$ 111,40 bi
2018	R$ 114,31 bi
2019	R$ 118,40 bi
2020	R$ 110,65 bi
2021	R$ 120,04 bi
2022	R$ 128,88 bi

Fonte: elaboração dos autores com base nos dados disponibilizados pelo Portal da Transparência.

A saúde, por sua vez, teve mais investimentos com a aprovação de emendas constitucionais que possibilitaram o descumprimento ao teto de gastos, conforme explicitado acima.

Tabela 3 Gastos com saúde no Brasil

Ano	Valor empenhado em bilhões de reais
2015	R$ 102,09 bi
2016	R$ 108,26 bi
2017	R$ 117,6 bi
2018	R$ 121,86 bi
2019	R$ 127,07 bi
2020	R$ 187,51 bi
2021	R$ 189,41 bi
2022	R$ 153,45 bi

Fonte: elaboração dos autores com base nos dados disponibilizados pelo Portal da Transparência.

Com relação à desigualdade, pesquisa de Bova et al. (2018) mostra que ajustes fiscais tendem a aumentar a disparidade de renda, inclusive por conta dos efeitos que produz em termos de aumento de desemprego. Em média, ajustes de 1% do PIB estão associados ao aumento do Coeficiente de Gini de cerca de 0,4–0,7% nos dois primeiros anos. Há diferença de magnitude de acordo com o tipo de ajuste realizado. Ajustes de grande porte e baseados em gastos, como é o caso do teto de gastos brasileiro, tendem a piorar significativamente a desigualdade em relação a ajustes baseados em impostos. No caso específico do Brasil, nos últimos anos, a desigualdade de renda aumentou de forma persistente, revertendo trajetória anterior (NERI, 2019; BARBOSA; SOUZA; SOARES, 2020).

7.5 O teto de gastos no governo Bolsonaro: reformas, pandemia e sinais de esgotamento

Nesta seção, analisaremos três pontos importantes para compreender o que aconteceu com o teto de gastos ao longo do governo de Jair Bolsonaro, o primeiro mandato presidencial completo a ter que lidar com os efeitos do "Novo Regime Fiscal": as reformas, a pandemia de covid-19 e os sinais de esgotamento. O governo Bolsonaro, tendo Paulo Guedes como ministro da Economia, representa a continuidade e o aprofundamento do modelo econômico da gestão de Michel Temer (OREIRO; PAULA, 2019). Com relação à política fiscal, como observou Faro (2021, p. 38), "foi como se o teto se movesse para baixo". Todavia, à medida em que "movia o teto para baixo", o governo passou a colocar coisas acima dele, visando à abertura de espaço fiscal de forma a lidar com algumas das debilidades supracitadas da regra.

7.5.1 Reformas estruturais

O ajuste fiscal gradual objetivado com a instituição do teto de gasto, como vimos, tem como condição a implementação de uma série de reformas estruturais no Estado brasileiro para ser sustentado. Este talvez seja o ponto de maior consenso no debate sobre o teto de gasto, ficando as discordâncias com relação à forma, aos impactos e se os cortes de gastos promovidos pelas mudanças são suficientes. Entre as principais mudanças que entram no contexto do "Novo Regime Fiscal" estão a Reforma da Previdência (EC/103), a Reforma Tributária (PECs 110 e 45 de 2019) e a Reforma Administrativa (PEC 32/2020). Na sequência, apresentamos os aspectos mais relevantes dessas reformas, bem como seus possíveis impactos fiscais.

O principal gasto social brasileiro é com os regimes de previdência (SOUZA; VAZ; PAIVA, 2021). Em 2019, 53% das despesas primárias do governo central foram destinadas aos regimes públicos de previdência (R$ 767,8 bilhões de R$ 1.441,8 bilhões). O Regime Geral de Previdência (RGPS), que responde pela maior parte dos gastos (R$ 626,5 bilhões), apresentou déficit, no mesmo ano, de R$ 213,1 bilhões (TRIBUNAL DE CONTAS DA UNIÃO, 2019). O déficit da previdência é apontado como o problema econômico mais grave do Brasil e a reforma dos regimes como condição para o equilíbrio das contas públicas (AFONSO; CARVALHO, 2021).

Nesse sentido, não surpreende que, no contexto do "Novo Regime Fiscal", a reforma da previdência tenha sido uma das mais basilares e debatidas para cumprir o ajuste imposto com o teto de gastos. Das três reformas, é a única que foi aprovada, no governo Bolsonaro, em 2019. Ainda durante a gestão de Michel Temer, no dia 5 de dezembro de 2016, dez dias antes da instituição do teto de gastos, foi apresentada à Câmara dos Deputados a PEC 287/2016, objetivando a redução do crescimento das despesas e a convergência entre RGPS e RPPS (Regime Próprio de Previdência Social, voltado aos servidores civis da União), ficando de fora os militares. A PEC propunha a extinção da aposentadoria por tempo de contribuição e previa idade mínima para aposentadoria de 65 anos para homens e mulheres, aumentando o tempo de contribuição mínimo de 15 para 25 anos (CÂMARA DOS DEPUTADOS, 2016; SOUZA; VAZ; PAIVA, 2021). No entanto, mesmo incorporando uma série de mudanças ao texto original, a PEC não foi aprovada.

Em 2019, o governo Bolsonaro apresentou ao Congresso, no início do mandato (20 de fevereiro de 2019), uma nova PEC da Previdência (PEC 6/2019). Promulgada em 12 de novembro de 2019, transformou-se na Emenda Constitucional 103/2019, estabelecendo critérios mais rígidos para aposentadoria, mudança nas regras de cálculo — tanto no RGPS quanto no RPPS (PATERNOSTRO, 2019). Com relação à idade mínima para aposentadoria, aos trabalhadores da iniciativa privada, a nova regra passou a exigir, das mulheres, pelo menos 62 anos de idade e 15 anos de contribuição. Para homens, 65 anos de idade e 20 anos de contribuição (exceto para filiados ao RGPS antes da emenda entrar em vigor). Antes da EC 103, a idade mínima para mulheres era de 60 anos e homens poderiam se aposentar com 15 anos de contribuição.

Com idade, tempo e contribuição mínimos, trabalhadores do RGPS se aposentam com 60% da média de todas as contribuições. Para ter direito a 100% da média, é necessário contribuir por 35 anos, para mulheres, e 40 anos, para homens. Para servidores públicos que ingressaram na carreira a partir de 1º de janeiro de 2004, o cálculo é semelhante ao RGPS. As novas regras estabelecem normas de transição para quem já está no mercado de trabalho, em um sistema de pontos, calculados pela soma do tempo de contribuição com a idade (86 pontos para mulheres e 96 pontos para homens). A cada ano é exigido um ponto a mais, alcançando 105 pontos para homens (2028) e 100 pontos para mulheres (2033). Além disso, há mudanças de alíquota, nas pensões por morte, no acúmulo de benefícios e regras específicas para algumas categorias, como professores (57 anos para mulheres e 60 para homens) e policiais (55 anos para mulheres e homens) (GOVERNO FEDERAL, 2020)[11].

As reformas tributária e administrativa, propostas pelo governo, não foram, ainda, aprovadas e permanecem no Congresso. Com relação à Reforma Tributária, há duas PECs tramitando, a PEC 110/2019, no Senado, e a PEC 45/2019, na Câmara dos Deputados. As duas proposições têm em comum o objetivo de simplificar o Sistema Tributário Nacional, extinguindo uma série de tributos e criando dois novos: um imposto sobre bens e serviços (IBS), uma espécie de imposto de valor agregado (IVA), e um imposto específico sobre determinados bens e serviços (Imposto Seletivo). Há diferenças entre as duas proposições em pontos como a competência tributária e o número de tributos substituídos pelo IBS. No caso da PEC 110, a competência é estadual e propõe substituir nove tributos: IPI, IOF, PIS, Pasep, Cofins, CIDE-Combustíveis, Salário-Educação, ICMS e ISS. Além disso, pretende criar a Contribuição sobre Bens e Serviços (CBS) para unificar os impostos federais (IVA Federal). Pela PEC 45, o IBS é um tributo federal e visa a substituição de cinco impostos: IPI, PIS, Cofins, ICMS, ISS (NETO et al., 2019; CASTRO, 2022).

No caso da Reforma Administrativa, tramita no Congresso a PEC 32/2020, que modifica a organização da administração pública direta e indireta dos Poderes da União, dos estados, do Distrito Federal e dos municípios. A proposição altera 27 trechos da Constituição e introduz 87 novos,

[11] Para mais detalhes, ver https://www.gov.br/inss/pt-br/assuntos/noticias/confira-as-principais-mudancas-da-nova-previdencia.

sendo as principais medidas aquelas relativas à contratação, à remuneração e ao desligamento de pessoal, válidas para ingressantes no serviço público após entrada em vigor. As formas de contratação previstas são concursos e seleções simplificadas para vagas por tempo determinado. Com relação às possibilidades de desligamento, a PEC propõe restringir a estabilidade no serviço público às carreiras típicas de Estado, definidas posteriormente por lei complementar. Ademais, entre outras alterações, a PEC amplia as atribuições do presidente da república para promover mudanças na administração e nos órgãos do Poder Executivo por meio de decretos (pelas regras vigentes é necessário projeto de lei aprovado pelo Congresso) e proíbe que o governo tome medidas que favoreçam empresas estatais em detrimento da livre concorrência (CÂMARA DOS DEPUTADOS, 2020).

Apresentados os conteúdos, é importante ressaltar que essas reformas não seriam, mesmo se fossem todas aprovadas, necessariamente suficientes para tornar o teto viável por pelo menos dez anos. Não há clareza sobre o impacto fiscal das reformas. Com relação à Reforma da Previdência, a estimativa do governo é que a economia seja de R$ 800 bilhões em dez anos (GOVERNO FEDERAL, 2020). Em simulações baseadas na PEC original encaminhada ao Congresso pelo governo Bolsonaro, Afonso e Carvalho (2021) estimam redução nos custos previdenciários de R$ 2,83 trilhões em trinta anos. A proposta original, no entanto, passou por mudanças que diminuíram seus efeitos (CASALECCHI; ORAIR; SOUZA, 2020). Mesmo no cenário de maior impacto, embora defendam que a reforma represente um avanço, Afonso e Carvalho (2021) concluíram que as mudanças não são totalmente eficazes do ponto de vista fiscal.

No que tange à Reforma Tributária, o objetivo inicial é simplificar o sistema, diminuindo os custos de conformidade tributária. Embora essa reformulação possa contribuir para a diminuição do contencioso tributário, cujo valor estimado, para 2019, era de R$ 5,44 trilhões (INSPER, 2020), não há expectativas de redução ou aumento significativo de arrecadação (LANDIM; SIQUEIRA, 2022). No caso da Reforma Administrativa, não é possível quantificar o resultado fiscal da PEC 32/2020, dado que seus efeitos dependem de regulamentação posterior e da maneira como o possível novo desenho da administração pública será gerenciado. Embora seja apresentada pelo governo como uma medida para a redução de despesas, os efeitos em termos de corte de gastos são limitados. Além disso, a reforma, tal como apresentada, pode ter impactos fiscais adversos, levando-se em consideração as possibilidades de aumento da corrupção e da captura do Estado por interesses privados e a redução da eficiência devido à desestruturação dos órgãos públicos (AMARAL, 2021).

Portanto, há muitos indícios de que as reformas estruturais apontadas desde os debates sobre a PEC do teto de gastos, em 2016, como necessárias, não são suficientes para sustentar os limites impostos pela regra, tampouco para promover ajuste fiscal gradual.

7.5.2 Pandemia de covid-19 e o teto de gastos

Assim como ocorreu em praticamente todas as áreas e países, a pandemia de covid-19 provocou forte impacto na dinâmica da política macroeconômica do Brasil, pelo menos na fase mais aguda da crise sanitária, em que vigoraram medidas mais restritivas de distanciamento social. A base da política macroeconômica ligada ao teto de gastos, como salientamos, é a retração do gasto do setor público e a expectativa de maior gasto do setor privado a partir de melhora da confiança dos agentes econômicos. A crise sanitária inverteu os termos dessa equação, alterando a distribuição da renda e os fluxos de consumo e poupança (SOUZA, 2021), suscitando acomodação das políticas estruturais da agenda do governo às políticas conjunturais necessárias para o combate à pandemia. Apesar de Paulo Guedes, inicialmente, ter defendido que "a melhor resposta à pandemia são as reformas", após forte pressão da sociedade e do Congresso Nacional, o governo adotou medidas que tiveram impactos contracíclicos. Nesse sentido, foi promulgada, em maio de 2020, a Proposta de Emenda à Constituição 10/20, a PEC do "Orçamento de Guerra", que separou os gastos relacionados ao combate à pandemia do orçamento geral da União, possibilitando ao governo gastar mais em 2020 do que o limitado pelo teto de gastos.

Gráfico 4 Dívidas bruta e líquida do governo geral como % do PIB (2020–2022)

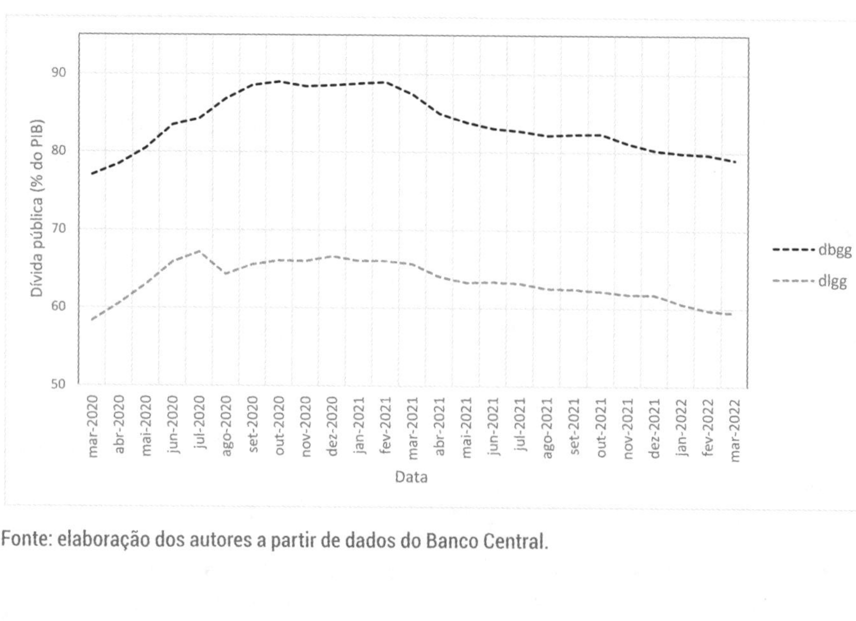

Fonte: elaboração dos autores a partir de dados do Banco Central.

Essa inversão provocou dois tipos de resultados que influenciaram o debate sobre o teto de gastos. Por um lado, a principal política social adotada para mitigar os efeitos da pandemia, o Auxílio Emergencial[12], contribuiu para amortecer a queda econômica do país em 2020 (PAULA; VAZ; MACHADO, 2021), que ficou em 4,1% (AGÊNCIA IBGE, 2021). O AE teve forte impacto na trajetória da desigualdade social. O Índice de Gini do Brasil ficou, pela primeira vez na história, abaixo de 0,50, como mostram uma série de pesquisas (BARBOSA; PRATES, 2020; MENEZES-FILHO; KOMATSU; ROSA, 2021; GONÇALVES et al., 2021). Dado o grande volume de transferência de renda promovida pelo Estado, Souza (2021) estima que o setor privado obteve ganho de riqueza líquida de quase 12% do PIB entre fevereiro e agosto de 2020. Por outro lado, como mostra o Gráfico 4, a dívida pública apresentou forte aumento ao longo de 2020, atingindo o pico de 89% do PIB (DBGG) em outubro.

Nesse contexto, o debate sobre o teto de gastos se dividiu em torno de dois caminhos: i. a possibilidade de extinção ou revisão da regra, levando em consideração os efeitos positivos das medidas contracíclicas na diminuição da desigualdade e no amortecimento da queda do PIB; e ii. a necessidade de voltar à agenda de ajuste fiscal do teto já em 2021. Essas posições divergentes foram sumarizadas em dois manifestos publicados em agosto de 2020 por economistas, na Folha de S.Paulo, um a favor e o outro contra o teto de gastos.

O grupo que assinou o manifesto a favor do teto de gastos defendeu que, durante a pandemia, a regra foi a garantia implícita do aumento de gastos e da prática de juros baixos. Tendo em vista o cenário de agravamento da situação fiscal, para voltar ao teto seria necessário retomar a agenda de reformas estruturais e "rebaixar o piso". Neste caso, "rebaixar o piso" significava cortar despesas obrigatórias, principalmente com pessoal, avançando na Reforma Administrativa. Já para o grupo que assinou o manifesto pela extinção, ao contrário, o teto representa a âncora da estagnação e da crise social. Promover contração fiscal em 2021, argumentam, poderia provocar mais um mergulho recessivo com consequências sociais e econômicas imprevisíveis. Propunham, ainda, uma reforma tributária progressiva, a substituição do emaranhado de regras fiscais sobrepostas e novos instrumentos fiscais que permitam a estabilização do ciclo econômico.

[12] Em 2020, o AE teve duas fases. Na primeira, foram pagas cinco parcelas de R$ 600. As mulheres provedoras de família monoparental tinham o direito de receber R$ 1.200. Na segunda, em quatro parcelas pagas a partir de setembro, o valor foi de R$ 300. As mulheres provedoras de família monoparental receberam R$ 600. Para mais detalhes, ver https://www12.senado.leg.br/noticias/materias/2020/12/30/aprovado-pelo-congresso-auxilio-emergencial-deu-dignidade-a-cidadaos-durante-a-pandemia.

Ao longo de 2021, nenhuma dessas duas agendas foi implementada. O teto de gastos foi sustentado e, ao longo do ano, a dívida pública retornou ao nível próximo do que era verificado antes da pandemia, como é possível notar no Gráfico 4. Os principais fatores para o resultado fiscal positivo foram o aumento do PIB nominal, os resgates líquidos de dívida, a incorporação de juros nominais e a depreciação acumulada da taxa de câmbio (IFI, 2022). Todavia, como salientamos, a agenda de reformas não avançou ao longo de 2021. Ademais, com a segunda onda da pandemia, o pagamento do Auxílio Emergencial foi retomado. O governo apresentou como contrapartida para a aprovação da nova rodada do AE a PEC Emergencial (PEC 186/19), que abriu R$ 44 bilhões de espaço fiscal fora do teto para o pagamento do benefício, mas estabeleceu uma série de gatilhos — além dos já previstos pelo teto de gastos —, como vedação de ajuste de salários do funcionalismo público e de realização de concursos, sempre que as despesas obrigatórias da União atingirem 95%. Como veremos na próxima subseção, embora tenha sido mantido, as fragilidades do teto de gastos foram se tornando cada vez mais visíveis, chegando às vésperas das eleições de 2022 com sinais de esgotamento bem antes do prazo previsto para sua revisão.

7.5.3 Mudanças no teto de gastos e sinais de esgotamento da regra

O fato de as reformas propostas desde a instituição do teto de gastos não terem se mostrado suficientes para promover ajuste fiscal explica muito um expediente que se tornou comum ao longo do governo Bolsonaro: as mudanças nas regras do teto de gasto. Desde os debates sobre a PEC do teto de gastos, em 2016, como ressaltado na seção 4.2, as simulações do impacto do teto já indicavam que era necessário haver clareza sobre os efeitos reais das possíveis reformas adotadas para calibrar o ritmo de crescimento do gasto aos limites impostos pelo teto (PIRES, 2016). Como vimos, mesmo se todas as reformas propostas tivessem sido aprovadas, seria pouco provável que elas fossem suficientes para promover ajuste fiscal.

A Tabela 4 mostra que, pelo menos até 2021, o teto de gastos foi cumprido e o percentual de realização do limite para as despesas primárias guardou certa folga. No entanto, como observa Giambiagi (2020), análises sobre o que ocorreu com o teto de gastos desde sua instituição em 2016 precisam levar em consideração que "tem coisas acima dele". Já no texto original na regra, alguns itens, como transferências constitucionais a estados e municípios e créditos extraordinários, não ficaram sujeitos ao teto. Mas para além desses itens previstos na regra original, desde o início do governo Bolsonaro, em 2019, uma série de outros foram incluídos acima do teto para abrir espaço fiscal. Como mostra o Quadro 1, entre o início de

2019 até julho de 2022, quatro alterações importantes foram realizadas no teto de gasto, abrindo espaço fiscal total de pelo menos R$ 213,05 bilhões.

Tabela 4 Evolução das despesas primárias do governo central sujeitas ao teto de gastos (2017–2021)

Ano	Limite de despesas	Pagamento acumulado	Percentual de realização do limite
2017	R$ 1.309.050.087.815,56	R$ 1.259.389.780.804,78	96.21%
2018	R$ 1.348.321.590.450,03	R$ 1.288.811.591.955,13	95.59%
2019	R$ 1.407.512.908.270,78	R$ 1.373.725.539.720,89	97.60%
2020	R$ 1.454.946.093.279,51	R$ 1.403.234.838.217,36	96.45%
2021	R$ 1.485.936.445.066,36	R$ 1.458.680.146.631,16	98.17%

Fonte: elaboração dos autores a partir de dados do Tesouro Nacional.

Quadro 1 Alterações no teto de gastos entre 2019 e julho de 2022*

Norma	Características	Data	Espaço fiscal aberto (bilhões)
Emenda Constitucional Nº 102	Garante que transferências a estados, Distrito Federal e municípios, de parte dos valores arrecadados com leilões de campos de petróleo, não entre no cálculo do teto de gastos.	26 de setembro de 2019	R$ 46,1
Emenda Constitucional Nº 109	Abriu espaço para uma nova rodada de Auxílio Emergencial, criando novos gatilhos de ajuste fiscal caso a despesa obrigatória primária da União chegue a 95% da despesa primária total.	15 de março de 2021	R$ 44
Emendas Constitucionais Nº 113 e 114	Abriu espaço fiscal pela mudança no indexador do teto (deixou de ser corrigido com base na inflação registrada de julho a junho para ser recalculado de acordo com o índice de janeiro a dezembro) e por permitir pagamento de precatórios fora do teto.	8 e 16 de dezembro de 2021	R$ 81,7
Emenda Constitucional Nº 123	Reconhece estado de emergência até o fim de 2022, o que possibilita criar ou ampliar auxílios, como o Auxílio Brasil, o Auxílio Gás e o Auxílio para Caminhoneiros Autônomos, fora do teto de gastos.	14 de julho de 2022	R$ 41,25
Total			R$ 213,05

* O valor de espaço fiscal aberto pela EC Nº 109 consta no próprio texto da norma.
Fonte: elaboração dos autores com base em dados do Instituto Fiscal Independente (IFI).

Como foi instituído por emenda à Constituição, o teto de gastos não pode ser alterado por meio das três leis orçamentárias do país, o Plano Plurianual (PPA), a Lei de Diretrizes Orçamentárias (LDO) e a Lei Orçamentária Anual (LOA), que são leis ordinárias de iniciativa do Poder Executivo. Qualquer mudança no teto precisa, portanto, ser submetida como Proposta de Emenda à Constituição (PEC), o que exige aprovação em dois turnos nas duas casas do Congresso Nacional por três quintos dos parlamentares. Embora regras constitucionais sejam desenhadas, a princípio, para serem duradouras, estáveis e pouco suscetíveis a mudanças, a Constituição brasileira de 1988 apresenta como característica volume alto de emendas (SOUZA, 2008), dado que a implementação de políticas governamentais no Brasil pós-1988 não está restrita à rotina infraconstitucional, mas tem lugar na própria Constituição (COUTO; ARANTES, 2006).

A rigidez do teto de gastos aliada ao fato de que mudanças na Constituição fazem parte da dinâmica de implementação e de alterações em políticas públicas no Brasil produziram o cenário sumarizado pelo Quadro 1. É importante ressaltar que, das quatro alterações no teto de gastos, somente a EC 109/2021, que analisamos anteriormente, tem relação direta com a pandemia de covid-19. A primeira mudança, com a EC 102/2019, se deu no início do governo Bolsonaro. A emenda foi promulgada com o objetivo de possibilitar que a União repassasse recursos arrecadados das empresas exploradoras de petróleo aos estados, ao Distrito Federal e aos municípios. Sem essa emenda, os repasses seriam dificultados, porque contariam com despesas primárias do Orçamento da União, esbarrando no teto de gastos, correndo risco de retenção dos recursos nos cofres da União (SENADO, 2019). Dessa forma, mesmo uma medida relativamente simples precisa ser aprovada como emenda à Constituição devido aos limites constitucionais impostos pelo teto de gastos. A segunda alteração relevante se deu com a aprovação da PEC Emergencial (PEC 186/2019). Ao ser transformada na EC 109, como vimos, abriu espaço para nova rodada de Auxílio Emergencial e criou novos gatilhos de ajuste fiscal.

A terceira mudança significativa ocorreu com a aprovação da chamada "PEC dos Precatórios" — que são, na verdade, duas, a PEC 23/2021 e a PEC 46/2021. Convertidas nas ECs 113/2021 e 114/2021, respectivamente, permitiram ao governo contornar e modificar as regras do teto de gasto. A EC 113/2021 determina, entre outras coisas, que a taxa Selic acumulada mensalmente seja aplicada às condenações que envolvem a Fazenda Pública. Anteriormente eram aplicados diferentes índices (IPCA-E, IGP-DIP, INPC) às condenações da Fazenda Pública, a depender da matéria, da data e do ente federativo envolvido (DINIZ, 2022). Além disso, a mudança de maior impacto fiscal da EC 113/2021 foi a alteração da janela de apuração considerada para o cálculo do limite de gastos sujeitos ao teto, que deixou de ser de julho a junho e passou a ser mensurado de janeiro a dezembro, abrindo espaço fiscal de R$ 69,6 bilhões (IFI, 2022). A EC 114/2021, por sua vez, alterou o prazo para a inclusão de precatórios no orçamento, que deixou de ser até 1º de julho e passou a ocorrer até 2 de abril (art. 100, §5º, da CF/88), diminuindo a quantidade de precatórios a serem pagos pela Fazenda Pública no ano seguinte. Ademais, estabeleceu limite anual, uma espécie de subteto, para o pagamento de verbas judiciais, até 2026 — ano previsto para a revisão do teto de gastos. Todas essas medidas possibilitaram transferências para outras áreas de recursos destinados ao pagamento de verbas judiciais.

A quarta alteração expressiva no teto de gastos realizou-se com promulgação da EC 123/2022. Oriunda da PEC do Estado de Emergência — ou Kamikaze, como ficou conhecida a PEC 15/2022 —, a EC 123/2022 reconhece estado de emergência até o fim de 2022, cuja justificativa é o impacto social decorrente da elevação extraordinária e imprevisível dos preços dos combustíveis. A EC autoriza a União, entre outras coisas, a ampliar os valores do Programa Auxílio Brasil, do Auxílio Gás e institui auxílio para caminhoneiros autônomos e taxistas. Esta talvez seja a modificação mais polêmica do teto de gastos, levando em consideração que, além de permitir gastos da ordem de R$ 41,25 bilhões fora do teto, a EC possibilita ao governo driblar a Lei Eleitoral (Lei 9504/1997), que veda a distribuição gratuita de bens, valores ou benefícios pela administração pública em ano eleitoral (Art. 73, caput e §10). Ademais, há críticas no sentido de que a EC compromete direitos e garantias individuais, à medida em que a Constituição Federal não faz menção a "Estado de Emergência". Os dois tipos de estado de exceção previstos pela CF são Estado de Sítio e de Defesa. Não há, portanto, definição legal precisa do que é "Estado de Emergência" (STRECK; FREITAS, 2022a; STRECK; FREITAS, 2022b).

Todas essas alterações no teto de gastos mostram que a regra foi mantida, mas há a base de uma série de manobras que possibilitaram contornar seus limites. Levando em consideração a trajetória tortuosa — devido, como notamos, a problemas já identificados ao longo do debate sobre a instituição da regra —, o teto de gastos dá sinais de esgotamento e falta de credibilidade. Como bem observa Scaff (2022), ao longo do governo Bolsonaro, o teto de gastos ruiu e é necessário, no mínimo, reconhecer que o "Novo Regime Fiscal" não deu certo.

7.6 Conclusão

O teto de gastos brasileiro foi implementado, em 2016, durante o governo de Michel Temer, com o objetivo de reverter o que foi identificado como desequilíbrio fiscal crônico, provocado pelo crescimento persistente do gasto primário. De forma geral, regras fiscais são mecanismos construídos para sanar ou evitar problemas macroeconômicos de desequilíbrios das contas públicas, mas também tem a função de antecipar ações dos agentes políticos e econômicos. Seguindo esses princípios mais amplos, o teto de gastos foi apresentado por seus proponentes e defensores como uma maneira de criar um ciclo virtuoso envolvendo o aumento da confiança dos agentes econômicos, a queda da taxa de juros, a retomada do investimento privado, o crescimento econômico e a reação das receitas públicas.

Logo que proposto, ficou evidente que o teto de gastos possuía uma série de debilidades muito difíceis de contornar. A rigidez demasiada tornava complicado o cumprimento dos limites orçamentários impostos. Para sustentar o objetivo de ajuste fiscal, foram propostas reformas para diminuir os gastos primários do governo, sendo a principal a Reforma da Previdência. No entanto, desde o início, existia a desconfiança de que mesmo com a aprovação de reformas o teto seria insustentável. Além disso, a regra não permite flexibilidade das metas fiscais em relação ao ciclo econômico, deteriora o estoque de capital público no longo prazo e contribui para a ampliação da desigualdade de renda.

Durante as fases mais agudas da pandemia de covid-19, com a aprovação da PEC do "Orçamento de Guerra", os gastos para o combate à pandemia ficaram fora do teto e o governo se viu forçado a adotar medidas expansionistas e anticíclicas, sendo a principal delas o Auxílio Emergencial, que contribuiu para diminuir a queda econômica em 2020 e reduziu a desigualdade social — o Índice de Gini no Brasil ficou abaixo de 0,50 pela primeira vez na história. A dívida pública, todavia, atingiu o pico de 89% do PIB (DBGG) em outubro de 2020, pressionando para que se "retornasse ao teto de gastos".

Nos anos seguintes, a dívida pública voltou ao patamar anterior à pandemia. Não obstante, as fragilidades do teto de gastos foram ficando cada vez mais claras. Os indícios de que as "reformas estruturais" não seriam suficientes para promover ajuste fiscal e sustentar o teto pelo menos até 2026 ficaram evidentes. Embora tenha sido mantido, foi cumprido formalmente ao longo do governo Bolsonaro com base em mudanças constantes nas regras de modo a abrir espaço fiscal. No último semestre do governo e às vésperas das eleições, o teto de gastos praticamente ruiu, com o ministro Paulo Guedes admitindo que o governo "furou" o teto.

É bastante significativo que o teto de gastos tenha colapsado durante um governo cuja gestão da economia foi comandada por um economista ultraliberal que defendia a importância do "Novo Regime Fiscal". Esta é mais uma das demonstrações de que o teto de gastos é um gigante com pés de barro.

REFERÊNCIAS BIBLIOGRÁFICAS

AFONSO, L.E.; CARVALHO, J. V. F . "Show do trilhão no RGPS? Quantificando os aspectos fiscais e distributivos da reforma da previdência do governo Bolsonaro". *Revista Brasileira de Economia*, v. 75, nº 2, 2021. Disponível em: https://doi.org/10.5935/0034-7140.20210007. Acesso em: 7 ago. 2022.

AGÊNCIA IBGE. "PIB cai 4,1% em 2020 e fecha o ano em R$ 7,4 trilhões". *IBGE*, 2021. Disponível em: https://agenciadenoticias.ibge.gov.br/agencia-sala-de-imprensa/2013-agencia-de-noticias/releases/30165-pib-cai-4-1-em-2020-e-fecha-o-ano-em-r-7-4-trilhoes. Acesso em: 9 mar. 2021.

AMARAL, V. L. "Aspectos Fiscais da PEC 32/2020 ("Reforma Administrativa) e Proposta de Medidas Alternativas". *Senado*, Nota Técnica 69, 2021. Disponível em: https://www12.senado.leg.br/orcamento/documentos/estudos/tipos-de-estudos/notas-tecnicas-e-informativos/nota-tecnica-69-2021-aspectos-fiscais-da-pec-32-2020-201creforma-administrativa201d-e-proposta-de-medidas-alternativas/view. Acesso em: 7 ago. 2022.

BARBOSA, N. "Quando e quanto aumentou o gasto primário em proporção ao PIB". *FGV/ BLOG DO IBRE*, 2018. Disponível em: https://blogdoibre.fgv.br/posts/quando-e-quanto-aumentou-o-gasto-primario-em-proporcao-do-pib. Acesso em: 23 set. 2020.

BARBOSA, R. J.; Souza, P. H. G. F.; Soares, S. S. D. "Desigualdade de renda no Brasil de 2012 a 2019". *Dados*, 2020. Disponível em: http://dados.iesp.uerj.br/desigualdade-brasil/. Acesso em: 2 de jun. de 2021.

BARBOSA, R. J.; Prates, I. "Efeitos do Desemprego, do Auxílio Emergencial e do Programa Emergencial de Preservação do Emprego e da Renda (MP Nº 936/2020) Sobre a Renda, a Pobreza e a Desigualdade Durante e Depois da Pandemia". *Ipea*, 2020. Disponível em: http://repositorio.ipea.gov.br/bitstream/11058/10291/3/BMT_69_efeitos_do_desemprego.pdf. Acesso em: 1º jun. 2021.

BASSOLI, A. et al. "É preciso rebaixar o piso de gastos para que o teto não colapse". *Folha de S.Paulo*, 2020. Disponível em: https://www1.folha.uol.com.br/mercado/2020/08/e-preciso-rebaixar-o-piso-de-gastos-para-que-o-teto-nao-colapse.shtml. Acesso em: 7 set. 2020.

BCB — Banco Central do Brasil. "Dívida bruta do governo geral (% PIB): metodologia utilizada a partir de 2008". Disponível em: https://dadosabertos.bcb.gov.br/dataset/13762-divida-bruta-do-governo-geral--pib---metodologia-utilizada-a-partir-de-2008. Acesso em: 4 nov. 2022.

BORGES, B. "Dívida bruta ou dívida líquida, eis a questão". *FGV/ BLOG DO IBRE*, 2017. Disponível em: https://blogdoibre.fgv.br/posts/divida-bruta-ou-divida-liquida-eis-questao. Acesso em: 13 ago. 2020.

_____. "Manifesto por um debate construtivo sobre o teto e as regras fiscais brasileiras". *FGV/ BLOG DO IBRE*, 2020. Disponível em: https://blogdoibre.fgv.br/posts/manifesto-por-um-debate-construtivo-sobre-o-teto-e-regras-fiscais-brasileiras. Acesso em: 27 ago. 2020.

BOVA, E.; KINDA, T.; WOO, J. "Austerity and inequality: the size and composition of fiscal adjustment matter". *VOXEU/CEPR*, 2018. Disponível em: https://voxeu.org/article/size-and-composition-fiscal-adjustment-matter-inequality. Acesso em: 5 jun. 2021.

BRASIL. União Federal. "Despesas da Educação: 2018 – 2022. Elaborada por Controladoria Geral da União". Disponível em: https://www.portaltransparencia.gov.br/funcoes/12-educacao?ano=2022. Acesso em: 16 nov. 2022.

_____. União Federal. *Portal da Transparência*, Despesas da Educação, 2017. Disponível em: https://www.portaltransparencia.gov.br/despesas/funcao?paginacaoSimples=true&tamanhoPagina=&offset=&direcaoOrdenacao=asc&de=01%2F01%2F2017&ate=31%2F12%2F2017&funcaoSubfuncao=FN12&colunasSelecionadas=linkDetalhamento%2CmesAno%2Cfuncao%2CsubFuncao%2CvalorDespesaEmpenhada%2CvalorDespesaLiquidada%2CvalorDespesaPaga%2CvalorRestoPago&ordenarPor=funcao&direcao=asc. Acesso em: 16 nov. 2022.

_____. União Federal. *Portal da Transparência*, Despesas da Educação, 2016. Disponível em: https://www.portaltransparencia.gov.br/despesas/funcao?paginacaoSimples=true&tamanhoPagina= &offset=&direcaoOrdenacao=asc&de=01%2F01%2F2016&ate=31%2F12%2F2016&funcaoSubfuncao=FN12&colunasSelecionadas=linkDetalhamento%2CmesAno%2Cfuncao%2CsubFuncao%2CvalorDespesaEmpenhada%2CvalorDespesaLiquidada%2CvalorDespesaPaga%2CvalorRestoPago&ordenarPor=funcao&direcao=asc. Acesso em: 16 nov. 2022.

_____. União Federal. *Portal da Transparência,* Despesas da Educação, 2015. Disponível em: https://www.portaltransparencia.gov.br/despesas/funcao?paginacaoSimples= true&tamanhoPagina=&offset=&direcaoOrdenacao=asc&de=01%2F01%2F2015&ate=31%2F12%2F2015& funcaoSubfuncao=FN12&colunasSelecionadas=linkDetalhamento%2CmesAno%2Cfuncao%2CsubFuncao%2CvalorDespesaEmpenhada%2CvalorDespesaLiquidada%2CvalorDespesaPaga%2CvalorRestoPago&ordenarPor=funcao&direcao=asc. Acesso em: 16 nov. 2022.

_____. União Federal. *Portal da Transparência,* Despesas da Saúde. Elaborada por Controladoria Geral da União. Disponível em: https://www.portaltransparencia.gov.br/funcoes/10-saude?ano=2022. Acesso em: 16 nov. 2022.

_____. União Federal. Despesas da Saúde, 2015. Disponível em: https://www.portaltransparencia.gov.br/despesas/funcao?paginacaoSimples=true&tamanhoPagina=&offset=&direcaoOrdenacao=asc&de=01%2F01%2F2015&ate=31%2F12%2F2015&funcaoSubfuncao=FN10&colunasSelecionadas=linkDetalhamento%2CmesAno%2Cfuncao%2CsubFuncao%2CvalorDespesaEmpenhada%2CvalorDespesaLiquidada%2CvalorDespesaPaga%2CvalorRestoPago. Acesso em: 16 nov. 2022.

_____. União Federal. *Portal da Transparência*, Despesas da Saúde, 2016. Elaborada por Controladoria Geral da União. Disponível em: https://www.portaltransparencia.gov.br/despesas/funcao?paginacaoSimples=true&tamanhoPagina=&offset=&direcaoOrdenacao=asc&de=01%2F01%2F2016&ate=31%2F12%2F2016&funcaoSubfuncao=FN10&colunasSelecionadas=linkDetalhamento%2CmesAno%2Cfuncao%2CsubFuncao%2CvalorDespesaEmpenhada%2CvalorDespesaLiquidada%2Cva-

lorDespesaPaga%2CvalorRestoPago&ordenarPor=funcao&direcao=asc. Acesso em: 16 nov. 2022.

_____. União Federal. Despesas da Saúde, 2017. Disponível em: https://www.portaltransparencia.gov.br/despesas/funcao?paginacaoSimples=true&tamanhoPagina=&offset=&direcaoOrdenacao=asc&de=01%2F01%2F2017&ate=31%2F12%2F2017&funcaoSubfuncao=FN10&colunasSelecionadas=linkDetalhamento%2CmesAno%2Cfuncao%2CsubFuncao%2CvalorDespesaEmpenhada%2CvalorDespesaLiquidada%2CvalorDespesaPaga%2CvalorRestoPago&ordenarPor=funcao&direcao=asc. Acesso em: 16 nov. 2022.

BRESSER-PEREIRA, L. C. "O Novo Desenvolvimentismo e a Ortodoxia Convencional". *São Paulo em Perspectiva*, [s. l], v. 20, nº 3, p. 5–24, jul. 2006. Disponível em: https://pesquisa-eaesp.fgv.br/sites/gvpesquisa.fgv.br/files/arquivos/bresser_-_novo_desenvolvimento_e_a_ortodoxia.pdf. Acesso em: 10 nov. 2022.

CALLON, M. "Introduction: the embeddedness of economic markets in economics". 1998. In: CALLON, M. (ed.). *The laws of the markets*. Blackwell Publishers/The Sociological Review.

CÂMARA dos Deputados. "PEC 287/2016. Proposta de Emenda à Constituição". Disponível em: https://www.camara.leg.br/proposicoesWeb/fichadetramitacao?idProposicao=2119881. Acessado em: 7 de ago. de 2022.

_____. (2020). "PEC muda regras para futuros servidores e altera organização da administração pública". Disponível em: https://www.camara.leg.br/noticias/690350-pec-muda-regras-para-futuros-servidores-e-altera-organizacao-da-administracao-publica. Acesso em: 2 jun. 2021.

CARVALHO, L. *Curto-circuito: o vírus e a volta do Estado*. São Paulo: Todavia, 2020.

_____. *Valsa brasileira: do boom ao caos econômico*. São Paulo: Todavia, 2018.

CASALLECCHI, A. R. C.; ORAIR, R. O.; SOUZA, P. H. O. "Simulação do Impacto da PEC 6/2019 Sobre as Despesas do RPP dos Servidores Civis da União". *Revista Cadernos de Finanças Públicas*, Brasília, v. 1, nº 1, p. 1–81, 2020. Disponível em: https://publicacoes.tesouro.gov.br/index.php/cadernos/article/view/80. Acesso em: 7 ago. 2022.

CASTRO, A. "Reforma tributária deve ficar para 2023". *Senado*, 2022. Disponível em: https://www12.senado.leg.br/noticias/materias/2022/07/27/reforma-tributaria-deve-ficar-para-2023. Acesso em: 7 ago. 2022.

CORDES, T.; KINDA, T.; MUTHOORA, P.; WEBER, A. "Expenditure Rules: Effective Tools for Sound Fiscal Policy?" *Working Paper. International Monetary Fund*, 2015. Disponível em: https://www.imf.org/external/pubs/ft/wp/2015/wp1529.pdf. Acesso em: 4 ago. 2020.

COUTO, C. G.; ARANTES, R. B. "Constituição, Governo e Democracia no Brasil". *Revista Brasileira de Ciências Sociais*, v. 21, nº 61, 2006. Disponível em: https://doi.org/10.1590/S0102-69092006000200003. Acesso em: 7 ago. 2022.

DINIZ, D. A. "EC nº 113/2021: aplicação da Selic nas condenações da Fazenda Pública". *Conjur*, 2022. Disponível em: https://www.conjur.com.br/2022-mar-02/diniz-ec-1132021-selic-condenacoes-fazenda-publica. Acesso em: 10 jul. 2022.

DUQUE, D. "Pobreza e desigualdade aumentam de novo: PNAD Covid mostrou impacto do Auxílio Emergencial nos indicadores sociais". *FGV/ BLOG DO IBRE*, 2020. Disponível em: https://blogdoibre.fgv.br/posts/pobreza-e-desigualdade-aumentam-de-novo-pnad-covid-mostrou-impacto-do-auxilio-emergencial-nos. Acesso em: 1º jun. 2021.

FIGUEIREDO, A. et al. (2020). "Teto de gastos, a âncora da estagnação brasileira e da crise social". *Folha de S.Paulo*. Disponível em: https://www1.folha.uol.com.br/mercado/2020/08/teto-de-gastos-a-ancora-da-estagnacao-brasileira-e-da-crise-social.shtml. Acesso em: 7 set. 2020.

FILHO, F. H. B.; PESSOA, S. (2014). "Desaceleração recente da economia". In: *Coletânea de capítulos da agenda "Sob a luz do sol"*. Centro de Debate de Políticas Públicas. Disponível em: https://cdpp.org.br/wp-content/uploads/2017/02/SobLuzDoSol.pdf. Acesso em: 5 out. 2020.

FUNDO Monetário Internacional (FMI). "Fiscal Monitor: A Fair Shot". 2021. Disponível em: https://static.poder360.com.br/2021/04/fiscal-monitor-fmi-7abr2021.pdf. Acesso em: 4 jun. 2021.

GIAMBIAGI, F. "Teto de gastos: o que aconteceu depois de 2016?" *Conjuntura Econômica*, v. 74, nº 10, 2020. Disponível em: https://bibliotecadigital.fgv.br/ojs/index.php/rce/article/view/83595. Acessado em: 7 ago. 2022.

GOMES, J. W. F.; PEREIRA, R. A. C.; BEZERRA, A. R.; LUCIO, F. G. C.; SARAIVA, F. A. M. "Efeitos fiscais e macroeconômicos da Emenda Constitucional do Teto dos Gastos (nº 95/2016)". *Nova Economia*, v. 30, nº 3, pp. 893–920, 2020. Disponível em: https://www.scielo.br/j/neco/a/rLzCFQCFhzTbz9drbVWcfLL/abstract/?lang=pt. Acesso em: 3 jun.2021.

GONÇALVES, R. et al. "Impactos do Auxílio Emergencial na Renda e no Índice de Gini". *Unicamp e Cecon*, 2021. Disponível em: https://www.eco.unicamp.br/images/arquivos/nota-cecon/nota-cecon-auxilio-emergencial-01042021final.pdf. Acesso em: jun. 2021.

GOVERNO Federal. "Teto de gastos: o gradual ajuste para o crescimento do país". 2018. Disponível em: https://www.gov.br/fazenda/pt-br/centrais-de-conteudos/publicacoes/analises-e-estudos/arquivos/2018/teto-de-gastos-o-gradual-ajuste-para-o-crescimento-do-pais.pdf/. Acesso em: 12 ago. 2020.

_____. "Confira as principais mudanças da Nova Previdência". 2020. Disponível em: https://www.gov.br/inss/pt-br/assuntos/noticias/confira-as-principais-mudancas-da-nova-previdencia. Acesso em: 2 ago. 2022.

GRAUPEN, André Gilberto Klein. *As políticas anticíclicas brasileiras da crise financeira de 2008: Uma análise setorial*. 2015. 62 f. Tese (Mestrado em Economia) – Fundação Getulio Vargas. São Paulo, 2015. Disponível em: https://bibliotecadigital.fgv.br/dspace/bitstream/handle/10438/13966/Disserta%C3%A7%C3%A3o%20FGV%20-%20Andr%C3%A9%20Graupen%20-%20Final.pdf. Acesso em: 14 nov. 2022.

HORTA, G. T. L. "Regras fiscais no Brasil: uma análise da PEC 241". *Revista do BNDES*, n. 47, pp. 259–308, 2017. Disponível em: https://web.bndes.gov.br/bib/jspui/bitstream/1408/14022/1/Regras%20fiscais%20no%20Brasil_uma%20an%C3%A1lise%20da%20PEC%20241_P.pdf. Acesso em: 10 ago. 2020.

INSPER. "Contencioso Tributário no Brasil. Relatório 2020 – Ano de referência 2019". 2020. Disponível em: https://www.insper.edu.br/wp-content/uploads/2021/01/Contencioso_tributario_relatorio2020_vf10.pdf. Acesso em: 7 ago. 2022.

INSTITUIÇÃO Fiscal Independente. *Relatório de Acompanhamento Fiscal. Senado Federal*, nº 61, 2022. Disponível em: https://www2.senado.leg.br/bdsf/bitstream/handle/id/595819/RAF61_FEV2022.pdf. Acessado em: 1 ago. 2022.

LANDIM, L.; SIQUEIRA, W. "Revisão da Reforma Tributária pelo Senado e Modificações no Texto da PEC 110". *Conjur*, 2022. Disponível em: https://www.conjur.com.br/2022-jun-21/landim-siqueira-revisao-reforma-tributaria-senado. Acesso em: 7 ago. 2022.

MENEZES-FILHO, N.; KOMATSU, B. K.; ROSA, J. P. "Reducing poverty and inequality during the coronavirus outbreak: the emergency aid transfers in Brazil". *Insper*, Policy Paper, nº 50, 2021. Disponível em: https://www.insper.edu.br/wp-content/uploads/2021/02/Policy_Paper_54.pdf. Acesso em: 3 jun. 2021.

MESQUITA, M. (2014.) "A política econômica do governo Dilma: a volta do experimentalismo". In: *Coletânea de capítulos da agenda "Sob a luz do sol"*. Centro de Debate de Políticas Públicas. Acesso em: 5 out. 2020.

MOE, T. M. "Political institutions: the neglected side of the story". *Journal of Law, Economics & Organization*, v. 6, Special Issue, pp. 213–253, 1990. Disponível em: https://www.jstor.org/stable/764990. Acesso em: 10 jun. 2021.

NERI, M. "A escalada da desigualdade: qual foi o impacto da crise sobre a distribuição de renda e a pobreza?" *FGV*, 2019. Disponível em: https://www.cps.fgv.br/cps/bd/docs/A-Escalada-da-Desigualdade-Marcelo-Neri-FGV-Social.pdf. Acesso em: 2 jun. 2021.

_____. "Bem estar trabalhista, felicidade e pandemia". *FGV Social*, 2021. Disponível em: https://cps.fgv.br/FelicidadeNaPandemia. Acesso em: 2 jun. 2021.

NETO, C. B. C., et al. "Reforma Tributária – PEC 110/2019, do Senado Federal, e PEC 45/2019, da Câmara dos Deputados". *Câmara dos Deputados*, 2019. Disponível em: https://www2.camara.leg.br/atividade-legislativa/estudos-e-notas-tecnicas/fiquePorDentro/temas/sistema-tributario-nacional-jun-2019/reforma-tributaria-comparativo-das-pecs-em-tramitacao-2019. Acesso em: 7 ago. 2022.

ONU — ORGANIZAÇÃO DAS NAÇÕES UNIDAS. *GINI index (World Bank estimate)*. 2020. Disponível em: http://data.un.org/Data.aspx?d=WDI&f=Indicator_Code%3ASI.POV.GINI. Acesso em: 4 nov. 2022.

OREIRO, J. L.; PAULA, L. F. "A economia brasileira no governo Temer e Bolsonaro: uma avaliação preliminar". 2019. Disponível em: http://www.luizfernandodepaula.com.br/ups/a-economia-brasileira-no-governo-temer-e-bolsonaro-final-05.pdf. Acesso em: 20 ago. 2020.

PATERNOSTRO, R. B. "Resumo da Emenda Constitucional Nº 103, de 2019, que Altera o Sistema de Previdência Social". *Associação dos Consultores Legislativos e de Orçamento e Fiscalização Financeira da Câmara dos Deputados*, 2019. Disponível em: https://www.aslegis.org.br/producao-intelectual/

estudos-e-notas-tecnicas/798-resumo-da-emenda-constitucional-n-103-de-2019-que-altera-o-sistema-de-previdencia-social. Acesso em: 7 ago. 2022.

PAULA, L. F.; PIRES, M. "Crise e perspectivas para a economia brasileira". *Estudos Avançados*, n. 31 (89), 2017. Disponível em: https://doi.org/10.1590/s0103-40142017.31890013. Acesso em: 18 ago. 2020.

PAULA, L. F.; VAZ, C.; MACHADO, P. L. N. (2021.) "O Brasil Entre o "Velho Normal" e as Tendências Internacionais para a Recuperação da Crise da Pandemia de Covid-19". In: Obstáculos ao Desenvolvimento Econômico com Inclusão Social no Brasil. *Boletim GEEP*, v. 2, nº 1. Disponível em: http://geep.iesp.uerj.br/wp-content/uploads/2021/05/Relat%C3%B3rio-GEEP-4-final-1.pdf. Acesso em: 9 jun. 2021.

PIRES, M. "Atualização da série histórica de despesas primárias: 1986–2019". *Instituto Brasileiro de Economia (IBRE) — FGV*, 2020. Disponível em: https://observatorio-politica-fiscal.ibre.fgv.br/series-historicas/despesas-primarias/atualizacao-da-serie-historica-de-despesas-primarias-1986-2019. Acesso em: 4 nov. 2022.

POZZEBON, E. R. "Aprovado pelo Congresso, auxílio emergencial deu dignidade a cidadãos durante a pandemia". *Agência Senado*, 2020. Disponível em: https://www12.senado.leg.br/noticias/materias/2020/12/30/aprovado-pelo-congresso-auxilio-emergencial-deu-dignidade-a-cidadaos-durante-a-pandemia. Acesso em: 4 nov. 2022.

PRATES, D. M.; FRITZ, B.; PAULA, L. F. "O desenvolvimentismo pode ser culpado pela crise? Uma classificação das políticas econômica e social dos governos do PT ao governo Temer". *Texto para discussão* 009, UFRJ/Instituto de Economia, 2019. Disponível em: https://www.ie.ufrj.br/images/IE/TDS/2019/TD_IE_009_2019_PRATES_FRITZ_de%20PAULA.pdf. Acesso em: 18 ago. 2020.

PRESIDÊNCIA da República. "Emenda Constitucional Nº 95". 2016. Disponível em: www.planalto.gov.br/ccivil_03/constituicao/emendas/emc/emc95.htm. Acesso em: 25 ago. 2020.

SADDI, V. C. C. *Ensaios sobre jogos de estabilização e inflação*. Tese (Mestrado em Economia de Empresa) - EASP/FGV. São Paulo, 1994. Disponível em: http://bibliotecadigital.fgv.br/dspace/bitstream/handle/10438/5456/1199400605.pdf;jsessionid=B6E78DCC269092A63FBBE2F2E824DD0C?sequence=1. Acesso em: 10 de ago. de 2020.

SALTO, F.; COURI, D.; SOUZA, P. H. "Nota Técnica nº 47. A LOA 2021 e o Novo Cenário Fiscal do Governo". *Instituto Fiscal Independente*, 2021. Disponível em: https://www2.senado.leg.br/bdsf/bitstream/handle/id/588176/NT47_LOA2021.pdf. Acesso em: 6 jun. 2021.

SCAFF, F. F. "Vamos trocar o teto de gastos pelo piso de investimentos públicos". *Conjur*, 2022. Disponível em: https://www.conjur.com.br/2022-jul-05/contas-vista-vamos-trocar-teto-gastos-piso-investimentos-publicos. Acesso em: 7 ago. 2022.

SCHAECHTER, A.; KINDA, T.; BUDINA, N.; WEBER, A. "Fiscal Rules in Response to the Crisis—Toward the "Next-Generation" Rules. A New Dataset". *International Monetary*

Fund, Working Paper, 2012. Disponível em: https://www.imf.org/external/pubs/ft/wp/2012/wp12187.pdf. Acesso em: 17 ago. 2020.

SCHYMURA, L. G. "O teto dos gastos e as turbulências que se aproximam". *FGV/Carta da Conjuntura*, 2017. Disponível em: http://bibliotecadigital.fgv.br/ojs/index.php/rce/article/view/74860. Acesso em: 2 set. 2020.

SENADO. *Promulgada emenda que exclui repasse do petróleo do teto de gastos da União.* 2019. Disponível em: https://www12.senado.leg.br/noticias/materias/2019/09/26/promulgada-emenda-que-exclui-repasse-do-petroleo-do-teto-de-gastos-da-uniao. Acesso em: 4 ago. 2022.

SOUZA, C. "Regras e Contexto: As Reformas da Constituição de 1988". *DADOS – Revista de Ciências Sociais*, Rio de Janeiro, v. 51, nº 4, pp. 791–823, 2008. Disponível em: https://doi.org/10.1590/S0011-52582008000400001. Acesso em: 7 ago. 2022.

SOUZA, F. E. P. "Panem et Circenses: a Propósito da Macroeconomia da Pandemia". *Revista de Economia Política*, v. 41, nº 2, pp. 236–253, 2021. Disponível em: https://doi.org/10.1590/0101-31572021-3254. Acesso em: 10 jun. 2021.

SOUZA, P. H.G.F.; VAZ, F. M.; PAIVA, L. H. "Efeitos redistributivos da Reforma da Previdência". *Estudos Econômicos*, v. 16, nº 3, 2021. Disponível em: https://www.revistas.usp.br/ee/article/view/149171. Acesso em: 7 ago. 2022.

STRECK, L. L.; FREITAS, M. P. "Não é só perigosa e irresponsável. PEC Kamikaze é inconstitucional". *Conjur*, 2022a. Disponível em: https://www.conjur.com.br/2022-jul-06/streck-freitas-nao-perigosa-pec-kamikaze-inconstitucional. Acesso em: 19 jul. 2022.

_____. "Post scriptum: PEC Kamikaze violou também a anterioridade eleitoral". *Conjur*, 2022b. Disponível em: https://www.conjur.com.br/2022-jul-15/streck-freitas-pec-kamikaze-violou-tambem-anterioridade-eleitoral. Acesso em: 7 ago. de 2022.

TRIBUNAL de Contas da União. *Resultados dos regimes de previdência pública.* 2019. Disponível em: https://sites.tcu.gov.br/contas-do-governo-2019/resultado-previdenciario.htm. Acesso em: 7 ago. 2022.

CAPÍTULO

8

Neoliberalismo e crise climática: desafios e obstáculos para a transição verde sustentável

Alfredo Saad-Filho
Fernanda Feil

8.1 Introdução

A crise climática representa a principal e mais premente questão que a humanidade confronta no século XXI. Sua gravidade é tal que um desenlace catastrófico parece inevitável, resultando em uma sequência cada vez mais intensa e frequente de eventos ambientais adversos: incêndios florestais devastadores, furacões, calor abrasador, aumento do nível do mar e oceanos, e assim por diante. A fim de minimizar tais desafios, as mudanças políticas e econômicas rumo a uma transição verde sustentável[1] devem ser perseguidas em conjunto pela sociedade, e de imediato.

[1] O conceito de transição verde sustentável refere-se à mudança de uma estrutura econômica baseada em altas emissões de gases de efeito estufa por unidade de produção para uma economia de baixas emissões. Essa transição requer mudanças estruturais na produção e no consumo, acompanhadas por deslocamentos na distribuição de riqueza e alterações nas formas de interação entre os agentes sociais, incluindo o Estado e as finanças. Essas mudanças também exigem e abrem espaço político para transformações radicais em direção a uma economia mais justa econômica, social e ambientalmente.

Observa-se um aumento nas temperaturas globais, resultante das emissões de gases de efeito estufa (GEE), de, pelo menos, 1,1°C em relação ao nível inicial registrado antes da Revolução Industrial. Projeções atuais indicam que as temperaturas poderiam subir até 6°C até o ano de 2100, conforme relatado pelo IPCC em 2021. O tempo disponível para implementar ações visando a redução das emissões de GEE está se tornando escasso. Segundo destacado no *Emissions Gap Report* (2021), existe uma probabilidade de 50% de que o aquecimento global ultrapasse 1,5°C até o ano de 2040. A menos que sejam efetuadas mudanças imediatas e drásticas, torna-se inviável alcançar a meta estabelecida pelo Acordo de Paris, que visa limitar o aquecimento global a 2°C, tentando limitar a 1,5°C, até o final deste século.

A mitigação da crise climática implica investimentos de longo prazo em novos setores sustentáveis e verdes, ruptura e inovação tecnológica, a reordenação da estrutura produtiva em função do desmantelamento das indústrias existentes, a criação de novas indústrias e a implementação de novos paradigmas. É um processo disruptivo que necessita de novos instrumentos políticos, econômicos, financeiros e sociais para apoiá-lo — ou seja, uma completa reordenação da estrutura socioeconômica e do modelo produtivo. As ações precisam ser mais rápidas, mais abrangentes e mais ambiciosas. As mudanças devem ser feitas no âmbito da coordenação dos setores público e privado, entre todos os países, com os Estados atuando como planejadores de longo prazo, estimulando soluções inovadoras e possibilitando modificações estruturais guiadas para uma transição verde sustentável.

Tentativas de enfrentar esses desafios de forma fragmentada estão fadadas ao fracasso. É impossível alcançar a transição verde sustentável dentro da estrutura distributiva imposta pelo neoliberalismo financeirizado e globalizado.

O neoliberalismo é uma ideologia político-econômica que afirma que a economia de livre mercado é necessária para promover e proteger a liberdade individual, e que é o melhor meio de proporcionar prosperidade, uma vez que assegura resultados economicamente eficientes. É uma criação política que preconiza a abertura comercial e financeira, a livre circulação de bens, serviços e capital, a desregulamentação e a manutenção dos direitos intelectuais e de propriedade (Palley, 2021). A financeirização representa o crescimento da importância do setor financeiro no total dos ativos de capital e o aumento da influência do mercado financeiro, das instituições financeiras, das elites financeiras e da regra dos interesses financeiros sobre outros interesses, que assume todos os setores — público e privado, nacional e internacional.

Um aspecto central da financeirização reside no predomínio do mercado financeiro sobre o setor produtivo e as políticas econômicas.

A preponderância das operações financeiras em detrimento da produção acarreta consequências adversas em nível microeconômico, pois muda a forma como as empresas são administradas. Entretanto, seu impacto mais significativo é no nível macroeconômico, uma vez que gera uma perda de autonomia do setor público, dado que o Estado está subordinado aos interesses financeiros (Bruno; Caffe, 2017; Epstein, 2001; Carvalho, 2009).

Sob o neoliberalismo financeirizado, os interesses dominantes estão vinculados a uma lógica de extração de renda financeira de curto prazo, incompatível com investimentos de longo prazo inovadores e de alto custo que visam mudar o padrão de reprodução econômica. A fim de construir motores alternativos de crescimento e melhorar a distribuição de renda, riqueza e poder, é essencial combinar políticas industriais verdes com políticas macroeconômicas e sociais democráticas e sustentáveis.

Este capítulo se preocupa com a impossibilidade de enfrentar a mudança climática em um contexto econômico e político neoliberal e financeirizado, e questiona o neoliberalismo, entendido como a forma, fase ou modo de existência contemporâneo do capitalismo. Para atingir esse objetivo, este capítulo está dividido em quatro seções além desta introdução. A segunda seção aborda a necessidade de transformação radical na economia global demandada pela crise climática, refletido na necessária reestruturação dos setores econômicos em direção a uma transição verde sustentável, acompanhada de cooperação internacional e medidas políticas coordenadas para enfrentar os desafios socioeconômicos e ambientais. A terceira seção discute a necessidade e os desafios da transição verde sustentável, abordando a falta de coordenação e políticas públicas eficazes implementadas para redirecionar os investimentos e enfrentar os desafios socioeconômicos e ambientais, evidenciando a persistente tendência de aumento das emissões de GEE. A quarta seção sublinha a incompatibilidade de atacar com sucesso a mudança climática operando em uma ordem financeira neoliberal, enfatizando a necessidade de cooperação internacional e a mudança no modo de produção. A seção final conclui este capítulo.

8.2 As restrições à construção de uma transição verde sustentável

O modelo econômico dominante, baseado no aumento constante do consumo e da produção, alimentado pelo desprezo à natureza, levou à crise climática que está se intensificando mais rápido do que os cientistas previam inicialmente. Nos últimos anos, eventos climáticos intensos e extremos têm causado furacões inesperadamente severos, secas, enchentes, ondas de calor e incêndios florestais que têm afetado milhões de pessoas;

alguns biomas estão à beira de cruzar pontos de ruptura. Os efeitos não são graduais nem previsíveis e se manifestarão de diferentes formas em cada região, setor econômico e sociedade (Woodward, 2019).

A resposta aos desafios emergentes da crise climática engendrará simultaneamente a obsolescência de setores convencionais, tais como os ligados à utilização de combustíveis fósseis, e a emergência de novos setores, como o de energias renováveis. A transição climática e os riscos físicos associados ocasionarão uma transformação súbita nos ativos econômicos e, por consequência, nas dinâmicas de poder. Atualmente, os padrões de produção e consumo são construídos em torno de estruturas concentradas baseadas em recursos naturais. A contribuição das commodities primárias para o sistema econômico é muito maior do que a participação do PIB nas atividades extrativistas pode indicar. Embora as atividades de alto valor agregado nas economias atuais estejam geralmente situadas em setores terciários, elas dependem, em última instância, da extração inicial de matérias-primas às quais o valor é adicionado gradualmente. Em resumo, embora à primeira vista os recursos naturais proporcionem menos, em termos de receita, produção, emprego e poder de compra, e contribuam menos para o crescimento, as economias periféricas dependem, em última instância, dos recursos naturais para sua existência. (Cahen-Fourot et al., 2020).

Ou seja, a sociedade terá que passar por uma transformação radical. O valor dos recursos naturais e da biodiversidade deve ser adequadamente incorporado à contabilidade nacional para analisar de forma adequada sua contribuição à atividade econômica. Não apenas isso, a extração ilimitada desses recursos, base do atual modo de produção, levou à crise climática.

Adicionalmente, o orçamento de carbono vincula as emissões globais a um determinado limite de temperatura. Apenas as emissões potenciais dos campos de petróleo e gás e das minas de carvão — para não mencionar outras commodities —, já em operação, aqueceriam o planeta além de 2°C (Hansen et al., 2008). Portanto, os combustíveis fósseis tecnicamente exploráveis não devem ser consumidos — estima-se que 80% das reservas de carvão e 33% das reservas de petróleo não poderão ser usadas. Além disso, uma grande quantidade de infraestrutura construída, plantas industriais e maquinaria terá que ser abandonada ou totalmente recondicionada. A queda na produção e o consequente encalhamento de ativos (*stranding of assets*) poderá gerar quedas em efeito cascata em estoques físicos e também impactos financeiros que prejudicariam a atividade econômica, criando um círculo vicioso. As implicações socioeconômicas da não utilização dos ativos encalhados ainda são desconhecidas. Portanto, caso não seja administrada corretamente, a transição verde sustentável pode resultar em grave crise econômica, desemprego e instabilidade financeira (Cahen-Fourot et al., 2019).

A transferência de capital e recursos de setores produtivos rentáveis, cuja maturidade de investimento ainda não atingiu necessariamente seu auge para novos setores nascentes — que não terão automaticamente o melhor custo-benefício de uma perspectiva puramente econômica e individual —, representa uma restrição para uma transição verde sustentável rápida e bem sucedida. Não por nada, os atuais compromissos de mitigação e adaptação (tanto por países quanto por setores) são inconsistentes com os limites de temperatura do Acordo de Paris, exigindo uma escala e um ritmo de mudança mais grandiosos para alcançar uma transição verde sustentável (IPCC 2021). A maioria dos programas verdes propostos dificilmente alcançará reduções robustas em GEE no prazo imperativo, embora englobem metas de redução de emissões em GEE com propostas de investimento significativas.

No entanto, a falta de ação por meio de hesitação, atrasos ou tentativas de transferir a responsabilidade para terceiros, enquanto se continua a colher lucros a curto prazo, é inaceitável. As mudanças necessitam passar por um planejamento e um projeto coletivo de transformação e coordenação. Em outras palavras, a metamorfose deve ser profunda e estrutural em direção a uma transição verde sustentável (Christophers, 2019; Chenet; Ryan-Collins; van Lerven, 2019).

A mudança climática é um "multiplicador de ameaças" que aumenta a instabilidade agravando situações frágeis e criando uma combinação de riscos. Por exemplo, as mudanças climáticas interagem com outros vetores da volatilidade dos preços dos alimentos, o que afetará desproporcionalmente os países mais pobres (Scherer; Tänzler, 2018).

Particularmente, as economias dependentes da exportação de petróleo não poderão mais contar com suas vantagens competitivas estabelecidas para alcançar equilíbrios macroeconômicos externos, fiscais, distributivos e outros, geração de empregos, renda, consumo, crescimento da produtividade e bem-estar social (UNFCCC, 2005, pp.33–34).

Essas dificuldades aumentarão com o encalhamento de parte das reservas de combustíveis fósseis, criando perdas contábeis de centenas de bilhões de dólares para países e corporações. A essas perdas devem somar-se os investimentos necessários para mudar a matriz energética mundial, distanciando-a dos combustíveis fósseis e, ao mesmo tempo, adaptando o nosso modo de vida para torná-lo compatível com as emissões neutras de GEE, além dos custos de mitigação da mudança climática. Esses custos exigirão financiamento compensatório, bem como mudanças mundiais na legislação e nas regras contábeis (Khor et al., 2017; Morrissey, 2016).

Os países periféricos terão dificuldades para absorver esses custos e perdas e para financiar os investimentos necessários, especialmente dada a urgência dessas tarefas e as externalidades envolvidas (ETC 2018; Manley; Cust; Cecchinato, 2017). Isso porque tais países sofrem de múltiplas desvantagens, incluindo baixos estoques de capital, tecnologias ultrapassadas e educação e treinamento menos eficientes, levando a uma menor produtividade e rendimentos menores. Seus mercados também são menores e mais vulneráveis a choques adversos.[2] Em consequência, eles precisarão de apoio para transformar suas economias e enfrentar as repercussões da mudança climática no pouco tempo disponível. As formas de apoio podem incluir ajuda internacional, empréstimos subsidiados, transferências de tecnologia e regulamentações globais favoráveis.

Dados os altos custos de adaptação, mitigação e transição, os países periféricos mais pobres têm enfatizado a necessidade de proteger seu direito ao desenvolvimento (Khor et al., 2017, p. 10). O conceito de "responsabilidades comuns, mas diferenciadas" implica que as economias avançadas devem aceitar a parte mais significativa da carga de mitigação, tanto por causa de sua responsabilidade histórica pelas emissões de GEE como porque controlam recursos financeiros e tecnológicos muito mais significativos atualmente.[3]

Finalmente, há a controversa questão da distribuição das receitas de um imposto global sobre o carbono que, se mal concebido, poderia afetar diretamente os países altamente dependentes do turismo, das commodities e das exportações agrícolas. Também poderia perturbar negativamente o acesso dos países periféricos às modernas fontes de energia (Khor et al., 2017).

Na medida em que diversificação, mudança estrutural e mitigação são mais gerenciáveis nas economias avançadas do que nos países periféricos, devido a sua mais elevada produtividade, diversificação e resiliência em muitos setores, eles são mais adaptáveis e podem financiar investimentos na transição verde sustentável. O apoio social e político assegurado para a transição requer uma transferência maciça de capital, bem como oportunidades alternativas de emprego com rendimentos comparáveis para os trabalhadores deslocados pelo processo (McKinnon; Muttitt; Sproul, 2017, p. 21; Banco Mundial, 2017).

Portanto, a resposta à mudança climática implicará na cooperação internacional e doméstica mediante mudanças de políticas públicas. Serão necessários acordos globais em diversas áreas, incluindo: (a) transferências financeiras, em consonância com o direito ao desenvolvimento e o princípio das responsabilidades comuns, mas diferenciadas, para cobrir os custos de encalhamento, mitigação e transição; (b) transferência de

[2] De acordo com o Fórum sobre a Vulnerabilidade Climática, 48 países no mundo inteiro são os mais vulneráveis à mudança climática, incorrendo em profundas consequências para suas economias e ameaçando sua existência. Ao todo, esses países têm uma população de 1,2 bilhões de habitantes e são responsáveis por 5% do total cumulativo de emissões de GGE.

[3] Veja http://www.globalcarbonatlas.org/en/CO2-emissions.

tecnologias verdes; (c) preços e impostos apropriados sobre as emissões de carbono e regras e canais apropriados para a coleta e distribuição das receitas (Khor et al., 2017, pp. 43–44; Sekar et al., 2019); e (d) mudanças na ideologia neoliberal de que as ações de mercado são mais eficientes do que a coordenação do Estado.

Em síntese, a confiança no mecanismo de preços pode não levar a um progresso significativo dentro do período de tempo necessário. Em vez disso, será essencial mobilizar a ação coletiva dentro e fora do Estado para neutralizar a influência corrosiva de interesses poderosos e seus lobbies profissionais. Estes objetivos não serão fáceis de serem alcançados, e a implementação de políticas será difícil. Entretanto, enfrentar estes desafios exigirá vontade política e determinação. Bilhões de dólares terão que ser destinados ao desenvolvimento de novas tecnologias em mitigação, adaptação, energia limpa, eficiência no transporte, agricultura sustentável, produção e consumo. As soluções devem ser coordenadas em nível global, nacional e regional. Será um desafio cumprir essas metas políticas. O Estado deve agir como um planejador de longo prazo, estimular empresas inovadoras e permitir mudanças estruturais guiadas pelos objetivos da transição verde sustentável. Esta mudança estrutural implica várias etapas simultâneas. Primeiro, em nível nacional, o Estado deve combinar o planejamento de longo prazo com a necessidade de transformação em direção a uma economia verde e sustentável. Segundo, em nível internacional, os desafios impostos pela Cop 21 combinam uma conversão para processos de produção e comportamento dos consumidores que respeitem o meio ambiente, desenvolvimento de novas tecnologias e infraestrutura. Terceiro, um sistema financeiro preparado deve abordar adequadamente os desafios associados à transição verde sustentável, direcionando o financiamento para setores e indústrias verdes (Chenet, 2019).

Os impactos da crise climática representam um risco transversal para a humanidade. Avaliar a intensidade da GEE, identificar atividades e setores críticos e projetar cenários são medidas essenciais para concentrar os esforços de prevenção e mitigação na direção correta. Entretanto, para serem bem-sucedidos, esses esforços devem ser coordenados entre Estados e entidades públicas e privadas, envolvendo o maior número possível de atores no cenário global.

8.3 A Transição Verde Sustentável sob o atual sistema de acumulação

Apesar da gravidade sem precedentes da crise climática, quase nada mudou nos últimos cinquenta anos, em termos de padrão de produção e redução de GEE ou de proteção da biodiversidade e redução da poluição. No entanto, a crise climática tem sido motivo de preocupação para os cientistas desde pelo menos os anos 1970, quando a Organização Meteorológica Mundial reconheceu que seus efeitos são um grave problema para a humanidade. Nesse ínterim, foi criada a Convenção-Quadro das Nações Unidas, e os países se reúnem regularmente em Conferências das Partes para tratar das questões da mudança climática.

Em 2015, o Acordo de Paris foi concebido, trazendo um objetivo claro e quantificável para controlar o aumento da temperatura global. Ele estabeleceu a meta de manter o aumento da temperatura média global bem abaixo de 2°C acima dos níveis pré-industriais, esforçando-se para limitar o aumento a 1,5°C. O acordo também propôs tornar os fluxos financeiros compatíveis com um caminho em direção a um desenvolvimento resiliente aos baixos GEE e às mudanças climáticas. Além disso, os países são convidados a implementar as Contribuições Nacionais de Desenvolvimento ("NDCs", na sigla em inglês) para estabelecer metas para reduzir o GEE. As NDCs expressam as contribuições propostas pelos países para limitar o aquecimento global; elas devem ser apresentadas em ciclos de cinco anos e devem ir além das promessas delineadas no ciclo anterior.

As conferências internacionais, de modo geral, têm enfatizado a importância da sinergia entre os diversos acordos, a fim de otimizar os esforços, acelerar as negociações e proporcionar ações mais práticas, já que tratam de problemas ambientais interdependentes. Exemplos são a "Convenção sobre Diversidade Biológica", a "Convenção de Combate à Desertificação", as "Metas de Desenvolvimento do Milênio" e as "Metas de Desenvolvimento Sustentável", entre outras.

Ainda assim, as emissões de GEE continuam a aumentar. As políticas promovidas são voluntárias e focadas em ações individuais. Falta coordenação e não há políticas públicas suficientes para direcionar o fluxo de investimentos para garantir uma transição verde sustentável. As medidas são, no geral, focadas na mudança de hábitos de consumo e na redução dos riscos reputacionais das empresas e do setor financeiro e menos na forma de produção. Embora bem-vindas, as ações individuais estão longe de ser uma solução para o problema criado por um modo de produção intrinsecamente prejudicial ao meio ambiente.

As profundas incertezas envolvidas e a necessária transformação estrutural do sistema socioeconômico e financeiro global são tais que nenhum modelo ou cenário único pode fornecer um quadro completo dos potenciais impactos políticos, geográficos, macroeconômicos, setoriais e sociais causados pelas mudanças climáticas.

O gráfico 1, exibido a seguir, mostra que as emissões de GEE ainda estão aumentando, apesar das tentativas até o momento. O único período em que houve uma redução nas emissões foi durante a pandemia de covid-19, quando o mundo estava em confinamento e experimentou uma forte diminuição na produção, transporte e outras atividades econômicas.

Gráfico 1 Emissões de CO2 e Gases de Efeito Estufa*

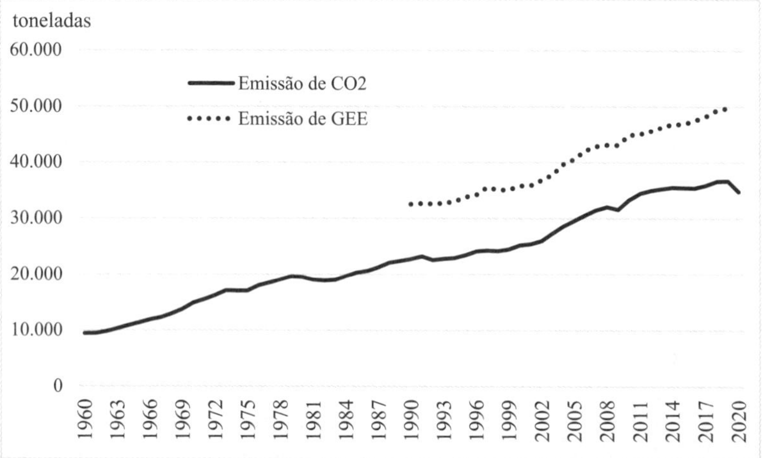

* As emissões de gases de efeito estufa – de dióxido de carbono, metano, óxido nitroso e gases F – são somadas e medidas em toneladas de equivalentes de dióxido de carbono (CO_2), onde "equivalente" significa "ter o mesmo efeito de aquecimento que CO_2 durante um período de 100 anos". As emissões provenientes de mudanças no uso do solo – que podem ser positivas ou negativas – são levadas em consideração.

8.4 A incompatibilidade do neoliberalismo financeirizado com a transição verde sustentável

O enfrentamento à crise climática praticado até o momento é o de seguir a lógica do setor privado e manter a alta rentabilidade do *business as usual* e usar os poderes do Estado para evitar uma crise sistêmica. O objetivo central do setor privado não é enfrentar a crise climática em si, mas manter sua lucratividade por meio de uma ordem neoliberal financeirizada que aprofunda a crise climática.

As indústrias e o setor financeiro têm previsivelmente resistido às medidas necessárias, e muitos países tomaram apenas medidas simbólicas para reduzir as emissões de GEE e mitigar o aquecimento global. Quer dizer, apesar das muitas tentativas, os sistemas políticos e os mercados têm dificuldade em dar à crise climática a prioridade necessária, na prática.

Estas políticas de inação têm sido abençoadas pela economia convencional (ortodoxa ou neoclássica). A modalidade dominante da economia concentra-se na maximização estática dos lucros e da "utilidade" do consumidor com recursos limitados, inclinando a análise para o "curto prazismo" e evitando transformações econômicas estruturais custosas e incertas. Mas, inevitavelmente, essas políticas ainda validam níveis insustentáveis de extração de combustíveis fósseis e outros recursos, modos de produção predatórios, desperdício de consumo e concentração de renda, riqueza e poder.

As tentativas de enfrentar esses desafios de forma fragmentada estão fadadas ao fracasso. Por um lado, é impossível mudar gradualmente o atual modo de produção concentrado e altamente poluidor dentro da estrutura distributiva imposta pelo neoliberalismo financeirizado e globalizado. Isso porque os interesses dominantes estão presos a uma lógica de extração de lucros financeiros de curto prazo que é incompatível com investimentos de alto custo e longo prazo de maturação, visando mudar o padrão de reprodução econômica.

Faltam à economia neoclássica as ferramentas para compreender o desafio em suas múltiplas dimensões e para conceber políticas para enfrentá-lo na medida necessária. Em vez disso, as abordagens tradicionais oferecem sugestões baseadas na fé e em modelos pobres da realidade, de que os preços "corretos" que surgiriam de mercados "perfeitos" alocariam as perdas de forma justa e criariam os incentivos "corretos", e que as mudanças tecnológicas necessárias seriam desenvolvidas antes que a mudança climática destrua os modos de vida atuais. Isto é tanto equivocado quanto insuficiente, dada a tarefa em mãos.

A melhor maneira de diversificar a economia, construir motores alternativos de crescimento, coordenar ações globais e melhorar a distribuição de renda, riqueza e poder é combinar políticas industriais "verdes" com políticas macroeconômicas e sociais democráticas. Entretanto, essas exigências se opõem à convenção neoliberal de que a coordenação do mercado é superior à coordenação do Estado. O Estado deve agir diretamente, moldando o mercado, assumindo riscos, gerando uma nova convenção. A transição precisa de transformação do mercado, tanto do lado da demanda quanto do lado da oferta. Compete ao Estado afetar a estrutura e o funcionamento dos mercados e dos investimentos do setor privado.

O neoliberalismo, como forma, fase ou estágio atual do capitalismo, é intrinsecamente explorador das pessoas e da natureza, e é incompatível com a estabilidade do clima. Sua lógica de acumulação expandida impulsionada pelo lucro financeiro individual levou ao aumento do GEE, destruiu ambientes, matou inúmeras espécies e desestabilizou fatalmente os ritmos da natureza. Os atuais desafios ambientais estão intimamente relacionados a pelo menos quatro fontes de estresse na economia global: primeiro, e no nível mais geral, existe uma contradição irresolúvel entre a busca interminável por lucros individuais sob o capitalismo financeirizado neoliberal, por meio da extração, produção, troca, especulação e pilhagem, e as consequências sociais das atividades que geram esses lucros, especialmente as que fluem da limitada capacidade do mundo de sustentar um clima estável. Isso não é simplesmente uma questão "técnica" de capacidade de absorção ou de orçamentos de carbono. O problema subjacente é que a manutenção do *business as usual* requer recursos naturais.

Mesmo quando os governos atribuam direitos de propriedade sobre a natureza, ou estabeleçam preços para processos naturais, ou imponham impostos, encargos e subsídios específicos, ou criem mercados onde os títulos de propriedade sobre os recursos e o meio ambiente possam ser negociados, essas instituições só afetarão os resultados econômicos de forma imperfeita e insuficiente do ponto de vista dos esforços necessários para enfrentar a mudança climática (Heynen et al., 2007; Siebert, 2020). A dificuldade não é apenas que os governos nacionais não são suficientemente fortes para impor preços, impostos, encargos e subsídios adequados para reduzir a extração ou alterar a demanda o suficiente para evitar o colapso ambiental. Não se trata nem mesmo do relaxamento dos tratados internacionais existentes. O problema é que os processos de mercado não podem alcançar os resultados necessários.

Segundo, há uma disjunção entre a consciência de longo prazo dos limites ambientais ao crescimento e a evidente incapacidade dos governos e organizações intergovernamentais de fazer grande coisa para enfrentar a mudança climática. Mais de um quarto de século desde que a Convenção-Quadro das Nações Unidas sobre Mudanças Climáticas (UNFCCC) entrou em vigor, pouco se tentou e menos ainda se conseguiu. Por razões similares, as emissões de GEE do petróleo, gás e carvão subiram quase incessantemente, de 20.516 megatons em 1990 para 33.513 em 2018, diminuindo temporariamente apenas após a crise financeira global que se iniciou no biênio 2007/2008 (e, mais tarde, na pandemia da covid-19). Ainda, a participação do combustível mais sujo, o carvão, aumentou de forma constante entre 1999 e 2014.

As emissões de alguns países centrais diminuíram nos últimos anos, mas esses resultados, especialmente nos EUA e no Reino Unido, se devem principalmente à desindustrialização e à deslocalização de sua produção (e as emissões correspondentes) para o Sul Global. Seria equivocado que esses países reivindiquem créditos por essas reduções de GEE porque são transferências que não refletem melhorias nas tecnologias, não desafiam o padrão de vida atual e não fazem nada para enfrentar o desastre climático. De forma alarmante, mesmo que as reduções de GEE nos países com melhor desempenho (Cuba, Dinamarca, Espanha e Suécia) fossem replicadas em todos os lugares, o mundo ainda não atingiria as metas estabelecidas no Acordo de Paris (Anderson; Broderick; Stoddart, 2020; Granados, 2018, pp.21–25; Muttitt, 2018).

Terceiro, existe a contradição entre as emissões acumuladas pelas economias centrais, com base nas quais elas cresceram no passado, e o rápido aumento das emissões nos países periféricos. Estes últimos reivindicam hoje o direito ao desenvolvimento, com as tecnologias existentes, e argumentam que o restante do orçamento de carbono deveria ser disponibilizado principalmente para eles, já que existe uma forte relação entre o crescimento das emissões e a redução da pobreza. As regiões que reduziram a pobreza, especificamente no Leste Asiático, Pacífico e Sul da Ásia, aumentaram suas emissões de carbono em quase 200%. A única região que diminuiu suas emissões de carbono durante esse período, a África Subsaariana, viu o número de pessoas vivendo em extrema pobreza quase dobrar (WEF, 2015; ver também WDR, 2010, p. 3).

Quarto, há a estrutura incongruente da economia global, na qual vários países investem fortemente na produção e exportação de combustíveis fósseis, embora a atual extração e processamento sejam insustentáveis porque entram em conflito com a estabilidade do clima do planeta. Esta dificuldade é agravada pelo fato de que algumas economias dependentes do petróleo terem poucas alternativas exportáveis enquanto, ao mesmo tempo, grandes indústrias foram construídas em torno dos combustíveis fósseis, e não estão dispostas a aceitar perdas ou impostos e outros encargos que seriam necessários para financiar a transição para uma nova matriz energética global.

O neoliberalismo financeirizado levou a resultados disfuncionais, incluindo estratégias de acumulação de curto prazo e especulativas; volatilidade macroeconômica; baixas taxas de investimento, crescimento da produtividade, poupança, crescimento do PIB e criação de empregos; vulnerabilidade a crises e crescentes desigualdades de renda, riqueza, poder e provisão social (Lavoie, 2014; Serfati, 2003). Sob a financeirização, os interesses econômicos dominantes operam em mercados fragmentados e competitivos vinculados a uma lógica de investimento pró-cíclico e de rápida extração de lucros que tende a reforçar as estruturas econômicas existentes, bloquear a dependência do petróleo, aumentar as emissões e bloquear a mitigação e adaptação. Isso torna o neoliberalismo financeirizado incompatível com políticas industriais coordenadas de alto custo e longo prazo, transformações estruturais na atividade econômica, diversificação econômica, surgimento de novos motores de acumulação, adaptação e mitigação das mudanças climáticas, e redistribuição de renda, ao contrário de sua captura por aqueles que já controlam a maioria dos recursos (Chesnais, 2016; Heynen et al., 2007; Hudson, 2010).

As distorções da financeirização explicam porque o sistema financeiro subsidia iniciativas prejudiciais ao meio ambiente que entram em conflito com as metas de emissões acordadas internacionalmente. Esse processo expande o pacote de ativos encalhados, aumentando os riscos climáticos (Ansari; Holz, 2020; Bos; Gupta, 2019; Jakob; Hilaire, 2015; McGlade; Ekins, 2015; Raval; Sheppard; Khalaf, 2020).

Os economistas neoclássicos afirmam que os preços "certos", instituídos por meio de impostos, licenças ou outras formas de regulamentação, serão suficientes para direcionar recursos a tecnologias e padrões de consumo compatíveis com a proteção ambiental. Em contraste, os economistas heterodoxos tendem a defender maior cautela e ampla intervenção do Estado com base na incerteza e precaução: as probabilidades de resultados específicos são desconhecidas, as inovações podem falhar ou ter consequências não intencionais, e as repercussões de uma ação insuficiente agora são tão catastróficas que iniciativas ousadas são imperativas (Hansen et al., 2008; Hendrix, 2017).

Não obstante, há implicações do crescimento econômico na literatura convencional e heterodoxa e seu significado para uma estratégia democrática de desenvolvimento econômico sustentável. A (in)compatibilidade entre, por um lado, o crescimento econômico e, por outro lado, a sustentabilidade econômica, especialmente dados os desafios da mudança climática, precisa ser abordada em detalhes. Não há problema significativo para a corrente dominante, uma vez que se supõe que o crescimento pode expandir as possibilidades de consumo e gerar as tecnologias para a adaptação ao clima. Por sua vez, alguns teóricos da heterodoxia afirmam que o crescimento deve ser suspenso a fim de se preservar o equilíbrio ambiental e evitar uma catástrofe climática. Este capítulo argumenta, diferentemente, que o crescimento econômico é indispensável para a realização da convergência global, do avanço da renda e da satisfação das necessidades básicas nas economias e sociedades democráticas, especialmente nos países periféricos. Entretanto, o tipo de crescimento deve ser transformado para trazer ganhos para os pobres e não para os ricos.

O neoliberalismo enfatiza as vantagens das principais políticas econômicas, incluindo a abertura às importações, a desvalorização da taxa de câmbio e a "liberalização" dos mercados domésticos. A forma atual dessa teoria ressalta a importância das imperfeições de mercado e instituições, em oposição às virtudes de mercados perfeitos. Consequentemente, a intervenção do Estado é permitida enquanto também questiona as políticas convencionais de estabilização macroeconômica por seu impacto adverso a curto prazo e implicações a longo prazo para a distribuição, diversificação e crescimento. A retórica é favorável ao Estado, mas de forma limitada, sendo a intervenção justificada apenas caso a caso. Ou seja, a teoria permaneceu fundamentalmente pró-mercado, contribuindo com um aprofundamento da "globalização", mas, ostensivamente, com uma face e uma mão orientadora mais humana.

Torna-se claro que existe uma necessidade urgente de transformar as estruturas de reprodução econômica, reverter a financeirização e o neoliberalismo, diversificar as economias, promover a adaptação e mitigação ambiental e alcançar maior igualdade dentro e entre os países.

8.5 Conclusão

Este capítulo esboçou a estrutura produtiva e distributiva imposta pelo neoliberalismo global que liga a economia mundial à produção e ao consumo altamente concentrado e poluente: os interesses economicamente dominantes estão presos a uma lógica de extração de lucro financeiramente a curto prazo que é incompatível com mudanças coordenadas de alto custo e longo prazo na composição da atividade econômica, o surgimento de novos motores de acumulação, novas fontes de lucro e a redistribuição da renda.

Esta abordagem é necessariamente internacional: como o meio ambiente é global, é essencial se afastar do nacionalismo na formulação, implementação e monitoramento da política econômica. Os países não podem mais escolher políticas que são "melhores para si mesmos" enquanto externalizam seus custos e danos. Inevitavelmente, os países periféricos terão que arcar com uma parcela significativa do fardo da diversificação e mitigação da mudança climática, e esses países devem procurar autofinanciar-se e desenvolver novas tecnologias apropriadas tanto quanto possível. Entretanto, o princípio de responsabilidades comuns, porém diferenciadas, implica que os países centrais devem assumir a responsabilidade primária pelo financiamento da transição mundial, incluindo os custos da diversificação, longe dos combustíveis fósseis.

Embora essas tarefas complexas tenham se tornado inevitáveis, as políticas necessárias para garantir a transição verde sustentável não serão implementadas facilmente, dado o *lobby* das empresas petrolíferas, os interesses das grandes corporações, a timidez da maioria dos políticos e as preferências dos privilegiados. Eles lucraram com a atual estrutura (neoliberal e financeirizada) da economia mundial.

Abordar a mudança climática será difícil não apenas por razões técnicas ou mesmo por causa de preconceitos ideológicos. A principal restrição é a estrutura da economia global, que se baseia no abuso implacável da natureza tanto para os recursos quanto como um sumidouro para os rejeitados da produção e do consumo. As raízes profundas da crise climática mostram que políticas eficazes para combatê-la serão custosas, complexas e combatidas, já que essas políticas devem visar transformar o próprio processo de reprodução econômica. As sociedades neoliberais financeiramente arraigadas de hoje não estão meramente "despreparadas" para enfrentar a crise climática: elas a provocaram ativamente enquanto, ao mesmo tempo, desmantelaram as estruturas institucionais que poderiam proteger as atuais condições de sustentação da vida no planeta. Em outras palavras, o capitalismo neoliberal financeirizado expôs o homem e outras espécies vivas a perigos e riscos que ele não pode enfrentar ou conter.

A crise climática exige uma mudança profunda e imediata na forma como estamos conectados na sociedade — desde a reformulação dos modos de produção e consumo até a adoção de políticas públicas voltadas para o enfrentamento da questão. Isso envolve particularmente o planejamento estatal com um longo horizonte temporal, implicando em transformações na estrutura de produção e consumo. Assim, os desafios são significativos, pois pressupõem uma reorganização completa dos modos de produção e consumo da sociedade. Em outras palavras, a forma como o Estado, o mercado e a sociedade interagem, e as políticas públicas, e as finanças, devem ser alinhadas sob o guarda-chuva de uma única missão para toda a sociedade.

REFERÊNCIAS BIBLIOGRÁFICAS

ANDERSON, K.; BRODERICK, J.F.; STODDART, I. "A Factor of Two: How the Mitigation Plans of "Climate Progressive" Nations Fall Far Short of Paris-Compliant Pathways". *Climate Policy,* 20 (10), 2020. Disponível em: https://doi.org/10.1080/14693062.2020.1728209.

ANSARI, D.; HOLZ, F. "Between Stranded Assets and Green Transformation". *World Development,* 130, 2020. Disponível em: https://doi.org/10.1016/j.worlddev.2020.104947.

BOLTON, P. et al. *The green swan — Central banking and financial stability in the age of climate change.* BIS, 2020.

BOS, K.; GUPTA, J. "Stranded Assets and Stranded Resources: Implications for Climate Change Mitigation and Global Sustainable Development". *Energy Research and Social Science,* 56. Disponível em: https://www.sciencedirect.com/science/article/pii/S2214629618305383?via%3Dihub.

BRUNO, M., CAFFE, R. "Estado e financeirização no Brasil: interdependências macroeconômicas e limites estruturais ao desenvolvimento". *Economia e Sociedade,* 26 (Número Especial), pp. 1025–1062, 2017.

CAHEN-FOUROT, L.; CAMPIGLIO, E.; DAWKINS, E.; GODIN, A.; KEMP-BENEDICT, E. "Capital stranding cascades: The impact of decarbonisation on productive asset utilisation". *Institute for Ecological Economics,* Working Paper Series, 2018/2019.

_____. "Looking forward the Inverted Pyramid". *Ecological Economics,* v. 169, 2020.

CARNEY, M. "Breaking the Tragedy of the Horizon–climate change and financial stability". *Speech given at Lloyd's of London, Bank of England,* 25 set. 2015. Disponível em: https://www.bis.org/review/r151009a.pdf.

_____."A Transition in Thinking and Action. Remarks given by International Climate Risk Conference for Supervisors". *De Nederlandsche Bank,* 6 abr. 2018. Disponível em: https://www.bankofengland.co.uk/-/media/boe/files/speech/2018/a-transition-in-thinking-and-action-speech-by-mark-carney.pdf?la=en&hash=82F57A11AD2FAFD4E822C3B3F7E19BA23E98BF67.

CARVALHO, F. J. (2009.) "Macroeconomic policy with open capital accounts". Em: HEIN, E.; NIECHOJ. T.; SPAHN, P.; TRUGER, A. (eds.). *Finance-led capitalism? Macroeconomic effects of changes in the financial sector.* Marburg: Metropolis-Verlag. pp. 273–293.

CHENET, H. *Planetary Health and the Global Financial System.* The Rockefeller Foundation, 2019. Disponível em: Planetary-Health-and-the-Financial-System-for-web.pdf.

CHENET, H.; RYAN-COLLINS, J. Lerven, F. Van. "Climate-Related Financial Policy in a World of Radical Uncertainty: Towards a Precautionary Approach". *UCL Institute for Innovation and Public Purpose,* Working Paper 2019–13, 2019.

CHESNAIS, F. *Finance Capital Today.* Leiden: Brill, 2016.

CHRISTOPHERS, B. "Environmental Beta or How Institutional Investors Think about Climate Change and Fossil Fuel Risk". *Annals of the American Association of Geographers,* v. 109, nº 3, p. 754–774, 2019.

EPSTEIN, G. *Financialization, Rentier interest, and Central Bank Policy.* Amherst: Department of Economics and Political Economy Research Institute (PERI), University of Massachusetts, 2021. pp. 1–43.

ETC. "Mission Possible: Reaching Net-Zero Carbon Emissions from Harder-to-Abate Sectors by Mid-Century". *Energy Transitions Commission*, 2018. Disponível em: https://www.energy-transitions.org/publications/mission-possible/.

GRANADOS, J. A. T. "Inexorable March Toward Utter Climate Disaster?" *Capitalism Nature Socialism* 29 (4), pp.21–30, 2018.

HANSEN, J.; SATO, M.; KHARECHA, P.; BEERLING, D.; BERNER, R.; MASSON-DELMOTTE, V.; PAGANI, M.; RAYMO, M.; ROYER, D. L.; ZACHOS. "Target Atmospheric CO2: Where Should Humanity Aim?" In: MCKIBBEN, B. (ed.). *The Global Warming Reader: A Century of Writing about Climate Change*. Londres: Penguin, 2011.

HENDRIX, C. S. "Kicking a Crude Habit: Diversifying Away from Oil and Gas in the 21st Century". *Peterson Institute*, International Economics, Working Paper nº 17-2. Disponível em: https://www.ssrn.com/abstract=2912333.

HEYNEN, N.; MCCARTHY, J.; PRUDHAM, S.; ROBBINS, P. (eds.). *Neoliberal Environments: False Promises and Unnatural Consequences.* Abindon: Routledge, 2007.

Hudson, M. "From Marx to Goldman Sachs: The Fictions of Fictitious Capital, and the Financialization of Industry", *Critique,* 38 (3), pp.419–444, 2010.

KHOR, M.; MONTES, M.F.; WILLIAMS, M.; YU III, V. P. "Promoting Sustainable Development by Addressing the Impacts of Climate Change Response Measures on Developing Countries". *South Centre Research Paper,* 81, 2017.

IPCC. "Climate Change 2021: The Physical Science Basis". *Cambridge University Press,* 2021. Disponível em: AR6 Climate Change 2021: The Physical Science Basis — IPCC

JAKOB, M.; HILAIRE, J. "Unburnable Fossil-Fuel Reserves". *Nature,* 517, pp. 150–152, 2015.

LAVOIE, M. "Financialisation, Neo-liberalism, and Securitization". *Journal of Post Keynesian Economics,* 35 (2), pp.215–233, 2014.

MANLEY, D.; CUST, J.; CECCHINATO, G. *Stranded Nations? The Climate Policy Implications for Fossil Fuel-Rich Developing Countries.* Disponível em: https://www.economics.ox.ac.uk/images/Documents/OxCarre_Policy_Papers/OxCarrePP201634.pdf.

MCGLADE, C.; EKINS, P. "The Geographical Distribution of Fossil Fuels Unused When Limiting Global Warming to 2°C". *Nature,* 517, pp. 187–203, 2015.

MCKINNON, H.; MUTTITT, G.; SPROUL, E. *The Sky's Limit: Why Norway Should Lead the Way in a Managed Decline of Oil and Gas Extraction.* Washington, D.C.: Oil Change International, 2017.

MORRISEY, J. "Who Should Sell the Last of the Fossil Fuels: Stranded Assets, Equity and Climate Change". *Politics of Poverty,* 2016. Disponível em: https://politicsofpoverty.oxfamamerica.org/2016/05/who-should-sell-the-last-of-the-fossil-fuels-stranded-assets-equity-and-climate-change/.

MUTTIT, G. "Off Track: How the International Energy Agency Guides Energy Decisions Towards Fossil Fuel Dependence and Climate Change". *Oil Change*

International, 2017. Disponível em: http://priceofoil.org/content/uploads/2018/04/OFF-TRACK-the-IEA-Climate-Change.pdf.

OIL Change International et al. *Shorting the Climate.* Fossil Fuel Report Card, 2016. Disponível em: http://priceofoil.org/2016/06/15/shorting-the-climate/.

_____. *Banking on Climate Change*. Fossil Fuel Report Card, 2020. Disponível em: https://www.ran.org/wp-content/uploads/2020/05/BOCC__2020_Summary_vENG_spread.pdf.

PALLEY, T. 2021. *Neoliberalism and the Road to Inequality and Stagnation.* Cheltenham: Edward Elgar Publishing Limited. Disponível em: http://dx.doi.org/10.4337/9781802200089.

RAVAL, A.; SHEPPARD, D.; KHALAF, R. "BP Warns of Oil Demand Peak by Early 2020s". *Financial Times,* 14 set. 2020. Disponível em: https://www.ft.com/content/7a6d5cb2-0e7e-4ea5-8662-5ac75c4c0694.

SEKAR, S.; LUNDIN, K.; TUCKER, C.; FIGUEIREDO, J.; TORDO, S., AGUILAR, J. *Policy Approaches to Climate Change in Mineral Rich Countries, Background Paper for Building Resilience: A Green Growth Framework for Mobilizing Mining Investment.* Washington D.C.: World Bank, 2019.

SERFATI, Claude. "La dominación del capital financiero: ¿qué consecuencias?" In: CHESNAIS, François; PLIHON, Dominique (coords.). *Las trampas de las finanzas mundiale.* Madrid: Akal, 2003.

SCHERER; TäNZLER. "The Vulnerable Twenty – From Climate Risks to Adaptation. Climate Diplomacy". *V-20,* 2018. Disponível em: https://www.v-20.org/the-vulnerable-twenty-from-climate-risks-to-adaptation/.

SIEBERT, J. 2020 "The Greening of Uneven and Combined Development: IR, Capitalism and the Global Ecological Crisis". *Cambridge Review of International Affairs*, 2020. Disponível em: DOI: 10.1080/09557571.2020.1823943.

UNEP. *The Emissions Gap Report 2021 – The Heat Is On – A World of Climate Promises Not Yet Delivered.* New Climate Institute, United Nations Environment Program, 2021. Disponível em: https://newclimate.org/resources/publications/the-emissions-gap-report-2021.

UNFCCC. *The Concept of Economic Diversification in the Context of Response Measures.* 2005. Disponível em: https://unfccc.int/sites/default/files/resource/Technical%20paper_Economic%20diversification.pdf.

WDR. *World Development Report: Development and Climate Change*. Washington, D.C.: World Bank, 2010.

GOLDSTEIN, Adam. "What is the link between carbon emissions and poverty?" *We Economic Forum,* 15 dez. 2015. Disponível em: https://www.weforum.org/agenda/2015/12/what-is-the-link-between-carbon-emissions-and-poverty/.

Woodward, A. *Climate change: Disruption, risk and opportunity.* Global Transitions, 2019. pp. 44–49.

World Bank. *The Growing Role of Minerals and Metals for a Low Carbon Future.* Washington, D.C.: World Bank, 2017.

CAPÍTULO

9

Planejamento estatal e convenções de desenvolvimento para a transição verde sustentável

Fernanda Feil
Linnit Pessoa
Carmem Feijó

9.1 Introdução

A crise climática é uma crise humanitária que afeta todos os aspectos da sociedade, e suas consequências são cada vez mais evidentes — desde o aumento da insegurança alimentar, limites ao acesso à água, as condições de habitação e o aumento de migrações. Eventos climáticos extremos abalam o mundo e as políticas de adaptação e mitigação climáticas fazem parte do planejamento de Estados nacionais.[1] Essa situação será agravada se a meta de manter o aquecimento global em até 2°C, tentando limitar a 1,5°C em relação ao nível pré-industrial, até 2050, não for obedecida. O não

[1] A título de exemplo, podemos citar a experiência da Etiópia, que na última década passou a realizar investimentos com objetivo de tornar a economia "verde" resiliente ao clima, realizando uma série de arranjos governamentais e institucionais, tendo em vista viabilizar e implementar tal transformação (Redda; Roland, 2016). Já Ruanda integrou a questão climática e o crescimento "verde" no seu sistema de finanças e planejamento, em nível nacional e subnacional (Caldwell et al., 2015).

cumprimento da meta definida pelo Acordo de Paris ameaça a manutenção do padrão e das condições de vida que conhecemos hoje.

Os aspectos que definem a crise climática são cada vez mais evidentes. Segundo o último relatório do Painel Internacional sobre Mudança Climática (IPCC, 2022), os incrementos verificados nas concentrações de Gases de Efeitos Estufa (GEE) são inequivocamente causados pelas atividades humanas. Essa afirmação representa uma mudança considerável em relação aos relatórios anteriores, corroborando os mais graves temores de uma emergência climática planetária. A extensão e magnitude da crise são maiores do que o estimado em avaliações pregressas — eventos extremos já são uma realidade cada vez mais frequente, tais como ondas de calor, chuvas fortes, secas e ciclones tropicais. As temperaturas globais continuarão a subir até pelo menos meados do século, sob todos os cenários de emissões considerados. O aquecimento global limitado a 2°C, tido como um valor-limite pelo Acordo de Paris, será excedido durante o século XXI, a menos que reduções profundas de GEE aconteçam até o final da década de 2020. Ou seja, o espaço temporal para adotar as mudanças necessárias está se fechando.

Nesse contexto, o Estado precisa retomar seu protagonismo enquanto promotor de políticas públicas, dado que é o agente econômico capaz de trazer estabilidade, reduzir a desigualdade e traçar regras para planejamentos, visando o crescimento de longo prazo com sustentabilidade ambiental — ou seja, o crescimento com desenvolvimento econômico no contexto de transição climática. O Estado mais intervencionista deve ofertar bens e serviços públicos essenciais de forma desmercantilizada, planejar o desenvolvimento, realizar investimentos em setores estratégicos (como infraestrutura física e social, inovação, ciência e tecnologia), transferir renda àqueles que não têm condições básicas de vida e promover o pleno emprego. No contexto de crise climática, a atuação do Estado intervencionista permanece a mesma em sua essência, contudo, leva em consideração as questões impostas pela transição verde sustentável.[2] Isto é, deve continuar com as ofertas de forma desmercantilizada tendo em vista atender à toda população; planejar um desenvolvimento *sustentável*; realizar investimentos em setores estratégicos, i.e., aqueles que precisam ser incentivados para realizar a transição, assim como desincentivar investimentos

[2] Transição verde sustentável é o processo de transformação de uma economia altamente intensiva em emissão de gases de efeito estufa para uma economia com baixa intensidade de emissão, que promova o desenvolvimento sustentável, ou seja, respeite os limites de recursos naturais, garantindo inclusão social e redistribuição de renda. Esse conceito engloba o entendimento da essencialidade da preservação do meio ambiente e garantia de qualidade mínima de vida entre ecossistemas e pessoas, para promover o desenvolvimento econômico inclusivo e de longo prazo.

em setores que não são sustentáveis; transferir renda àqueles que não têm condições básicas de vida e àqueles que forem mais afetados pelas transformações do clima — e.g. por enchentes e secas, que têm efeitos sobre as condições materiais da população e sobre certos processos de produção, como o agrícola —; e promover o pleno emprego, visando a transformação que a transição terá sobre o mercado de trabalho, sendo necessária a promoção de empregos "verdes".

O processo de transição verde sustentável necessita de coordenação entre os agentes econômicos em uma nova configuração das relações de produção — ou seja, uma nova Convenção para o Desenvolvimento Sustentável. Esse processo deverá contar com a participação ativa do Estado, do mercado e da sociedade civil. Nesse sentido, a retomada das práticas de planejamento estatal será essencial para coordenar a alocação dos fatores, direcionando as economias para a transição sustentável.

A promoção de uma mudança na convenção de desenvolvimento, focada na transição verde sustentável, é essencial para enfrentar o desafio que se impõe. É nesse sentido que o planejamento econômico é parte da estratégia para conduzir à transição. O principal argumento a favor do planejamento para isso é o elevado grau de incerteza envolvido no processo, aliado à urgência imposta pelo aquecimento global. Só o Estado é capaz de exercer o papel fundamental na promoção da mudança estrutural, isto é, deve ser o agente coordenador do processo de transição das economias com alta intensidade de emissão de GEE para aquelas com baixa intensidade.[3]

Este capítulo tem como objetivo fazer considerações acerca desse tema, para estimular pesquisas sobre formas de planejamento econômico em economias de mercado e a urgência de medidas consistentes para lidar com a crise climática. Irá defender a necessidade de uma convenção de desenvolvimento sustentável que resgate o Estado desenvolvimentista em contraponto ao Estado neoliberal, em grande medida subordinado aos interesses rentistas do sistema financeiro.

O capítulo está dividido em duas seções, para além desta introdução e das considerações finais. Primeiramente, será apresentada a ideia das convenções, com foco na convenção desenvolvimentista, mostrando o porquê de ser considerada fundamental para o processo de mudança estrutural para enfrentar a crise climática. Em seguida, será defendida a necessidade de planejamento econômico para o enfrentamento desta crise, apresentando o argumento em três partes — o porquê do planejamento, para que

[3] De acordo com os dados do World Bank, em 2019, o país responsável pela maior emissão de gases de efeito estufa é a China, seguido pelos Estados Unidos, Índia, Rússia e Japão. Em termos de emissão per capita, o país que mais emite é o Qatar, seguido por Kuwait, Bahrein, Emirados Árabes Unidos e Brunei.

o planejamento e o tipo de planejamento necessário. Nesse momento, as ideias de Keynes são apresentadas como estratégia de inspiração para enfrentar a crise atual, entendendo que o planejamento econômico é essencial e que buscar mecanismos para viabilizá-lo é fundamental para que tal ideia possa vir a se concretizar. As considerações finais esboçam as principais considerações do capítulo.

9.2 Convenção do desenvolvimento

Desenvolvimento econômico é definido como mudança na estrutura produtiva para aumentar o rendimento e o padrão de vida da população ao longo do tempo.[4] O conceito pressupõe crescimento, que pode ocorrer seguindo diferentes combinações de padrões de acumulação de capital, distribuição de renda, inserção internacional, e exige um processo de mudança estrutural. Nesse sentido, em meio à crise climática, econômica e humanitária que o modelo neoliberal financeirizado criou e vem aprofundando, o que se necessita é um padrão de desenvolvimento que altere o modo de produção. Sob o neoliberalismo, como forma, fase ou estágio atual do capitalismo, o modo de produção é intrinsecamente explorador das pessoas e da natureza, e é incompatível com a estabilidade do clima. Sua lógica de acumulação expandida, impulsionada pelo lucro financeiro individual, levou ao aumento das emissões de GEE, destruiu ambientes, matou inúmeras espécies e desestabilizou fatalmente os ritmos da natureza (Saad-Filho, 2021).

Assim, mitigar os efeitos da crise climática requer uma nova forma de relações entre a sociedade, ou seja, uma nova convenção para o desenvolvimento sustentável (Feil, 2021). Este é um plano ousado que implica a necessidade de uma mudança rápida na sociedade. A transição verde é um fenômeno sinérgico e requer um setor industrial diversificado e sustentável. De acordo com Chenet, Hilke e Duan (2017), a transição verde exige financiamento, benefícios fiscais para atividades selecionadas, crédito barato e subsídios. Os compromissos combinam uma conversão para processos e comportamentos de produção e criação de novas tecnologias e infraestrutura que substituam as atuais (Chenet, 2019). Uma redistribuição massiva de capital é necessária para limitar o aquecimento global. O fluxo de capital deve passar de ativos intensivos em emissão de GEE para ativos com baixa intensidade, para que a transição verde possa ser alcançada.

[4] Ver, por exemplo, Mariana Mazzucato e sua vasta contribuição à frente do Institute for Innovation and Public Pourpose, no UCL, Londres, sobre o papel do Estado e a elaboração de estratégias de desenvolvimento. Chang (2003) faz uma revisão histórica sobre o papel do Estado no processo de desenvolvimento dos países centrais. Ver, também, Terra et al. (2021) e Carvalho (2020).

Nesse contexto, cabe ao Estado iniciar o redirecionamento do investimento, gerando expectativas positivas a fim de mudar a estrutura produtiva para a recuperação futura, e (re)lançar o processo histórico do Estado desenvolvimentista. O foco principal deve ser o desenvolvimento sustentável e a transição verde com inclusão social, promovendo assim uma convenção de desenvolvimento sustentável.

O conceito de convenção de desenvolvimento é baseado na noção de "convenção para o crescimento", primeiramente cunhada por Antônio Barros de Castro para descrever o período do processo de industrialização brasileiro (Castro, 1993). O argumento sugere que o compromisso do governo com o crescimento e a industrialização no Brasil gerou um estado de expectativa entre os agentes econômicos que estimulou o investimento produtivo. Consequentemente, o desenvolvimento foi uma profecia autorrealizadora. Fabio Erber ampliou o conceito ao criar a "convenção de desenvolvimento", argumentando que uma percepção coletiva pró-desenvolvimento proporciona aos formuladores de políticas, aos agentes econômicos e à sociedade uma sensação de certeza em um mundo não ergódigo (Erber, 2012).[5]

Uma convenção de desenvolvimento sustentável é uma mudança na missão e nas ações de um Estado por meio da coordenação de suas políticas, instituições e ferramentas em direção a uma transição verde e justa. Ela também sinaliza ao mercado privado e à sociedade que as políticas garantirão o desenvolvimento sustentável, apesar dos riscos da transição verde.

A transformação das instituições (tanto formais quanto informais) fornece a base para que a sociedade reduza a incerteza. De acordo com North (1990), as instituições moldam a maneira como as sociedades evoluem, definindo os limites e ações dos agentes. Por mais que instituições não sejam um sinônimo de convenções, elas influenciam a forma que os agentes selecionam, organizam e interpretam as informações. As instituições fornecem à sociedade um meio para lidar com os problemas de incerteza e coordenação. Assim, de acordo com Erber (2011, 2012), uma convenção é uma representação social, uma forma de conhecimento, socialmente produzida e compartilhada, que estabelece uma realidade coletiva. Como a transição verde é um processo que envolve elevado grau de incerteza, neste cenário,

[5] David Dequech apresenta uma crítica à definição de "convenções" de Fábio Erber, pois entende que as discussões sobre convenções e sobre convenções de desenvolvimento são problemáticas. Dentre outros aspectos, o autor menciona que falta especificação do contexto e do mecanismo de conformidade que mostraria que o conceito de convenção é aplicável à discussão de desenvolvimento, e que o conceito de convenção comportamental que vem da teoria dos jogos não se aplica a situação examinada por Erber. Para mais, ver Dequech (2017).

a coordenação de expectativas que orientam a tomada de decisões é mais difícil. Nesse sentido, uma convenção de desenvolvimento sustentável fornece um conjunto de regras focalizadas na transição verde, considerando seus aspectos financeiros, institucionais, econômicos, sociais, ambientais e tecnológicos. Tão melhor aceita uma convenção entre os agentes econômicos, maior a convergência de expectativas.[6]

Nas várias definições de convenção de desenvolvimento[7] estão presentes o papel das instituições de governo e de Estado, as políticas econômicas e o conjunto de regras que orientam as decisões econômicas. A articulação entre esses fatores estabelece as relações entre os agentes econômicos que garante o poder político, a distribuição de renda e riqueza e o padrão de acumulação por um período.

Erber (2011) formaliza a definição de convenção da seguinte forma: temos uma convenção em que, dada uma população P, observamos um comportamento C que tenha as seguintes características:

i. C é compartilhado por todos os membros de P;
ii. cada membro de P acredita que todos os demais seguirão C;
iii. tal crença dá aos membros de P razões suficientes para adotar C.

O autor conclui mostrando que aceitar a convenção, ou seja, as regras do jogo, implica que cada membro de P antecipe a reação dos demais a estímulos correntes e delineia o modo pelo qual os estímulos serão transformados em um plano de ação.

Como mencionado, a transição climática e a sua urgência introduzem muitos elementos de incerteza no processo de tomada de decisão econômica. Nesse sentido, o debate sobre qual convenção de desenvolvimento seguir para orientar o processo de mudança estrutural descreverá distintas trajetórias de crescimento.

A fim de contribuir para o debate sobre a necessidade de planejamento econômico centralizado para o sucesso na promoção da transição climática, podemos sugerir que existem pelo menos duas convenções de

[6] Carvalho (2014) observa que, para Keynes, o comportamento convencional dos agentes econômicos é defensivo, e a preferência pela liquidez é o indicador do grau de confiança nas expectativas. Para Keynes, a convergência de expectativas é maior no período curto de tempo, onde o aprendizado é possível. Assim, a importância das convenções para guiar decisões é maior quando o horizonte de tempo envolvido é longo e desapontamentos de expectativas podem levar a perdas, resultando em processos recessivos.

[7] No Brasil, Fábio Erber é uma referência de autor que se dedicou exaustivamente a definir convenções de desenvolvimento. Para uma resenha da obra do autor, ver Modenesi (2014).

desenvolvimento. A primeira, denominaremos de *desenvolvimentista*, em que o poder discricionário do Estado na promoção do desenvolvimento econômico se dá aliado à uma política de pleno emprego e distribuição de renda. A segunda, denominaremos de convenção *neoliberal*, em que o grau de autonomia do Estado é limitado pela subordinação aos interesses financeiros e o padrão de distribuição de renda e riqueza tende a ser concentrado. Neste capítulo, por questões de espaço e foco, abordaremos brevemente a convenção neoliberal, dando maior enfoque à convenção desenvolvimentista, que é a que se associa à sustentabilidade e a que se apoia no planejamento estatal como pilar de coordenação das "crenças compartilhadas".

9.2.1 Convenção desenvolvimentista

Ainda que o tema do desenvolvimentismo não seja recente no debate econômico, e conte com diversas contribuições — dentre as quais podemos citar as da Cepal, dos teóricos da dependência, das rigidezes em relação ao balanço de pagamentos e, mais recentemente, do novo-desenvolvimentismo[8]

[8] Contextualizando o debate, o entendimento de que o subdesenvolvimento não se tratava meramente de um estágio das economias, mas sim de uma estrutura econômica de fato, a Cepal desenvolveu vasta contribuição no debate sobre como superar essa condição das economias tidas como "atrasadas", marcadas pela especialização na produção agrícola e pela heterogeneidade estrutural. Entendiam que, caso nada fosse feito diretamente com o propósito de superar tal condição, o desenvolvimento não seria atingido em um processo natural. Para superar o subdesenvolvimento seria necessário promover industrialização, ter intervenção estatal para esse fim e construir um projeto de nação. A teoria da dependência tem diversas vertentes de argumentação, mas parte do entendimento de que o caminho da integração das economias nacionais ao mercado internacional implica formas definidas e distintas de inter-relação de grupos sociais de cada país entre si e com grupos externos. Ao aceitar a perspectiva de que as influências do mercado não são suficientes para explicar a mudança ou garantir sua continuidade ou direção, o desempenho de forças, grupos e instituições sociais se torna decisivo para a análise do desenvolvimento. A contribuição das consequências do balanço de pagamentos na trajetória das economias subdesenvolvidas provém do entendimento de que essas economias têm seu desenvolvimento restringido por seus balanços de pagamento, pois esses países sofrem uma restrição externa — que será maior quanto maior for a elasticidade-renda das importações frente a elasticidade-renda das exportações (i.e., o quanto uma variação da renda afeta as importações e exportações). Já a teoria novo-desenvolvimentista traz a taxa de câmbio como preço macroeconômico chave para as economias subdesenvolvidas, sendo a política cambial uma das principais políticas macroeconômicas para esses países, juntamente com as políticas monetária e fiscal. Isto pois, de acordo com essa contribuição, a taxa de câmbio tem o papel de facilitar ou não a diversificação econômica. Também admitem a existência de restrição externa ao crescimento, defendendo a necessidade de mudança estrutural para aumentar a elasticidade-renda das

—, ao tratar da convenção desenvolvimentista, debruçaremo-nos especificamente nas contribuições de Keynes. De acordo com o princípio da insuficiência de demanda efetiva e da não neutralidade da moeda, o processo de decisão dos agentes privados é pautado por comportamentos defensivos, e uma consequência importante são as crises financeiras recorrentes. Partindo desse diagnóstico, compete à política econômica compensar as deficiências de demanda, sendo o investimento público o principal instrumento. O pleno emprego deveria operar como estabilizador da renda, e assim garantir a estabilidade financeira. A coordenação das políticas fiscal, monetária e cambial faz parte do pacote da convenção desenvolvimentista, ou seja, uma convenção de política econômica para a manutenção do pleno emprego. Conquanto essa orientação de política econômica fosse a dominante nas economias avançadas, uma convenção desenvolvimentista também é identificada em economias em desenvolvimento. Para estas, a convenção desenvolvimentista foi predominante no período do pós-Segunda Guerra Mundial até a década de 1970, quando houve um foco na transformação da estrutura produtiva das economias por meio da industrialização. Por mais que não houvesse consenso em relação à estratégia de desenvolvimento que deveria ser perseguida, o período foi marcado pela intervenção estatal a fim de realizar a mudança estrutural (Erber, 2012).[9]

No contexto da transição climática, a convenção de desenvolvimento deve agir induzindo a transferência de recursos da circulação financeira para a circulação industrial — vale ressaltar, composta por indústrias sustentáveis —, de forma coordenada com políticas macroeconômicas. Nesse sentido, é relevante considerar que o conceito de convenção se associa ao de regime macroeconômico.

Blyth e Matthijs (2017) definem o regime macroeconômico como metas de política econômica incorporadas a complexos institucionais que são tanto geradoras quanto dependentes da produção dessas metas. Assim, para os autores, o regime macroeconômico adotado tem grande influência no desempenho econômico dos países, refletindo-se nos resultados

exportações (produtos manufaturados) e reduzir a das importações (insumos). Para referências sobre o debate realizado pela Cepal, buscar os trabalhos de Raúl Prebisch, Celso Furtado e Aníbal Pinto; pela teoria da dependência, ver Theotônio dos Santos, Enzo Falleto e Fernando Henrique Cardoso; sobre a restrição do balanço de pagamentos, buscar a contribuição de Anthony Thirlwall; sobre o novo-desenvolvimentismo, ver José Antonio Ocampo e Luiz Carlos Bresser-Pereira.

[9] No que diz respeito à intervenção estatal para o desenvolvimento, essa não foi a primeira experiência datada na literatura. Chang (2003) descreve algumas experiências, dentre as quais, a da Grã-Bretanha, que teve o início do desenvolvimento manufatureiro e da promoção da indústria manufatureira fomentados pelo Estado. Mazzucato (2014) mostra que a experiência de desenvolvimento industrial e tecnológico estadunidense também contou com um Estado ativo e intervencionista.

observados em certo período de tempo. O momento da "época de ouro" do capitalismo, durante o pós-Segunda Guerra Mundial até a década de 1970, foi marcado por elevado crescimento econômico, baixo desemprego, aumento da renda, melhora das condições de vida e redução da desigualdade. O regime macroeconômico desse período, de inspiração keynesiana, foi marcado pela busca pelo pleno emprego, e entre os resultados do conjunto de políticas macroeconômicas adotado se observou uma tendência inflacionária, redução das desigualdades, menor influência do setor financeiro (maior regulação financeira) e maior representação sindical pelo direito dos trabalhadores (Blyth; Matthijs, 2017).

Já o período pós-Bretton Woods é notadamente diferente, tanto no que diz respeito ao regime macroeconômico adotado quanto aos resultados obtidos. Esse regime, oposto ao do período anterior, persegue como objetivo principal a estabilidade dos preços. A orientação das políticas econômicas segue o viés liberal, sendo marcada pelo foco no controle da inflação, pelo enfraquecimento dos sindicatos, pela independência do banco central, pela globalização dos mercados e dominância do setor financeiro, pelo enfraquecimento das legislaturas e pela redução ou estagnação salarial (Blyth; Matthijs, 2017). Desde então, as economias capitalistas têm sido marcadas pelo baixo crescimento. A busca pelo pleno emprego e a melhoria da distribuição de renda foram substituídas pelo aumento das desigualdades e da concentração de renda.

Desse modo, um regime macroeconômico que venha a ser adotado deve ser coerente com uma convenção desenvolvimentista, em especial, com uma convenção de desenvolvimento sustentável. Uma convenção desenvolvimentista, que tenha em seus objetivos realizar as transformações necessárias para lidar com a crise climática, é incompatível com o regime macroeconômico vigente e dominante atualmente. Tal regime tem viés "curto prazista", com foco nas forças de mercado e dominância do setor financeiro. É, também, incompatível com uma agenda de planejamento econômico, que pressupõe um Estado proativo, que molde os mercados, direcione os investimentos e promova o *funding* necessário para realizar uma mudança estrutural. Perseguir a estabilidade de preços como objetivo final da condução das políticas econômicas não garante a promoção da mudança estrutural para formas mais sustentáveis de produção, assim como os mecanismos de preços não são capazes de garantir que a produção de bens e serviços intensivos em GEE será desincentivada. O pressuposto é que o sistema de preços não contém todas as informações relevantes para guiar os agentes privados nas decisões envolvendo a transição climática, pois as informações necessárias são inexistentes. Esse é um argumento forte para se defender a necessidade do planejamento econômico, ancorado em uma convenção de desenvolvimento sustentável.

Em termos de regime macroeconômico, a convenção desenvolvimentista implica resgatar a autonomia da política monetária para reduzir a preferência pela liquidez e direcionar o investimento verde com retorno longo de tempo. No regime macroeconômico atual, o foco da política monetária no controle da inflação limita a capacidade de planejamento do Estado, pois é baseado na manipulação da taxa de juros, que muitas vezes é o principal (às vezes, o único) instrumento usado para o controle inflacionário. Isso é uma questão cara, especialmente para os países em desenvolvimento sem moeda conversível, que usam o diferencial da taxa de juros como mecanismo para atrair capital externo. A manutenção da taxa de juros em patamares excessivamente altos, por um lado, desestimula o investimento e, por outro, ainda tem efeito sobre a dívida pública, aumentando seu custo e, consequentemente, reduzindo o espaço fiscal da economia.

A política fiscal, por sua vez, deveria ter como objetivo ampliar o espaço fiscal da economia para realização de investimentos públicos em áreas estratégicas tendo em vista a transição climática.[10] O foco da política fiscal exclusivamente no controle orçamentário e no equilíbrio fiscal contínuo e intertemporal é contraproducente para a mudança estrutural, pois reduz a capacidade do Estado de realizar investimentos e atuar de forma contracíclica, ao invés de atuar como uma ferramenta para o planejamento econômico. Sob o consenso desenvolvimentista, a universalidade da política social é um ponto importante, visando abarcar toda a sociedade, sem discriminações e condicionalidades, com objetivo de garantir a equidade e o acesso democrático de toda a sociedade a bens e serviços considerados direitos sociais, ofertados de forma desmercantilizada pelo Estado.

A convenção desenvolvimentista pressupõe um regime macroeconômico com foco na manutenção do pleno emprego, sustentando a demanda agregada. Isto para garantir que a geração de renda seja suficiente a fim de assegurar o equilíbrio patrimonial dos agentes econômicos. Assim, a convenção desenvolvimentista demanda um regime macroeconômico que dê autonomia para um forte planejamento econômico que, sob a liderança de instituições públicas de Estado, concretize a mudança nos processos produtivos e nos padrões de consumo.

As fontes de financiamento são uma questão importante, tanto para realizar o planejamento econômico quanto para financiar a mudança estrutural para uma transição sustentável. Os investimentos são de longo prazo e elevado risco, havendo um descompasso entre a maturidade de projetos sustentáveis e o período em que os investidores privados esperam os lucros do projeto, colocando em dúvida a capacidade do setor em

[10] Por exemplo, nos setores que mais emitem gases de efeito estufa — a citar, o setor energético, de transportes e de agricultura e uso da terra.

financiar os investimentos necessário para promover a mudança na estrutura produtiva das economias (Carney, 2015). Considerando o atual modo de acumulação de capital, marcado pelo aprofundamento do processo de financeirização neoliberal, o setor financeiro tende a priorizar investimentos de prazo mais curto e maior retorno, que são incompatíveis com o tipo de investimento necessário para promover a sustentabilidade no modo de produção. Na perspectiva da convenção desenvolvimentista, deixar o financiamento da transição climática nas mãos do setor financeiro é disfuncional e ameaça as possibilidades de realizar a mudança estrutural de forma efetiva e coordenada para enfrentar as mudanças climáticas, uma vez que os elevados riscos que envolvem tais projetos de investimento fazem com que estes não sejam atrativos aos investidores privados.

Desse modo, a questão do financiamento deve estar no cerne da convenção desenvolvimentista para a transição sustentável. Nesse sentido, os bancos de desenvolvimento são importantes ferramentas, pois são capazes de promover *funding* público e, portanto, atuar como os braços de política de uma convenção desenvolvimentista, pois dariam estabilidade financeira ao processo de transição climática. Para uma convenção no sentido do desenvolvimento sustentável, essas instituições devem ser fortalecidas e alavancadas, a fim de que sejam capazes de empreender e dar suporte ao processo de mudança estrutural. O Estado deve agir intencionalmente, dirigindo o mercado, assumindo riscos e impondo novas formas de comportamento econômico compatíveis com a transição climática. Como condição para isso, é necessário remover os pilares da ordem neoliberal em geral e a financeirização em particular. Em resumo, a convenção desenvolvimentista para a transição verde sustentável é aquela que estabelece crenças compartilhadas sobre a necessidade e a urgência de transformação do sistema produtivo. Nesse sentido, o planejamento econômico do Estado deve ser o principal instrumento para mudar a estrutura e o funcionamento dos mercados e redirecionar os investimentos do setor privado.

9.2.2 Convenção neoliberal

A convenção neoliberal é oposta à convenção desenvolvimentista, trazendo os aspectos do individualismo tradicionais do pensamento liberal. Essa convenção parte do pressuposto de que os agentes privados são mais bem equipados para alocar recursos de forma eficiente. Sob o neoliberalismo, o Estado assume um novo papel de "guardião" dos equilíbrios macroeconômicos (Fiori, 1997). O Estado, portanto, deve ser "comportado" do ponto de vista fiscal, concentrado em resolver falhas de mercado e difundir informações.

Nessa convenção, o setor financeiro tem o papel de alocar poupanças, pois assume-se a hipótese da neutralidade monetária. Admite-se a intervenção estatal no mercado financeiro, desde que esteja limitada a atuar em resposta às falhas de mercado, devido à informação assimétrica e à incompletude dos mercados, e desde que não haja concorrência com o mercado privado. Dessa forma, os bancos públicos e de desenvolvimento desempenham um papel secundário, complementar, não sendo entendidos como uma ferramenta de política econômica, como na convenção desenvolvimentista.

O cerne da condução das políticas macroeconômicas está na estabilização dos preços, focando a política monetária no controle da inflação, e a política fiscal no equilíbrio fiscal intertemporal, muitas vezes marcada por regimes de austeridade fiscal focando a redução do tamanho do Estado e dos gastos públicos. Ao assumir a primazia dos mercados, não há espaço para o planejamento econômico na convenção neoliberal — o papel do Estado é buscar oferecer as melhores condições para o desenvolvimento dos mercados, sem que ocorra a busca por uma estratégia de desenvolvimento específica com objetivos previamente definidos. A política social está presente, mas é focalizada, concentrada em programas de transferência de renda, visando evitar convulsões sociais mais sérias. Os direitos sociais passam a ser custeados individualmente, reforçando a lógica neoliberal que se apoia na ideia do Estado mínimo e da responsabilidade individual (Fine; Saad-Filho, 2017).

Depois da crise financeira internacional de 2008 e da crise da pandemia de 2020, observa-se uma mudança, mesmo que temporária, na condução das políticas econômicas. Nesses momentos de crise aguda, a reação da política econômica na maioria dos países foi altamente intervencionista, com resultados positivos no sentido de conter, pelo menos parcialmente, os danos econômicos provocados por ambas as crises (The Economist, 2020; Arantes; Silva, 2019; Paula, 2021, dentre outros). Porém, passado o momento mais crítico da crise, o compromisso com a estabilidade de preços continua sendo a prioridade. Fica notável que as intervenções são aceitáveis em momentos agudos de crise, retornando à agenda de orientação ortodoxa passado o período de emergência mais grave. O estudo realizado pela Oxfam (2021) ilustra bem essa questão: o enfrentamento da crise da pandemia foi marcado pela elevação dos gastos públicos, muitas vezes marcados por vultosos empréstimos tomados com o Fundo Monetário Internacional. Por mais que os gastos tenham sido entendidos como necessários, 85% dos 107 empréstimos tomados com o FMI[11] indicavam planos de consolidação fiscal (austeridade) durante o período de recuperação da crise, uma tendência observada em 73, do total de 85 países.

[11] Durante o período de 1º de março de 2020 a 15 de março de 2021.

Considerando a crise climática, a convenção neoliberal passa a se estruturar em volta de um novo consenso, que vem a substituir o Consenso de Washington,[12] que marcou as décadas de 1980 e 1990. O Consenso de Wall Street é marcado pela nova fase do capitalismo neoliberal financeirizado, em que a principal característica é a captura das políticas fiscal e monetária pelo setor financeiro. A convenção propõe que o processo de transição climática seja liderado por parcerias público-privadas (PPPs) cujos riscos de iliquidez sejam assumidos pelo Estado, havendo uma socialização dos riscos — frustrações nas receitas esperadas dos investimentos seriam compensados por transferências de fundos públicos, aumentando o endividamento público. Gabor (2019) identifica que, para se atrair o capital privado para PPP, a questão-chave a ser respondida é: o quanto a população estaria disposta a pagar pelos serviços? O desapontamento nas receitas geradas pelos investimentos em consórcios privados seria compensado com transferências de fundos públicos e aumento do endividamento público. Isto é, trata-se de uma convenção centrada no processo de financeirização das economias modernas, que busca a sustentabilidade por meio da securitização. Como a autora bem observa, uma ambição estrutural dessa agenda de securitização para sustentabilidade é reorganizar os sistemas financeiros dos países, emergentes e em desenvolvimento, de modelos baseados em bancos para modelos baseados em mercados de capitais — o que deixa esses países mais vulneráveis a riscos de liquidez e fluxos de capital pró-cíclicos, ameaçando a execução da própria agenda (Gabor, 2019).

Outra questão problemática no que diz respeito à crise climática é o tratamento das mudanças climáticas como externalidades que podem ser corrigidas por meio de mecanismos de preços. O mercado de carbono ilustra essa questão. A ideia do imposto sobre carbono é incentivar a redução da emissão de carbono, reduzindo a emissão de GEE. A precificação do carbono seria capaz de alterar os preços relativos, levando a um ajuste automático no comportamento das firmas e consumidores, incentivando investimentos em tecnologias pouco intensivas em carbono. Apesar da proposta ainda encontrar resistência, muitas vezes é entendida como central para o enfrentamento da crise climática (Carattini et al., 2018). Ainda que o imposto sobre carbono venha a de fato reduzir a emissão, como

[12] Ficou conhecido como "Consenso de Washington" o conjunto de recomendações de políticas econômicas desenvolvido pelo Fundo Monetário Internacional, Banco Mundial e economistas do mercado financeiro, em resposta às crises econômicas e financeiras da década de 1980. É possível sumarizar as orientações do Consenso em: prudência macroeconômica; direcionamento externo e um capitalismo de livre mercado. Entre as recomendações, estava a liberalização comercial e do sistema financeiro, abertura ao investimento estrangeiro direto, privatizações, equilíbrio fiscal e desregulamentação dos mercados.

alguns estudos indicam (e.g. Andersson, 2015, cf. Carattini et al., 2018), a questão é que esse mercado apenas *incentiva* a redução da emissão, sem qualquer garantia de que tal redução irá ocorrer, deixando que o mercado conduza este processo. Tal proposição vai em direção oposta à ideia defendida neste capítulo, pois entendemos que somente o mercado não é suficiente para conduzir as economias à transição sustentável. Em prol de enfrentar a crise climática, é necessária uma nova convenção para o desenvolvimento sustentável e um planejamento econômico para empreender as transformações necessárias. Na seção seguinte, falaremos por que, para que e como financiar o planejamento econômico.

9.3 Planejamento econômico

9.3.1 Por quê?

Para além dos conflitos distributivos que marcam a história do capitalismo, temos a incapacidade das economias capitalistas atingirem seu produto potencial[13] como um processo natural. O volume inadequado das despesas com investimento privado devido à incerteza inerente em relação ao futuro é uma questão fundamental para que as economias de mercado atinjam seu produto potencial (Davis, 1992; Keynes, 2013). Nesse sentido, para que o produto das economias seja mantido em patamares elevados, o investimento deve ser incentivado a ponto de desaparecer a escassez de capital (Carvalho, 2008). Dessa forma, a fim de que as economias de mercado atinjam o pleno emprego e alcancem estabilidade macroeconômica consistente, é fundamental estabilizar o investimento agregado da economia em patamares altos. A expansão da demanda agregada pode promover recuperações cíclicas ou evitar desacelerações cíclicas, mas não é suficiente para promover o pleno emprego. Entender que este processo não é um percurso natural das economias, por si só, já traz a necessidade de planejamento econômico, planejamento do investimento e um papel ativo do Estado.

A crise ambiental traz novos desafios, pois demanda uma alteração profunda e imediata na forma como nos relacionamos em sociedade — desde a reformulação dos modos de produção e consumo até a adoção de políticas públicas voltadas para o enfrentamento do problema. Isso traz

[13] O produto potencial representa o produto que a economia conseguiria produzir se operasse com a plena utilização dos fatores de produção, i.e., se não existisse capacidade ociosa.

o planejamento estatal[14], com um horizonte longo de tempo, como uma necessidade ainda mais latente. O planejamento econômico para a transição climática implica transformações na estrutura de produção e consumo para várias gerações futuras. Assim, os desafios são grandes, pois pressupõem a reordenação completa dos modos de produção e consumo da sociedade e acarreta imaginar uma forma de organizar a sociedade diferente de como é hoje. Ou seja, a maneira como o Estado, o mercado e a sociedade interagem, bem como as políticas públicas e as finanças, devem ser alinhadas sob o guarda-chuva de uma única missão para toda a sociedade.

Diversificar a economia, construir modos alternativos de crescimento, coordenar ações globais e melhorar a distribuição de renda, riqueza e poder mediante políticas verdes alinhadas com políticas macroeconômicas, no tempo necessário, requer planejamento e coordenação. Tal empreitada exige uma nova convenção para o desenvolvimento sustentável, uma nova crença compartilhada, novas "regras do jogo". Por isso, o Estado deve agir orientado pela missão de promover uma transição verde sustentável, atuando com intencionalidade, dirigindo o mercado, assumindo riscos, gerando uma nova convenção. A transição precisa de transformação do mercado, tanto no lado da oferta quanto no lado da demanda.

9.3.2 Para quê?

A crise climática impõe mudança na estrutura produtiva e nos padrões de consumo tanto para economias desenvolvidas como para as periféricas. Assim, projetos de mudança estrutural não devem ser planejados somente tendo em vista o desenvolvimento econômico nos padrões energéticos e de emissões de GEE atuais, mas a fim de atenuar os impactos da crise climática. O Estado, enquanto agente fundamental para o bom funcionamento de economias de mercado e como ator no processo de mudança estrutural, deve adotar as políticas necessárias e conduzir essa mudança estrutural. As políticas e ações necessárias devem ser aceitas segundo a convenção de desenvolvimento.

Isso porque a necessidade de realizar transformações tão profundas quanto as necessárias para minimizar os efeitos da crise climática é um processo inerentemente incerto, sendo mandatória uma atuação planejada e coordenada para atingir esse objetivo. Como mencionado, diante de cenários de elevada incerteza, o setor privado tende a agir de forma conservadora. Na visão da convenção do desenvolvimento sustentável, o

[14] Tão mais eficaz será o esforço de coordenação quanto mais envolver também Estados nacionais. Vale lembrar que os impactos climáticos não respeitam fronteiras. A coordenação deve ser global, inclusiva, com mudanças em todos os setores da economia.

planejamento é uma alternativa para conduzir as economias a operar com pleno emprego dos fatores de produção e, ao mesmo tempo, caminhar na direção da mudança estrutural para viabilizar os investimentos necessários para a transição climática.

O Estado planejador é proativo e adota políticas pró-crescimento, liderando e coordenando tal expansão com objetivo de atingir propósitos de prazo mais longo (Mazzucato, 2014). Em meio ao cenário de mudanças climáticas e seus efeitos, o planejamento econômico também pode consistir em uma estratégia para transformar a estrutura produtiva e social, além de realizar a transição energética, conduzindo as economias — desenvolvidas e em desenvolvimento — a um modo de produção mais sustentável.

Por fim, como mostram Chang (2003) e Mazzucato (2014), se o Estado é um importante agente na promoção da mudança estrutural necessária para que um país se desenvolva, na convenção do desenvolvimento sustentável, deve-se perguntar *qual tipo de mudança estrutural perseguir*, e esta deve ter em seu cerne a finalidade de responder às limitações impostas pelas mudanças climáticas.

9.3.3 Como financiar?

Transformar a estrutura produtiva impõe a necessidade de realizar massivos investimentos com um horizonte longo de tempo. Para tanto, uma estratégia de *socialização do investimento* pode ser um artifício para realizar e coordenar os investimentos necessários. A proposta de socialização do investimento de Keynes consistia (de forma simplificada) no controle estatal do investimento, com objetivo de sustentar o investimento total (público e privado) e promover estabilidade econômica. A estratégia teria a capacidade de balancear períodos de baixo investimento privado por meio de planos de investimentos públicos direcionados a áreas específicas. É uma estratégia que possibilitaria a manutenção do investimento agregado em patamares elevados — sustentados pelo investimento público que, por sua vez, estimularia os investimentos privados —, levando a economia a operar com o pleno emprego dos fatores de produção. A socialização do investimento deveria ocorrer respeitando a liberdade dos empresários em escolher entre as alternativas de investimento, tendo o objetivo de regular o investimento total, porém não sua composição (Keynes, 2013; Carvalho, 2019).

Pensando na estratégia em resposta à crise climática, contudo, é necessário uma atuação mais ativa no sentido de direcionar os investimentos, determinando as áreas prioritárias e regulando sua composição. Contudo, a proposta de socialização do investimento é inspiradora para pensar em alternativas para planejar o crescimento econômico e a mudança estrutural necessária para responder à crise. A socialização do investimento pressupõe a criação permanente de um conselho de investimento público para monitorar e controlar o investimento. Com o intuito de governar a socialização do investimento, Keynes propôs a criação de um orçamento de capital,[15] direcionado para investimentos, ideia que também é funcional para responder à crise climática, por trazer maior autonomia ao Estado na execução de planos de investimento de longo prazo, podendo ser uma ferramenta para o planejamento econômico. Desse modo, seria possível governar todos os investimentos (públicos e privados) de forma planejada e sustentar grande parte do investimento total, que deveria ser dirigido pelo setor público. A proposta possibilitaria a execução de um programa de investimento de longo prazo, estável, capaz de compensar flutuações imprevistas de curto prazo. Para tanto, seria necessário realizar levantamentos e análises regulares dos financiamentos e execuções dos investimentos, assim como realizar previsões, com avaliações permanentes dos resultados obtidos e esperados (Sicsú, 2021). Assim, o Estado teria controle de grande parte dos investimentos (públicos e privados), medida desejável para executar e coordenar os investimentos necessários nessa transição verde sustentável.

A estrutura de financiamento dos investimentos em transição climática é fundamental e definidora da convenção para um desenvolvimento sustentável. Para executar e coordenar tamanho volume de investimentos, bancos públicos (notadamente os bancos de desenvolvimento) têm um

[15] A proposta de Keynes consiste na separação do orçamento em dois: o orçamento de capital e o orçamento corrente (ou ordinário), cujo objetivo é possibilitar maior autonomia na política de investimento do Estado. Diferenciando ambos orçamentos em poucas linhas, o primeiro seria especificamente destinado para sustentar o investimento total (público e privado) com objetivo de atingir o equilíbrio econômico — i.e., o pleno emprego. O orçamento de capital pode ser deficitário dependendo do volume de gastos necessários para a manutenção do pleno emprego, mas deve estar equilibrado no longo prazo. Já o orçamento corrente corresponde ao consumo do governo, que deve estar sempre em equilíbrio. Déficits só são aceitos em momentos extraordinários, quando as despesas realizadas por meio do orçamento de capital não forem suficientes para a manutenção do pleno emprego. Caso o orçamento corrente incorra em superávit, deve ser transferido para o orçamento de capital para financiar os investimentos. As despesas do orçamento de capital devem ser suficientes para compensar potenciais desequilíbrios da demanda que possam provocar desemprego. O orçamento de capital compreende que parte significativa do investimento total seja monitorada pelo governo, que deve realizar levantamentos e análises regulares da relação entre as fontes de poupança e os diferentes tipos de investimento e dos recursos públicos disponíveis, assim como um balanço que mostre como as duas variáveis (poupança e investimento) se igualaram no último ano e programar os investimentos a serem executados no ano seguinte. Enquanto o orçamento corrente deve se manter em constante equilíbrio, o orçamento de capital deve oscilar com a demanda por empregos, compensando as flutuações cíclicas da economia (Sicsú, 2021).

papel ainda mais fundamental para o financiamento de novas indústrias, setores e tecnologias. Uma vez que as instituições financeiras privadas são orientadas pelo lucro, estas não necessariamente operam tendo em vista os objetivos econômicos de longo prazo e, além disso, tendem a criar gargalos no financiamento de setores de investimento de maior risco e de prazo de maturação mais longo — como os investimentos necessários para responder à crise climática, para mudança da estrutura produtiva e para transição energética.

Desse modo, é fundamental a existência de instituições públicas cuja lógica da operação atenda às necessidades do tipo de desenvolvimento que se busca (Feil et al., 2021). As instituições financeiras públicas, especialmente os bancos de desenvolvimento, são atores capazes de financiar investimentos de longo prazo, garantindo que o investimento produtivo não fique refém do setor financeiro privado em momentos de elevados riscos. Os bancos de desenvolvimento têm capacidade de atuar como um braço de política pública pró-crescimento com mudança estrutural e são capazes de direcionar o financiamento para setores e indústrias sustentáveis, além de promover o investimento à inovação. Dessa forma, bancos de desenvolvimento são instituições funcionais para realizar mudança estrutural, sendo um valioso instrumento para o planejamento econômico. Os bancos de desenvolvimento são funcionais para a estratégia de socialização do investimento, especialmente se considerarmos a expertise que esse tipo de instituição tem na execução e coordenação de grandes projetos de investimento de longo prazo.

É importante pontuar ainda, para que a estratégia de socialização do investimento seja possível e que o Estado seja planejador e realize um projeto de planejamento econômico, quão fundamental é ter autonomia na condução das políticas econômicas e ter espaço fiscal. Um elevado grau de autonomia de políticas econômicas possibilita que o país tenha possibilidade de realizar o arranjo de políticas, utilizando os mecanismos necessários para realizar investimentos que visem transformar a estrutura produtiva e a matriz energética da economia. Considerando que o investimento agregado é uma variável-chave nesse processo de transição, a política monetária deve promover liquidez suficiente para que as taxas de juros nominais e reais sejam mantidas em níveis baixos, a fim de estimular a troca de ativos líquidos mantidos na circulação financeira por ativos ilíquidos produzidos na circulação industrial, i.e., estimulando o investimento produtivo (Feijó et al., 2022). Além disso, uma convenção de política econômica de juros baixos reduz o custo da dívida pública (e, portanto, também do investimento público), ampliando o espaço fiscal da economia. Isso se torna ainda mais relevante se considerarmos que somente a manipulação das taxas de juros via política monetária pode não ser suficiente para estimular o investimento, de modo que a política fiscal e os investimentos públicos são instrumentos importantes (Davis, 1992). Essa é uma questão ainda mais importante no contexto de transição climática, que carece de vultosos investimentos de longo prazo e envolvem um elevado grau de incerteza. Uma convenção de juros altos e regras fiscais excessivamente restritivas impossibilita qualquer tipo de socialização do investimento, restringe as possibilidades de mudança estrutural e não contribui para o crescimento econômico nem para a estabilidade macroeconômica, e ainda limita as alternativas para lidar com a crise climática.

9.4 Conclusão

A crise climática é certamente o maior desafio deste século. O mundo enfrentará uma sucessão de catástrofes ambientais cada vez mais intensas e frequentes, e o intervalo de tempo para agir está se encurtando. A menos que as mudanças mitigadoras sejam drásticas e imediatas, a limitação do aquecimento global será inviável. Os esforços que deverão ser empreendidos para limitar os efeitos demandam novos instrumentos de planejamento político e econômico.

Apesar da gravidade sem precedentes da crise, quase nada mudou nos últimos quarenta anos, em termos de padrões de produção e políticas públicas, centradas no regime macroeconômico de estabilidade de preços. A convenção neoliberal guiada pela economia ortodoxa não tem as respostas nem os instrumentos para lidar com tal desafio. Não é o mercado por meio da iniciativa privada que conseguirá conduzir os investimentos e prover o financiamento aos investimentos necessários para a transição climática — como de fato nunca o foi em nenhum processo de mudança estrutural dos países desenvolvidos.

Reestruturar o sistema produtivo requer ações simultaneamente econômicas, políticas e sociais. Ou seja, uma nova convenção para o desenvolvimento é necessária. Uma convenção que tenha em seu bojo o enfrentamento da crise climática, buscando oferecer instrumentos de política econômica para realizar as transformações no modo de produção vigente para uma sustentável. É necessário um novo regime macroeconômico, de viés desenvolvimentista, em que o Estado tenha um papel proativo e as políticas macroeconômicas sejam conduzidas de modo a possibilitar o planejamento econômico e aumentar o espaço de atuação do Estado, tendo em vista empreender as transformações para a transição climática. Pesquisas futuras podem aprofundar o debate que aqui é apresentado ainda de maneira introdutória, refletindo sobre as formas que uma agenda de planejamento pode ser implementada e sobre a condução das políticas macroeconômicas para tal fim.

Para realizar a transição sustentável, cabe ao Estado agir intencionalmente, mudando a estrutura e o funcionamento dos mercados por meio de um planejamento transversal que inclua a sustentabilidade em todos os programas do governo. Neste capítulo, defendemos que uma nova convenção para o desenvolvimento sustentável é necessária, visando realizar mudança estrutural e manter uma política de pleno emprego, e a necessidade de planejamento econômico para empreender as transformações necessárias para enfrentar a crise climática. Nesse sentido, ao longo do texto discorremos sobre a) o porquê do planejamento econômico — para enfrentar as incertezas de investimentos de alto risco e retorno a longo prazo —; b) para que planejamento — para implementar uma convenção de desenvolvimento sustentável, que guie decisões privadas na direção do tipo de mudança estrutural visando a transição climática —; e c) como financiar o projeto de transição climática — criando espaço fiscal com orçamento de capital e utilizando instituições financeiras públicas, especialmente os bancos de desenvolvimento.

REFERÊNCIAS BIBLIOGRÁFICAS

ARANTES, F.; SILVA, A. C. M. "Novo Consenso sob Estresse: a Crise Financeira e a Volta da Política Fiscal". *Análise Econômica*, Porto Alegre, v. 38, nº 75, pp. 73–101, set. 2019. DOI: dx.doi.org/10.22456/2176-5456.73132.

BLYTH, M.; MATTHIJS, M. "Black Swans, Lame Ducks, and the mystery of IPE's missing macroeconomy ". *Review of International Political Economy*, 24:2, pp. 203–231, 2017. DOI: 10.1080/09692290.2017.1308417.

CALDWELL, D.; DYSZYNKI, J.; ROLAND, R. "Climate compatible development in the 'Land of a Thousand Hills': Lessons from Rwanda". *Working paper from CIDT*, jul. 2015.

CARNEY, M. "Breaking the Tragedy of the Horizon–climate change and financial stability". *Speech given at Lloyd's of London, Bank of England*, 25 set. 2015. Disponível em: https://www.bis.org/review/r151009a.pdf.

CARATTINI, S.; CARVALHO, M.; FANKHAUSER, S. "Overcoming public resistance to carbon taxes". *WIREs Climate Change*, 6 jun. 2018. Disponível em: https://doi.org/10.1002/wcc.531.

CARVALHO, F. J. C. "Keynes and the reform of the capitalist social order". *Journal of Post Keynesian Economics*, 31:2, pp. 191–212, 2018.

_____."Expectativas, incertezas e convenções". In: LASTRES, Helena M. M.; MONTEIRO FILHA, Dulce; PRADO, Luiz Carlos. *Estratégias de Desenvolvimento, Política Industrial e Inovação: Ensaios em Memória de Fabio Erber.* Rio de Janeiro: BNDES, 2014.

_____. "Economic Planning under Capitalism: The New Deal and Postwar France Experiments". *Levy Economics Institute of Bard College*, Working Paper, nº 923, fev. 2019.

CARVALHO, L. B. *Curto-circuito: O vírus e a volta do Estado.* 1ª ed. São Paulo: Editora Todavia, 2020.

CASTRO, A. B. de. (1993). "Renegate Development: Rise and Demise of State-Led Development in Brazil". In: ACUÑA, C.; GAMARRA, E.; SMITH, W. (orgs.). *Democracy, Markets and Structural Reform in Latin America.* [S.l.]: North-South Center, 1993. pp. 183–213.

CHANG, H. *Chutando a escada: a estratégia de desenvolvimento em perspectiva histórica.* São Paulo: Editora UNESP, 2004.

CHENET, H. "Planetary Health and the Global Financial System". *Rockefeller Foundation Economic Council on Planetary Health*, set. 2019.

CHENET, H.; HILKE, A.; DUAN, W. *Finance sector alignment with international climate goals – Reviewing options and obstacles.* fev. 2017. Disponível em: http://dx.doi.org/10.2139/ssrn.3322324.

DAVIS, J. B. "Keynes on the Socialization of Investment". *International Journal of Social Economics*, vol. 19, 1992.

DEQUECH, D. "The Concept of Development Conventions: Some Suggestions for a Research Agenda". *Journal of Economic Issues*, 51:2, pp. 285–296, 2017. DOI: 10.1080/00213624.2017.1320504.

ERBER, F. S. "As convenções de desenvolvimento no governo Lula: Um ensaio de economia política". *Revista de Economia Política*, v. 31, nº 1, pp. 31–55, 2011.

ERBER, F. S. "The evolution of development conventions". *Revista de Economia Contemporânea*, v. 16, nº 1, pp. 1–22, 2012.

GEIJÓ, C.; ARAÚJO, E. C.; BRESSER-PEREIRA, L. C. "Política monetária no Brasil em tempos de pandemia". *Revista de Economia Política*, vol. 42, nº 1, pp. 150–171, jan.-mar. 2022.

FEIL, F.; FEIJÓ, C.; HORN, C. H. "Regional credit distribution in Brazil: the role of state-owned financial institutions". *Area Development and Policy*, pp. 1–17, 2021.

FEIL, F. *State-owned financial institutions as an arm of public policy for sustainable development*. Tese (Doutorado) – Universidade Federal Fluminense, 2021.

FINE, B.; SAAD-FILHO, A. (2017). "Thirteen Things You Need to Know About Neoliberalism". *Critical Sociology*, vol. 43, issue 4–5, pp. 1–22. DOI: https://doi.org/10.1177%2F0896920516655387.

FIORI, J. L. *Os moedeiros falsos*. Petrópolis: Editora Vozes, 1997.

KEYNES, J. M. *The Collected Writings of John Maynard Keynes*. Vol. 7. Cambridge: Cambridge University Press, 2013.

MAZZUCATO, M. *O Estado empreendedor: Desmascarando o mito do setor público vs. setor privado*. 1ª ed. São Paulo: Editora Portfolio-Penguin, 2014.

MODENESI, A. "Convenções: uma visão sociológica do desenvolvimento econômico". In: LASTRES, Helena M. M.; MONTEIRO FILHA, Dulce; PRADO, Luiz Carlos (orgs.). *Estratégias de Desenvolvimento, Política Industrial e Inovação: Ensaios em Memória de Fabio Erber*. Rio de Janeiro: BNDES, 2014.

NORTH, D. (1990). *Institutions, Institutional Change and Economic Performance*. Nova York: Cambridge University Press, 1990.

OXFAM. "Adding fuel to fire: How IMF demands for austerity will drive up inequality worldwide". *OXFAM Briefing Paper*, ago. 2021.

OUR World in Data. *Open data*. Disponível em: https://ourworldindata.org/.

PAULA, L. F. "The coronavirus crisis and counter-cyclical policies in Brazil". *European Journal of Economics and Economic Policies: Intervention*, 18(2): 177–197, 2021.

REDDA, R.; ROLAND, R. "Becoming a climate-resilient green economy: Planning for climate compatible development in Ethiopia". *Working paper from CIDT*, jul. 2016.

SAAD-FILHO, A. *Progressive Policies for Economic Development*. Londres: Routledge, 2021. p. 150.

SICSÚ, J. "A Relevância do Orçamento de Capital e do Planejamento no pensamento de Keynes". *Revista Brasileira de Planejamento e Orçamento*, Brasília, vol. 11, nº 2, 2021. pp. 5–23.

TERRA, F. H. B.; FERRARRI FILHO, F.; FONSECA, P. C. D. "Keynes on State and Economic Development". *Review of Political Economy*, 33(1): 88–102. DOI: 10.1080/09538259.2020.1823072.

THE economist. "The covid-19 pandemic is forcing a rethink in macroeconomics". *Briefing*, 2020. Disponível em: https://www.economist.com/briefing/2020/07/25/the-covid-19-pandemic-is-forcing-a-rethink-in-macroeconomics.

WORLD Bank. *Open data.* Disponível em: https://data.worldbank.org/.

Posfácio

Rafael Moura

Fernanda Feil

Ao final desta obra, somos confrontados com a missão de sintetizar as principais contribuições e avanços proporcionados pelos ilustres autores e autoras dos capítulos apresentados. Antes de tudo, é importante destacar o mérito desses colaboradores, que, por meio de suas formações e bagagens intelectuais diversas, conseguiram construir uma abordagem multidisciplinar e eclética. Dessa forma, desempenharam a difícil tarefa de analisar de maneira abrangente as grandes problemáticas contemporâneas e as questões cruciais que afligem o Brasil e o mundo. A incorporação da análise econômica à análise política, e vice-versa, possibilitou uma interpretação complexa e abrangente dos fenômenos do mundo real, fugindo de simplificações demasiadas.

Essa missão se torna ainda mais desafiadora diante do contexto atual, tanto em nível doméstico quanto internacional. O avanço da extrema direita, que se reflete no Brasil por meio dos quatro anos do governo Bolsonaro, impõe uma nova realidade de análise. O legado deixado pelo governo anterior gerou uma situação de devastação, tornando a reconstrução do país extremamente desafiadora. Além disso, o agravamento da crise climática e a possível posição do Brasil como protagonista de uma nova ordem política e econômica alteram os desafios que precisam ser enfrentados.

Nesse contexto, nossos autores e autoras buscaram compreender melhor seus respectivos objetos de pesquisa e fenômenos. Eles e elas o fizeram resgatando uma tradição de Economia Política que aproxima as esferas econômica e política, evitando tratá-las de forma isolada e desconectada. Em vez de considerar a economia como uma ciência "pura" e autônoma, como a física, mas com leis artificiais que afetam a sociedade de maneira inexorável, e a política como uma intervenção externa, quase sempre negativa, sobre a economia, esses autores e autoras procuraram analisá-las em conjunto, buscando um mapeamento mais fiel de como se entrelaçam e se influenciam mutuamente. Essa abordagem proporcionou uma análise mais rica e densa, embora o estabelecimento de relações causais tenha se tornado mais desafiador.

Esses esforços estão presentes em todo o livro, que aborda temas como as contradições entre desenvolvimentismo e neoliberalismo sob uma perspectiva histórica no Brasil, o avanço da Operação Lava Jato e suas consequências econômicas e políticas para o país, bem como sua conexão com o regime internacional de combate à corrupção. Além disso, discute-se o neoliberalismo e suas contradições no âmbito das políticas internas, tanto em termos fiscais quanto na implementação de políticas públicas. Por fim, são abordados os gargalos a serem superados no enfrentamento da crise climática, sob uma perspectiva mais global na qual o Brasil está inserido. Trata-se de temas complexos que demandam uma análise aprofundada.

Ao final desta obra, somos impulsionados pela convicção de que a pesquisa acadêmica na interseção entre economia e política, abordando temas essenciais, possui um espaço promissor para avançar. O livro que aqui apresentamos não apenas representa uma contribuição valiosa nesse sentido, mas também abre novos horizontes para investigações futuras.

A agenda de pesquisa delineada por esta obra revela a capacidade dos pesquisadores e pesquisadoras em explorar essas questões de forma aprofundada, trazendo à tona novas perspectivas e análises críticas. A interação entre economia e política se revela fundamental para a compreensão dos desafios enfrentados pela sociedade contemporânea.

Nesse sentido, é fundamental ressaltar que os pesquisadores e pesquisadoras envolvidos nesse projeto estão comprometidos em continuar nessa missão. O encerramento deste livro marca apenas o começo de uma jornada intelectual, na qual os estudos interdisciplinares, a reflexão crítica e o diálogo constante entre a economia e a política continuarão a ser fomentados.

Portanto, a expectativa é que o legado desta obra inspire novas investigações, despertando o interesse de acadêmicos e estudiosos para se engajarem nesse campo de estudo tão relevante. A pesquisa acadêmica na fronteira entre economia e política tem um potencial significativo para desvendar os meandros das dinâmicas sociais e econômicas, contribuindo para o desenvolvimento de políticas mais eficazes, fundamentadas em evidências e voltadas para o bem-estar da sociedade como um todo.

Com isso, reafirmamos nosso compromisso em seguir adiante, aprofundando o conhecimento, ampliando as perspectivas teóricas e empíricas, e continuando a contribuir para a construção de um futuro mais justo, sustentável e equitativo. Acreditamos no poder transformador da pesquisa e na capacidade dos pesquisadores e pesquisadoras em moldar e influenciar positivamente o debate acadêmico e as políticas públicas. Que este livro seja apenas um marco inicial nessa jornada de descobertas e avanços rumo a um mundo melhor. Esperamos que esta obra, resultado dos esforços de pesquisa dos qualificados membros do Grupo de Estudos de Economia e Política (GEEP), proporcione uma leitura enriquecedora e incentive os leitores a se aprofundarem em diversas agendas da Economia Política. Ressaltamos a importância da abordagem multidisciplinar, do ecletismo e de uma perspectiva crítica para um entendimento mais completo dos desafios que enfrentamos.

Que este livro possa contribuir para o debate acadêmico e inspire novas pesquisas e reflexões sobre os temas aqui abordados.

Índice

A

abordagem multidisciplinar, 236
Acordo de Paris, 200
Afonso Arinos, 41
  liberalismo contemporâneo, 44
  movimento, 41
  ordem, 41
agências de rating, 118, 119
AI-5, 96
anticorrupção, 93
antipetismo, 59
aposentadoria, 143
aquecimento global, 211
Argentina, 128
argumento da indústria infante, 9
austeridade fiscal, 142
autoridade epistêmica, 123
Auxílio Emergencial, 148

B

back-and-stop, 173
Banco do Brasil, 94
Bielschowsky, 34
  industrialização, 34
Bismarck, 147
  breadwinner, 147
Bolsa Família, 147
bolsonarismo, 7
Brasil, 142
burguesia, 52
business as usual, 203

C

Campos, 34
  desenvolvimentismo do setor privado, 34
  desenvolvimentismo não nacionalista, 34
canal de interferência, 134
capitalismo, 214
capital público, 173
Cardoso, 62
  antiantipetistas, 62
  antipetistas, 62
Carlos Lacerda, 94
CEXIM, 94
choques econômicos, 59

variáveis independentes, 60
variável dependente, 60
ciclos boom-bust, 173
cidadania social, 147
clusters industriais, 73
Código de Conduta das Corporações Transnacionais, 104
comunismo, 96
Consenso de Wall Street, 223
construção civil, 69
construtoras, 70
controle fiscal, 164
convenção, 215
de desenvolvimento, 215
desenvolvimentista, 217
neoliberal, 217, 221
corrupção, 90, 111
crescimento acelerado do gasto, 170
crescimento econômico, 205
crise climática, 193, 211
crise da democracia, 123
crise política, 126

D

debilidades, 157
déficit da previdência, 176
desemprego, 66
desenvolvimentismo, 33, 38, 167
Desenvolvimento econômico, 214
desenvolvimento sustentável, 215
desequilíbrio fiscal, 168
desigualdade de renda, 175
desigualdade econômica, 144
despesa pública, 169
deterioração fiscal, 158
dinâmica bust-bust, 173
dinâmica stop-and-go, 165
direitos sociais, 150
dirigismo puro, 48
dívida pública, 185
divisão sexual, 153

E

economia, 63
economia de mercado, 29
Economia Política, 234
economias emergentes, 121
economistas, 205
heterodoxos, 205
neoclássicos, 205
empregos "verdes", 213
escândalo do mensalão, 90
escândalo Watergate, 102
Estado, 212
Estado Cartorial, 51
Estados de bem-estar, 141
estruturalismo latino-americano, 46

F

Fernando Haddad, 58
financeirização, 123, 194
Foreign Corrupt Practice Act (FCPA), 103
fundos abutres, 128

G

gases de efeito estufa, 194
gastos discricionários, 171
gasto social, 143
globalização financeira, 118

governo Bolsonaro, 7, 159, 175
governo CFK, 128
governo de Michel Temer, 158
governo Dilma, 124
governo Dutra, 94
governo Macri, 132
governo Temer, 128
Guerra Fria, 13, 105

H

História dos Conceitos, 36

I

impacto fiscal, 178
impeachment, 18
imposto sobre carbono, 223
inconsistência temporal de planos ótimos, 162
instituições, 215
instituições públicas, 228
  bancos de desenvolvimento, 228
intervenção estatal, 59
intervenção militar, 21
investimento público, 154

J

Jaguaribe, 48
  empresariado, 48
  Estado, 48
  instituição, 48
  pontos de estrangulamento, 49
Jair Bolsonaro, 58
Jânio Quadros, 95

K

Keynes, 214, 227
  orçamento de capital, 227
kirchnerismo, 128

L

laissez-faire, 48
Lava-Jato Argentina, 98
leis orçamentárias, 183
  Lei de Diretrizes Orçamentárias, 183
  Lei Orçamentária Anual, 183
  Plano Plurianual, 183
liberalismo brasileiro, 32
liberalismo conservador, 93
liberalismo econômico, 9
lucro financeiro individual, 214
lucros, 201
lulismo, 84

M

maré rosa, 117
mercado, 40
  autorregulado, 41
movimento político, 7
mulheres brasileiras, 141

N

nacionalismo, 8
  conservador, 13
  econômico, 8
    Helleiner, 9
nacionalista, 7

naval, 71
neoliberalismo, 194, 205, 214
  financeirizado, 195
New Deal, 40
Novo Regime Fiscal, 142, 168

O

Odebrecht, 69
operação Lava Jato, 14
Orçamento de Guerra, 159, 179
ordem patriarcal, 147
Organização Meteorológica Mundial, 200

P

padrão de voto, 82
pandemia, 144
pandemia de covid-19, 21, 159, 179
Paulo Guedes, 7, 28
PEC dos Precatórios, 183
PEC Emergencial, 183
perfil do voto, 76
Petrobras, 15
petróleo e gás, 59
planejamento, 39
  integral, 39
  setorial, 39
planejamento estatal, 225
Plano Marshall, 30
Plano SALTE, 44
poder estrutural, 123
poder relacional, 123
política fiscal, 220
políticas de conciliação entre trabalho e família, 148
políticas de cuidado, 150
políticas familiares, 146
políticas industriais "verdes", 202
políticas públicas, 200
políticas sociais, 141
ponto 4, 39
populismo, 8, 10
  Urbinati, 11
preceitos neoliberais, 120
processo de financeirização, 223
produto potencial, 224
propina transnacional, 107
protecionismo, 46

R

recursos naturais, 196
redemocratização, 142
redes sociais, 22
  Twitter, 22
Reforma Administrativa, 177
Reforma da Previdência, 159
Reforma Tributária, 178
regime internacional anticorrupção, 100, 101
regime macroeconômico, 218
regra fiscal, 161
resultado eleitoral, 81
retórica da ausência, 36
Roberto Campos, 44
  deterioração dos termos de troca, 46

S

seguro-desemprego, 145
Sinclair, 122
  embedded knowledge networks, 122
slush funds, 102
soberania nacional, 20

socialismo, 15, 30
socialização do investimento, 226
subdesenvolvimento, 40
supply side economics, 16

T

tatcherismo tupiniquim, 15
temperaturas globais, 194, 212
tendências, 29
  liberal-democrata, 29
  social-democrata, 29
teoria de De Swaan, 144
teoria do empresário, 52
Teoria dos Jogos, 162
teto de gasto, 17, 181
transição climática, 216
transição verde
  sustentável, 193, 212

U

udenismo, 93
Última Hora, 94

W

welfare outcomes, 151

Impressão e Acabamento| Gráfica Viena
www.graficaviena.com.br